KB253145

가치투자
발굴비법

상위1%의 투자비법과 놀라운 수익률

가치**투자 발굴**비법

제1판 1쇄 발행 | 2014년 7월 25일
제1판 4쇄 발행 | 2020년 9월 25일

지 은 이 | 모닝퍼슨
펴 낸 이 | 박성우
디 자 인 | 사이먼
펴 낸 곳 | 청출판
주　　소 | 경기도 파주시 안개초길 18-12 1F
전　　화 | 070)7783-5685
팩　　스 | 031)945-7163
전자우편 | sixninenine@daum.net
등　　록 | 제406-2012-000043호

ISBN | 978-89-92119-47-4 13320

※ 파본이나 잘못된 책은 바꿔 드립니다.

가치투자 발굴비법

모닝퍼슨 지음

얼마 전,

집중적인 퇴직이 이루어지고 있는 40대와 50대 퇴직자들의 먹먹하고 고단한 삶을 다룬 다큐를 우연히 보게 되었습니다. 그중에 대기업에서 명퇴한 40대 후반 남성의 다음과 같은 인터뷰 내용이 지금도 잊혀 지지 않습니다.

"미리 준비하지 않은 것이 이토록 후회스럽고, 준비되지 않은 퇴직 후의 삶이 이처럼 고통스러울 줄은 상상도 못했습니다…"

급속한 노령화로 인한 저성장과 양극화 속에 평생고용의 붕괴와 자영업 몰락의 시대를 살고 있는 지금, 생계 걱정에서 벗어날 수 있는 진정한 경제적 자립의 필요성이 그 어느 때보다도 절실해지고 있음을 실감할 수 있는 내용이었습니다.

이러한,

불안한 시대적 흐름 속에서, 가치투자야말로 최고의 퇴직 및 노후 대비책이자 100세 시대를 맞이해 평생 보람있게 삶을 영위할 수 있는 내 사업 창업을 위한 최상의 아이템 중의 하나라고 감히 말할 수 있습니다.

왜냐하면,

가치투자는 혼자서 할 수 있으므로 1인 기업으로 출발할 수 있고, 제조업이 아니므로 공장이나 커다란 설비도 필요하지 않으며, 집에서 사용하던 컴퓨터와 인터넷 환경을 이용해 바로 시작할 수 있기 때문입니다. 또한, 주말이나 퇴근 후를 이용해서도 성공할 수 있는 사업으로 직장인의 투잡으로도 손색이 없습니다. 그리고 무엇보다도 가치투자는 제대로 된 노하우와 투자방법을 익히면, 타 사업대비 짧은 기간에 원금대비 수백 퍼센트에서 수천 퍼센트의 수익을 얻을 수 있는 최고의 고부가가치 사업 중 하나이기도 합니다. 실제로 가치투자만으로 세계 최고의 부자가 된 워렌버핏은 물론, 우리나라에서 수백억 원대의 부를 형성한 큰손 투자자들(개인)도 가치투자를 이용해 거부가 되었음은 주지의 사실입니다.

필자는,

대학에서 경영학을 전공하고 잘 나간다는 S증권, M증권에서 근무했으며, 투자관련 자격증을 대부분 취득하기도 했습니다(FP, AP, 투자상담사, 자산운용전문역 등). 한때는 성과급으로 남들 수년치 연봉을 받기도 했음에도 불구하고, 주식투자에서의 연이은 실패로 잠을 자고 싶어도 잘 수 없고, 한치 앞도 보이지 않는 절망감에 짓눌려 깊은 좌절의 시간을 보내기도 하였습니다. 하지만, 그때의 처절했던 고통의 시간에서 성공을 위한 발판이 되는 깨달음을 얻게 되었습니다. 그 깨달음은 세상의 모든 다른 일들과 마찬가지로 쉽게 돈을 벌려 하고, 노력하기 보다는 남에게 의지하거나 도움을 기대하며 충분한 준비 없이 주식투자에 임한다면 결코 성공할 수 없다는 사실입니다. 가치투자는 더욱 그렇습니다. 가치투자는 다른 어떤 사업보다도 제대로 된 투자 노하우의 확보가 중요하기 때문입니다. 그러나 일단 제대로 된 투자 노하우를 확보하면, 40대가 넘으면 수익을 내기 어려운 다른 단타매매법과는 달리 나이와 경험이 쌓일수록 투자 경쟁력이 높아지고, 느긋하게 자신의 시간을 즐기며 수익을 낼 수 있는 멋진 투자법이기도 합니다. 또한, 2011년 변경된 회계기준(IFRS 도입)이 그 동안의 과도기적 혼란을 딛고 정착됨에 따라, 일반 개인투자자들의 기업분석 및 가치투자가 한결 용이해진 점 또한 무시할 수 없는 큰 장점입니다.

만약,

가치투자를 해 본 경험이 없는 분들이나 가치투자를 해서 오히려 손해를 본 분들을 포함해 주식투자로 돈을 벌고자 하는 분들은 반드시 본 책을 정독하시기를 바랍니다. 본 책은 뜬 구름 잡는 막연한 얘기가 아닌, 실전 가치투자에서 돈을 벌기 위해 반드시 알아야 하는 실전 핵심 노하우를 설명하고 있기 때문입니다. 즉, 본 책에는 가치투자에서 성공하기 위한 기업분석 핵심 포인트는 물론, 종목검색 비법에서부터 종목선정, 실전 매수 및 매도 노하우 등 가치투자로 돈을 벌기 위해 알아야 하는 알토란 같은 내용들이 담겨 있기 때문입니다.

끝으로,

　서로의 젊은 날의 모습을 간직하며 아름다운 추억을 함께 만들어 갈 사랑하는 평생의 친구이자 최고의 힘을 주는 나의 영원한 동반자인 아내와 하루하루 큰 기쁨과 신에 대한 무한한 감사함과 경외감을 다시금 깨닫게 해주는 세상에서 가장 소중한 아들 원이와 한결같은 마음으로 곁에서 응원하며 힘을 주시는 부모님께 깊은 감사와 사랑의 마음을 전합니다. 본 책의 출판을 위해 아낌없는 지원과 노력을 해주신 청출판의 관계자 분들께도 깊은 감사의 말씀을 드립니다.

이 책을 읽는 여러분의 경제적 성공과 행복한 노후를
진심으로 기원하면서,

2014년 7월 모닝퍼슨 드림

차례

시작하기 전에

1장 내가 회사를 버리지 않으면 회사가 나를 버린다

01 평생 직장의 붕괴와 자영업 몰락의 시대
불안한 미래, 곧 현실이 된다 – 준비하지 않은 미래는 더 빨리 현실이 된다 · 13

02 가치투자의 오해
놀라운 수익률, 놀라운 기간 – 불황, 호황, 침체기에도 빛을 발한 가치투자 · 20
(가치투자 성공창업 사업계획서 작성)

2장 무엇을 배우고 어떻게 적용할 것인가

01 가치투자 수치환산표
사업과 취미의 차이 – 취미는 돈을 쓰지만, 사업은 돈을 번다 · 47
가치투자 수치환산표 – 큰 숫자를 제대로 그리고 빠르게 읽는 것에서 시작된다 · 49

02 단순하지만 강력한 팩트
수익률과 정비례하지 않은 정보 – 노웨어는 노하우만큼 중요하다 · 54

03 통찰력을 위한 시장흐름과 경제지표
시장을 꿰뚫어 보는 10대 지표 – 시장의 흐름을 알아야 기회를 놓치지 않는다 · 60

04 장부를 모르니 까막눈일 수밖에
재무제표 독해법 – 기업의 재산 상태를 술술 해독하는 비법 · 79
(포괄)손익계산서 독해법 – 돈을 벌고 있는지 술술 해독하는 비법 · 114
현금흐름표 독해법 – 기업의 회계조작을 술술 해독하는 비법 · 129
주석 독해법 – 기업이 감추고 싶은 알짜 정보를 술술 캐내는 비법 · 134

05 가치투자 발굴비법이 만들어지는 기초 공식
실전 핵심 재무제표/비율/용어 · 138

3장 가치투자 발굴비법 4단계

01 가치투자 발굴 6원칙/4단계

가치투자 발굴 6원칙 – 목에 칼이 들어와도 이것만은 지킨다 · 173

가치투자 발굴 4단계 – 종목검색에서 매매까지 · 176

02 가치투자 발굴비법 1단계 – 종목검색

종목검색의 목표 및 주의점 – 2천 종목에서 급등가능성 높은 50개 종목을
10분 안에 골라내는 비법 · 179

7대 핵심 검색조건 – 실전에서 가장 효과적인 불변의 조건들 · 182

03 가치투자 발굴비법 2단계 – 압축선정

압축선정법 – 50개 종목을 5개 종목으로 줄이는 초강력 압축법 · 195

(성공가치투자 종목비교 투자분석툴)

04 가치투자 발굴비법 3단계 – 심층분석

심층분석의 개요 – 압축된 5개 종목에 대한 최종 집중심화 투자분석법 · 214

심층분석 : 다트/사업보고서 – 기업의 종합건강진단서와 가치투자의 노다지 · 216

사업보고서 심층분석 노하우 – 기업의 건강 상태를 해독하는 진단 비법 · 220

심층분석 : 투자분석툴 (성공가치투자 심층투자분석툴) · 234

05 가치투자 발굴비법 4단계 – 매매전략

매매전략법 – 최종 선택된 2개 종목의 매매비법 노하우 · 247

4장 성공가치투자 – 실전 사례

기본 가치주 실전 사례 – 가치투자 기본에 가장 충실한 사례 · 267

고급 가치주 실전 사례 – 가치투자의 노하우와 경험이 쌓인 고급 투자의 사례 · 291

무료제공

본 책을 구입한 분들께 드리는 3대 특전

하나 – 가치투자 성공창업 사업계획서와 작성가이드

둘 – 성공가치투자 종목비교 투자분석툴, 셋 – 성공가치투자 심층투자분석툴

→ 저자가 함께 하는 주식투자베스트비법카페(www.jusiktuja.com)에서
무료로 다운로드 가능

가치투자 완전 초보투자자를 위한 가이드

★ 가치투자 성공을 위해 공인회계사가 될 필요는 없습니다

공인회계사들처럼 장부를 보고 회계규칙과 기준에 따라 일일이 수치를 계산할 필요는 없습니다. 하지만, 가치투자 성공을 위해서는 기업분석에 필요한 핵심 재무 내용이 무엇인지는 알아야 합니다.

★ 즉, 가치투자에 필요한 중요한 항목의 수치를 계산할 필요는 없지만, 수치가 의미하는 바는 알 수 있어야 합니다

지금부터, 가치투자 성공을 위해 실전에서 반드시 알아두어야 할 재무관련 핵심 내용과 가격 급등에 영향을 미치는 중요한 항목과 그 항목을 해석하는 실전 핵심 분석/매매 노하우에 대해 설명합니다. 따라서 본 책에서 설명된 내용은 확실히 숙지하시기 바랍니다. 거듭 강조하지만, 주식시장에는 너무도 많은 사람들이 있다는 점을 잊어서는 안됩니다. 그중 95%는 성공하겠다는 생각만 하고 최소한의 노력도 안하는 사람들입니다. 그리고 그러한 사람들 대부분이 지독한 실패를(경우에 따라서는 평생 모아온 돈을 날리기도 하는) 한다는 점을 잊지 마시기 바랍니다.

★ 완전 초보투자자의 경우 일부 내용이 다소 어려울 수 있습니다. 하지만, 다음과 같은 방법으로 하면 초보투자자 분들도 쉽게 이해할 수 있습니다

어렵고 까다로운 부분의 내용이 나오더라도 본 책을 일단 끝까지 일회독 후, 다시 반복하여 읽으시면 어느새 쉽게 이해하실 수 있습니다. 참고로, 저자가 함께 하는 주식투자베스트비법(www.jusiktuja.com)에는 가치투자에 관련된 다양한 정보 및 초보 가치투자자 질의응답 코너 등을 제공해 드리고 있으니, 참고하시면 가치투자 성공에 도움이 될 것입니다.

내가 회사를 버리지 않으면
회사가 나를 버린다

01

평생 직장의 붕괴와
자영업 몰락의 시대

불안한 미래, 곧 현실이 된다

준비하지 않은 미래는 더 빨리 현실이 된다

'과거는 어둡고, 현재는 불확실하며, 미래는 불안하다'

위의 문구는 IMF이후 우리 사회를 관통하는 자조적 문구이자 냉혹한 현실인식을 반영하는 문구로 자주 회자되곤 한다.

1997년 IMF와 2008년 글로벌 금융위기를 거치면서 심화되는 양극화와 상시적인 내수 불황으로 인한 자영업의 몰락, 평생 직장이 사라지고 수시로 이루어지는 구조조정으로 야기된 불안한 고용구조 등, 그야말로 불확실성의 시대에 살고 있다. 다음의 내용은 주요 신문에 나왔던 기사의 제목들인데 더 이상 낯설지도 놀랍지도 않을 만큼 우리의 일상이 되어 버렸다. 그러기에, 갑작스런 또는 예정된 퇴직에 대한 대비와 안정된 노후를 위한 완전한 경제적 자립의 필요성은 점점 더 커지고 있다.

미래를 준비해야 하는 이유는 경제적 이유뿐만이 아니다

노후의 생활을 위한 경제력 확보뿐 아니라, 100세 대비해 평생 영위할 수 있는 나만의 잡(JOB-일) 확보가 매우 중요해졌기 때문이다. 최근의 시대적 흐름을 고려하면 직장을 60세까지 다니며 정년을 마칠 수 있는 직장인은 거의 행운아에 가깝다. 왜냐하면 45세 정년의 의미인 '사오정'이나 38세가 정년이라는 '38선'도 이미 옛말이 될 정도로 고용구조가 불안정한 시대에 살고 있기 때문이다. 심지어는 한해에 1조가 넘는 순이익을 내는 대기업들도 불안한 미래에 대비한다며 30~40대 직원들을 대상으로 구조조정을 실시하는 것이 현실이다.

특히, 지금의 중장년층이 60세가 넘어설 때는 평균 수명이 90세를 넘어설 것이 거의 확실시되므로 은퇴 후 무려 30년을 더 살아야 한다. 따라서 자신이 가치 있게 평생 영위할 수 있는 잡(JOB)을 미리 준비하지 않으면, 아무리 경제적으로 여유가 있다고 하더라도 인생의 1/3을 어영부영 하루하루 죽는 날을 기다리며 의미없이 살 수밖에 없게 된다.

이와 같은 이유로 퇴직을 했거나 또는 퇴직을 앞둔 직장인과 현재 영위하고 있는 사업이 부진한 자영업자뿐만 아니라, 현재 직장을 다니는 직장인들도 퇴직이후의 삶을 위해 필살의 각오로 퇴근 후 또는 주말의 자투리 시간을 아끼며 미리미리 준비해야만 한다.

주식투자가 대안이다

위와 같은 불안한 현실 및 불확실한 미래를 가장 효과적으로 대비할 수 있는 방법은 바로 주식투자이다. 왜냐하면, 주식투자는 자본주의 사회에서 가장 매력적인 고부가가치 사업이기 때문이다. (자세한 내용은 아래 박스를 참고)

주식투자가 가장 매력적인 사업인 이유

창업비용이 거의 안 드는 사업이기 때문이다.

주식시장은 다른 것과 달리, 창업(주식투자도 사업이라고 할 때)시에 돈이 비교적 매우 조금 든다는 것이다. 동네에 조그만 치킨집을 내더라도 최소 5천만 원에서 1억이 넘게 든다고 한다. 월급쟁이 상당수가 퇴직 후 1억 미만 시에는 치킨집, 1억~5억 시에는 프랜차이즈(주로 식당, 편의점, 커피숍 등)를 생업의 수단으로 가장 많이 이용한다고 한다. 그리고 그들 중의 90%가 4년 안에 망한다. 슬프지만 현실이다. 하지만, 주식투자는 집에서 컴퓨터 1대로 할 수 있어 창업비용이 거의 들지 않는다.

투잡스가 가능한 사업이기 때문이다 (겸업이 가능한 사업이다)

대부분의 사업이 전업으로 해야 하는 반면, 가치투자는 직장인의 경우도 투자 노하우와 제대로 된 매매비법만 배운다면 굳이 다니던 회사를 그만두지 않더라도 수익을 낼 수 있는 장점을 가지고 있다. 어떤 면에서는 전업투자자보다도 직장인이 더 많은 수익을 올릴 수도 있다. 전업투자자가 장중의 작은 시세흐름에 치우쳐, 큰 시세를 놓치는 경향이 많은 반면 비전업투자자는 시세 볼 시간이 없어 오히려 잔파도에 휘둘릴 가능성이 적어 큰 시세를 온전히 자기 것으로 만들기 유리하다.

몸으로 버는 게 아니라, 머리로 버는 사업이기 때문이다

주식투자는 몸을 움직여 버는 노가다성 사업이 아니라, 인간이 할 수 있는 가장 지적인 비즈니스이자 최고의 지적게임이기도 하다. 그렇다고 학력이 중요한 것은 아니다. 주식투자사업에서 성공의 핵심 포인트는 사업에 대한 열정과 끊임없는 자기단련과 부단한 노력 등을 통한 노하우 확보가 가장 중요한 사업이다. (다시 한번 강조하는데, 중요한 것은 학력이 아니라 성공을 위한 실전 노하우이다)

부가가치가 매우 높은 사업이기 때문이다

상당수의 사업이 자신이 일한 시간에 비례해 수익이 늘어나거나 막대한 고정장비(공장, 기계장치 등)를 투자하여 수익을 얻는 구조인데 반해, 주식투자는 노하우가 쌓이면 동일한 시간에, 혼자서도 몇 억, 몇 백억을 벌 수 있는 1인당 부가가치가 높은 사업인 것이다. 세계 경제를 쥐고 흔들고 있는 유태인들이 주로 금융업(투자)에 종사하고 있는 이유도 바로 이 때문이다.

평생 은퇴가 없는 사업이기 때문이다

몸으로 하는 일은 나이가 들수록 하기 어려운 반면 주식투자(가치투자)는 나이가 들수록 노하우와 경험이 축적되어 경쟁력을 유지하기가 상

대적으로 쉽다. 80세가 훨씬 넘어 현재까지 왕성하게 활동을 하고 있는 주식투자(가치투자)만으로 세계에서 손꼽히는 부자가 된 워렌버핏을 보면 알 수 있듯이, 책상 앞에 앉아 있을 체력만 있다면 죽는 날까지 은퇴 없이 영위할 수 있는 평생사업이다.

사양산업화를 피할 수 있는 사업이기 때문이다
산업혁명이후 수많은 사업체가 해당 사업체의 노력과 오너의 뛰어난 역량에도 불구하고, 그 기업이 속한 업종이 사양산업화되면서 사라져 갔다. 우리나라만 봐도 50년대 제당사업, 60년대 목재사업, 70년대 섬유산업 등 당대에는 최고의 전성기를 구가했던 기업들이 시대의 흐름에 따라 해당 업종과 함께 몰락했음을 우리는 잘 알고 있다. 하지만 주식투자사업은 이러한 위험성이 없다. 왜냐하면, 주식투자사업은 잘 나가는 기업 그 자체에 자유롭게 투자(주식투자)를 하여 수익을 얻는 사업이기 때문이다.
주식투자가 인류 역사에 도입된 이래(1600년대부터) 지금까지, 자본주의체제가 영속하는 한 높은 부가가치를 안겨주는 최첨단 사업일 수밖에 없다.

주식투자는 제대로 준비한 자와 그렇지 못한 자에 대한 대가가 극명한 사업

분명히 말씀 드릴 수 있는 것은 주식은 돈이 걸린 문제이며 돈을 버는 가장 현실적인 분야라는 점이다. 또한, 적어도 자본주의 사회에서는 다른 어떤 분야보다도 노력에 비해 매우 많은 돈을 벌 수 있는 가장 정직하면서, 자본주의 세계에서 가장 부가가치가 높은 분야라는 점이다. 그 만큼 준비가 부족하고 남의 힘으로 쉽게 돈을 벌려고 하는 분들에게는 무자비하다고 할 만큼 가혹한 곳이기도 하다.

실제로, 단 한 번의 매매로 인생이 망가지는 곳이 바로 이 주식시장이다. 아래의 내용을 보자.

철저한 준비없는 '주식투자의 결과'

30대 가장 주식투자 실패로 투신자살 (서울신문)

전직 은행원 주식실패 비관해 두 아들 살해하고 자살 (연합뉴스)

퇴직금 주식투자로 날린 60대 자살 (연합뉴스)

주식투자로 3억 날린 40대 자살 (연합뉴스)

주식투자로 거액 날린 주부 음독 자살 (연합뉴스)

따라서 주식투자는 다른 어떤 사업보다도 더 철저한 준비와 사업 노하우 (분석 및 매매비법 등) 확보가 필요하다. 그리고 무엇보다도 수많은 주식투자방법 중에서도 가장 효과적인 방법을 선택해야 하는데, 평생 영위할 수 있고 큰 성공을 거둘 수 있는 단연코 가치투자가 최고이다. 미국에서 주식투자로 큰 돈을 번 대부분의 성공한 주식투자자들(워렌버핏 등) 뿐 아니라, 우리나라에서도 주식투자로 수백억을 번 성공적인 투자자들 역시 대부분 바로 이 가치투자를 하고 있다. 왜 그런지에 대해 지금부터 설명하고자 한다.

02

가치투자의 오해

놀라운 수익률, 놀라운 기간

불황, 호황, 침체기에도 빛을 발한 가치투자

왜 가치투자인가?

앞에서 언급한대로 주식투자로 수백억 이상의 큰 돈을 번 성공적인 투자자들은 대부분 가치투자를 이용한다고 했는데 그 이유는 다음과 같다.

매매 접근방법이 상식적이다

'기업의 주가가 단기적으로는 기업의 실제 가치나 실적과 무관하게 변동될 수는 있지만 장기적으로 보면 거의 비슷하게 일치하게 된다'는 상식에 근거한 매매법으로, 다른 매매법과는 달리 원칙에 의해 매매할 경우 수익을 낼 가능성이 높은 매우 정직한 매매법이기 때문이다. 왜냐하면, 일반인이 알 수 없는 미공개 정보에 의존한다거나 보다 빠른 체결속도와 매매 순발력에 의존하는 투자가 아니라 충분한 시간을 가지고 공개된 객관적인 자료를 분석해 투자해 수익을 얻는 매매방법이기 때문이다.

다른 매매법과는 달리 나이가 들수록 유리하다

장중 실시간으로 대응하는 빠른 순발력을 요구하는 다른 매매법과는 달리 가치투자는 꾸준한 분석과 경험이 중시되는 매매로 나이가 들수록 유리한 매매법이기 때문이다. 데이트레이딩에서 주로 사용되는 대부분의 단타매매의 경우 30대 후반만 되어도 순발력 저하로 급격하게 투자수익률이 떨어지는 것이 일반적이다. 따라서 순발력에 의존하는 단기트레이딩의 경우 대개 40대 이후에는 사용하기 어려운 단점이 있다. 하지만 가치투자는 충분한 시간을 가지고 객관적인 공표자료를 분석해 수익을 내는 매매로, 다른 매매법과는 달리 투자 경험과 경륜이 쌓일수록 경쟁력이 높아진다.

90세를 바라보고 있는 투자의 대가 워렌버핏은 물론 우리나라에서 주식투자로 수백억대의 돈을 벌어 슈퍼개미로 불리는 개인투자자들도 40대 이상인 경우가 많다는 점만 보아도 이를 확인할 수 있다.

매매당 수익률이 매우 크다

가치투자의 경우 그로 인해 얻는 보상은 다른 어떤 투자법 못지 않게 크다. 왜냐하면, 가치투자는 한 종목당 적게는 수십 퍼센트에서 수백 퍼센트가 넘는 이익을 목표로 하는 매매법으로 한 종목당 목표수익률과 목표이익에 있어 다른 매매방법을 압도한다. 따라서 작은 이익에 만족하며 잦은 매매를 하게 되는 여타의 매매법과는 달리 가치투자는 수수료와 거래세 등 매매에 따르는 부대비용은 매우 낮은 반면, 이익은 상대적으로 아주 클 수밖에 없다. (시시하게 작은 이익을 보려고 한다면 아예 가치투자를 안 하는 것이 낫다)

시간에서 자유롭다

장중에 몰입해야 하는 다른 매매법과는 달리 충분한 시간을 두고 분석하고 투자하여 이익을 내는 가치매매의 특성상 장중 시간에 얽매이지 않고 자유롭게 자신의 시간을 즐기며 수익을 낼 수 있는 장점이 있다. 워렌버핏이나 슈퍼개미로 불리는 수백억대의 가치투자 전문가들의 성공사례가 보여주듯이 가치투자의 매매특성으로 인해 나머지 인생을 편안하게 즐길 수 있게 해주는 가장 매력적인 매매법이다.

그런데, 왜 일반투자자는 가치투자를 하지 않는가

앞서 언급한대로 주식투자로 수백억 이상 큰 돈을 번 성공적인 투자자들은 거의 대부분 가치투자를 하고 있다.

그럼에도 불구하고 많은 투자자들이 선뜻 가치매매를 하지 못하는 이유는 크게 다음의 2가지 이유 때문이다.

1 '가치투자는 수익률이 적을 것'이라는 오해

상당수의 주식투자자들이 거짓 정보에 속아 그야말로 휴지보다도 가치가 없는 잡주나 위험한 작전주 등에 투자하고 결국 큰 손실을 본다. 그 이유는 큰 수익을 내기 위해서는, 가치투자보다는 작전주 또는 시세나 모멘텀에 의지하는 투자가 더 나을 것이라는 일반인의 오해 때문이다. 그러나 가치투자만큼 높은 수익률을 안겨주는 투자는 찾기 어렵다.

일반인의 오해와 가치투자의 놀라운 수익률

사실 일반인이 작전주에 빠져드는 가장 큰 이유는 짧은 기간에 큰 돈을 벌겠다는 욕심과 일반가치투자나 우량주 투자로는 잘해봤자 은행 금리보다 약간 높은 정도의 수익을 얻을 것이라는 막연한 오해 때문이다.

하지만 이것은 매우 잘못된 생각이다.

실제 주식시장을 보면 1년도 안 되는 기간 동안 세력들이 시세를 조작하는 작전주나 부실주와 잡주를 배제하더라도 우량한 가치주에서도 2배 이상 상승하는 종목이 많다. 심지어는 3~4배 이상 상승한 종목도 많으며 증시활황기였던 2005년과 2007년 사이에는 일반적으로 시세흐름이 가장 무겁다고 인식되는 거래소 시장 시가총액 상위 우량 중대형주 중에서도 10배 이상 상승한 종목들이 심심치 않게 나왔다.

백번의 말보다도 다음의 표를 보면 알 수 있을 것이다.

실제 증시활황기(경제호황기)의 가치투자 우월성

다음의 표는 세계 경제가 호황이었던 2005년부터 2007년까지 2년여 기간 동안의 시가총액 상위종목들의 흐름을 정리한 표이다. (종목명을 보면 알 수 있듯이, 거래소 시장에서 시가총액이 큰 순서대로 나열한 것임)

[표] 세계 경제 호황시기의 시가총액 상위 종목의 수익률

종목	기간	상승률
삼성전자	1년	170%
POSCO	1년 9개월	380%
현대차	1년	195%
신한지주	2년 6개월	300%
현대중공업	2년 10개월	1,600%
LG전자	1년 4개월	326%
LG화학	1년 6개월	460%
하이닉스	1년	318%
LG디스플레이	11개월	223%
우리금융	1년	254%
LG	11개월	333%
신세계	8개월	150%
삼성물산	11개월	320%
두산중공업	2년 11개월	1,930%
NHN	2년 6개월	1,066%
삼성화재	7개월	208%
기아차	1년	270%
외환은행	10개월	196%
현대제철	3개월	198%
기업은행	6개월	151%
현대건설	6개월	165%
삼성중공업	6개월	282%
삼성엔지니어링	4개월	186%
GS건설	10개월	277%
LG생활건강	6개월	231%
아모레퍼시픽	6개월	157%

표의 첫 번째 항목은 종목명이며, 세 번째 항목은 그 종목의 수익률이며, 두 번째 항목은 세 번째 항목의 수익률을 달성하기 위해 걸린 기간을 의미한다. 표를 보면 알 수 있듯이 규모가 커서 대형주라고 불리는 그 만큼 시세흐름이 무겁다고 하는 거래소 시가총액 상위 종목들이 불과 4개월에서 2년 반 정도의 기간 동안에 적게는 두 배에서 많게는 20배까지 올랐음을 알 수 있다.

특히, 같은 기간 가치투자의 주요 공략 종목인 당시 저평가 가치주였던 성광벤드(2년 동안 4,700% 상승), 세운메디칼(1년 동안 1,420% 상승), 남해화학(1년 동안 1,000% 상승), 한국석유(9개월 동안 1,800% 상승) 등 중소형 가치종목의 경우는 수백 퍼센트에서 수천 퍼센트가 넘는 상승을 기록한 경우가 매우 많았다.

독자들 중에서는 가장 경기가 호황이었던 시기였기 때문이라고 반문할 수도 있다. 그런 분들은 다음의 표를 보기 바란다.

실제 증시침체기(경제불황기)의 가치투자 우월성

100년만의 세계 경제위기라고까지 불리며, 세계 경제역사상 가장 침체되었던 시기 중 하나였던 2008년 말과 2009년의 사이의 그 암울한 1년 동안에도 시세흐름이 가벼운 중소형주는 물론 삼성전자, 현대차, KB금융 등 시가총액 상위 대형주마저도 수백 퍼센트 넘게 상승하였다.

[표] 1920년대 말 대공황이후 가장 큰 경제위기라고 불렸던 글로벌 금융위기가 가장 극심했던 기간(2008년 말부터 1년간)의 거래소 시가총액 상위종목의 움직임

종목	기간	상승률
삼성전자	11개월	205%
POSCO	11개월	223%
현대차	11개월	330%
신한지주	6개월	243%
KB금융	7개월	251%
현대중공업	3개월	158%
LG전자	6개월	222%
LG화학	9개월	453%
하이닉스	7개월	346%
LG디스플레이	8개월	193%
우리금융	7개월	305%
LG	6개월	210%
신세계	7개월	162%
NHN	2개월	165%
삼성화재	5개월	164%
기아차	5개월	245%
외환은행	8개월	310%
현대제철	6개월	290%
기업은행	5개월	270%
현대건설	8개월	164%
삼성중공업	6개월	166%
삼성엔지니어링	8개월	305%
GS건설	8개월	282%
LG생활건강	8개월	204%
아모레퍼시픽	5개월	160%

앞의 표는 글로벌 공황이 극심했던 2008년 말부터 정확히 1년간의 거래소 시가총액 상위 종목들의 시세움직임을 나타낸 것이다. 참고로, 이때뿐만 아니라 6.25 전쟁이후 최대의 국가위기라고 불렸던 1997년 IMF체제에서도 주식시장은 다른 어떤 업종보다도 가장 먼저 가장 높이 급등했었다. 이렇듯 주식시장은 다른 어떤 업종보다도 가장 높은 수익과 기회를 제공한다.

같은 시기 우량한 저평가 종목에 투자하는 가치투자의 수익률은 더욱 좋았다. 예를 들어 위와 같은 시기에 주요 가치투자 대상 종목이었던 종근당바이오(4개월 동안 500% 상승), 유나이티드제약(4개월 동안 300% 상승), 한성기업(7개월 동안 700% 상승), 인터플렉스(4개월 동안 400% 상승), 에이블씨엔씨(6개월 동안 1020% 상승), 태양산업(5개월 동안 360% 상승), 현대EP(10개월 동안 800% 상승), 원풍(10개월 동안 570% 상승), 국순당(9개월 동안 460%), 세운메디칼(13개월 동안 1,600%) 등을 비롯해 상당수의 가치투자 종목들이 짧은 기간 수백 퍼센트가 넘는 상승을 하며 당시 가치투자자들에게 큰 수익을 안겨주었다.

극심한 증시정체기의 가치투자 우월성

그렇다면, 증시정체기에는 어떠했을까? 1년 동안 종합주가지수 변동률이 0.07%에 불과했던 극심한 정체였던 시기(2013년 1월 2일 '2013.74'로 시작해 2014년 1월 2일 '2013.12'를 기록)에도 다른 주식투자와 달리 가치투자는 그 빛을 더했다.

왜, 가치투자는 시장의 상태에 관계없이 우월한가?

이렇듯 경제의 불황, 호황, 침체(보합)기에 상관없이 가치투자가 빛을 발하는 이유는 어느 시기나 잘 나가는 업종이나 종목은 있기 마련이고, 그러한 종목 중 가치투자 대상 종목이 반드시 존재하기 때문이다. 왜냐하면 이러한 종목들의 실적은 다른 종목에 비해 더 좋을 수밖에 없고, 그 만큼 더 실제 가치에 비해 저평가 가능성이 높은 경우가 많기 때문이다. 참고로 저자가 함께하는 '주식투자베스트비법(www.jusiktuja.com)'에서는 매주 주요 급등 가치투자 종목 분석 내용과 가치투자 상승 종목 정보 등 가치투자와 관련된 각종 정보와 최신 자료를 제공하고 있으니 가치투자에 많은 도움이 될 것이다.

다음의 실전 사례를 통해 짧은 기간 동안 높은 수익률을 보이고 있는 가치투자 종목을 다시 한번 살펴볼 수 있다.

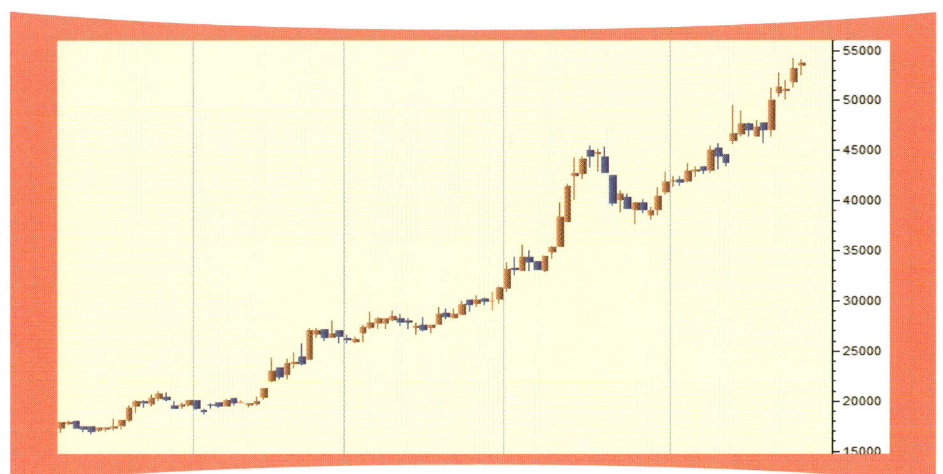

[그림 1] 금강공업 가치투자 차트 (4개월 동안 334% 상승)

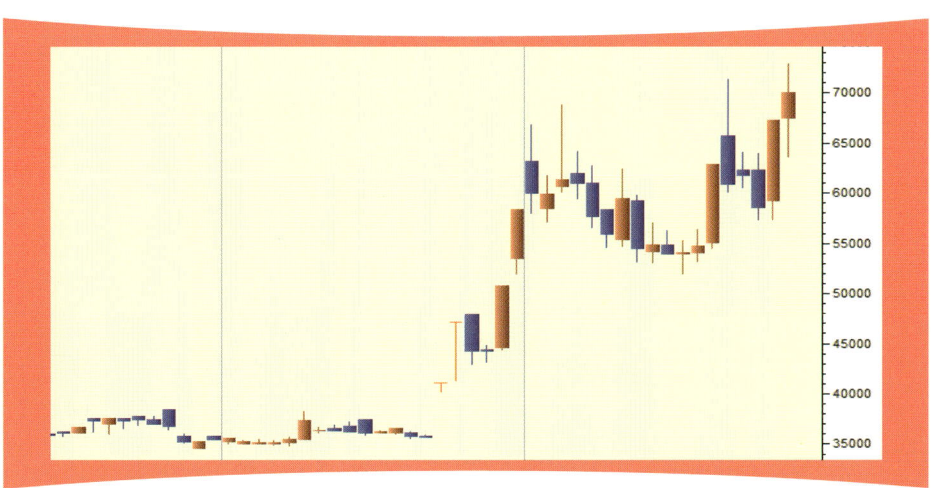

[그림 2] CS홀딩스 가치투자 챠트 (2개월 동안 211% 상승)

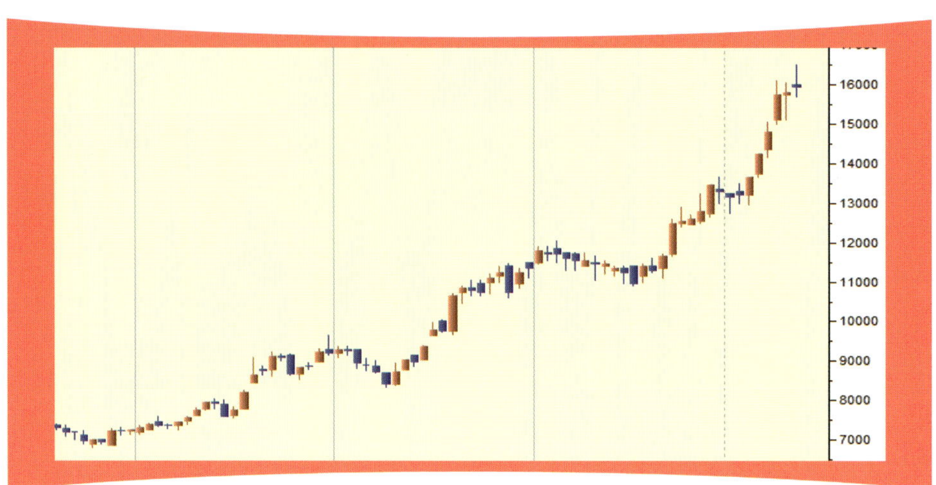

[그림 3] 나이스정보통신 가치투자 차트 (3개월 동안 242% 상승)

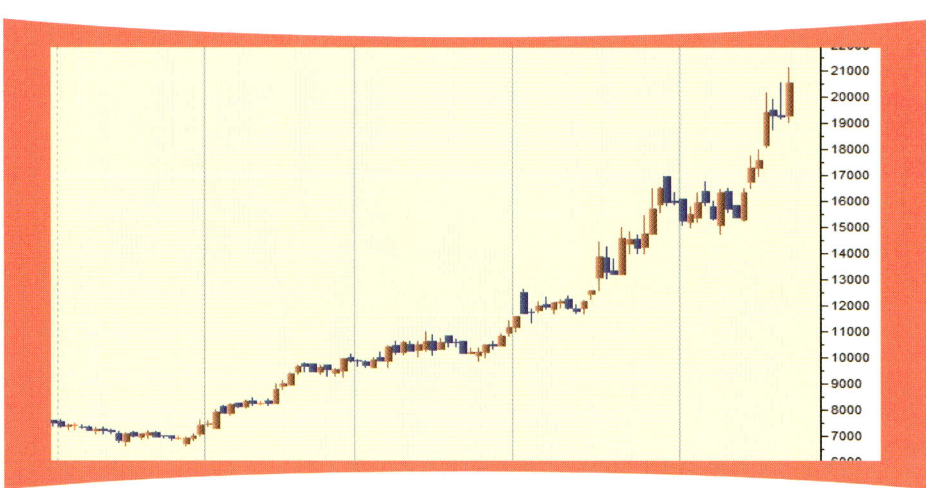

[그림 4] 블루콤 가치투자 차트 (4개월 동안 316% 상승)

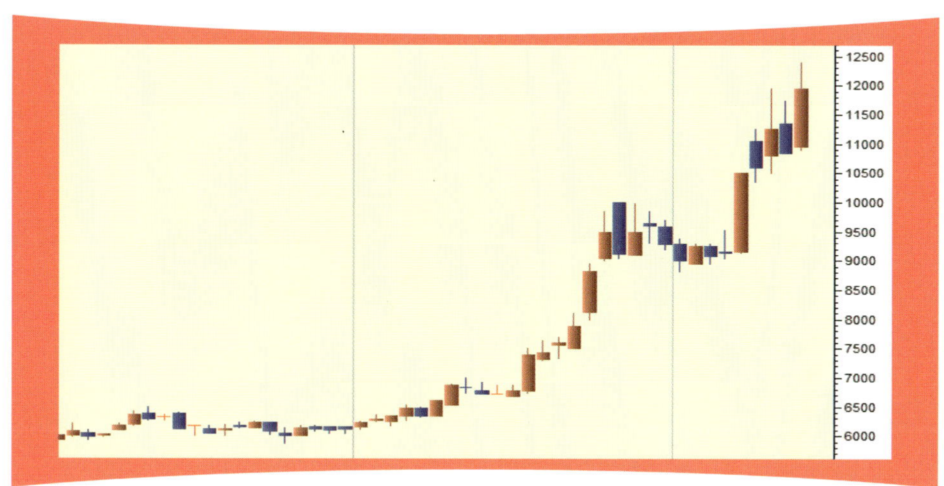

[그림 5] 삼화페인트 가치투자 차트 (2개월 동안 211% 상승)

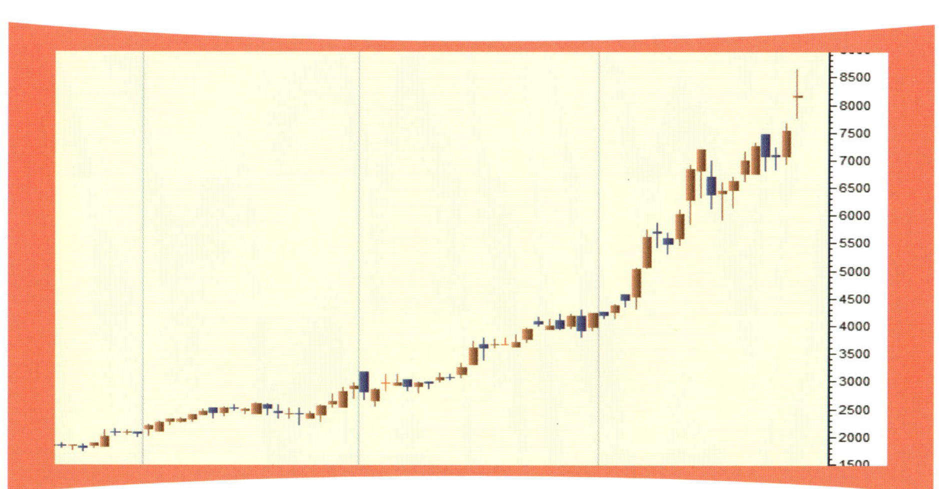

[그림 6] 에이블씨엔씨 가치투자 차트 (3개월 동안 499% 상승)

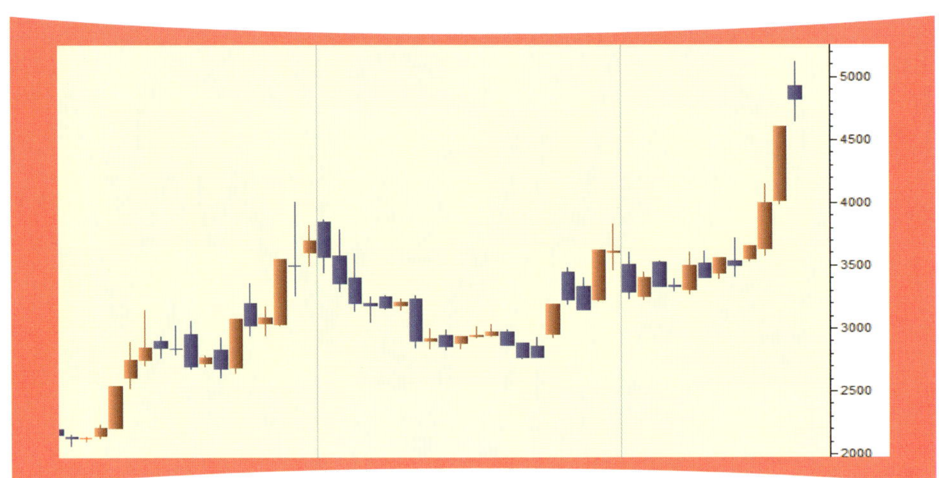

[그림 7] 오공 가치투자 차트 (2개월 동안 247% 상승)

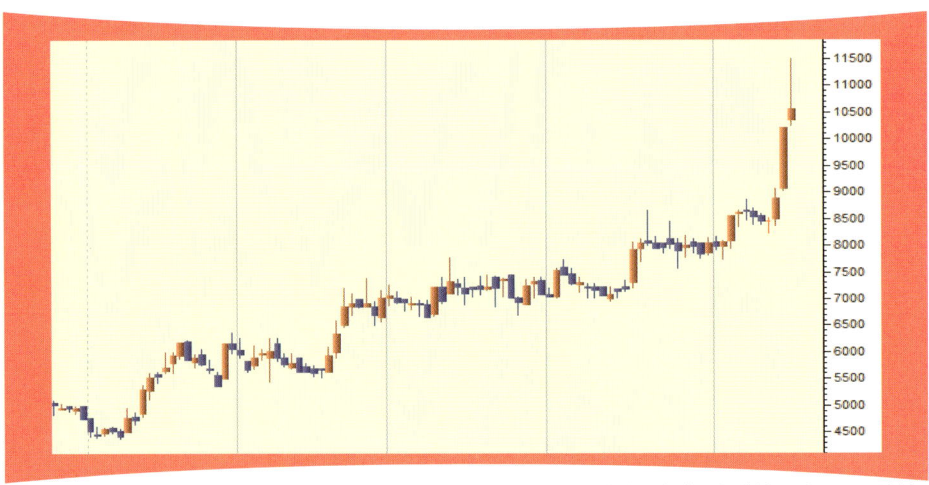

[그림 8] 파세코 가치투자 차트 (4개월 동안 217% 상승)

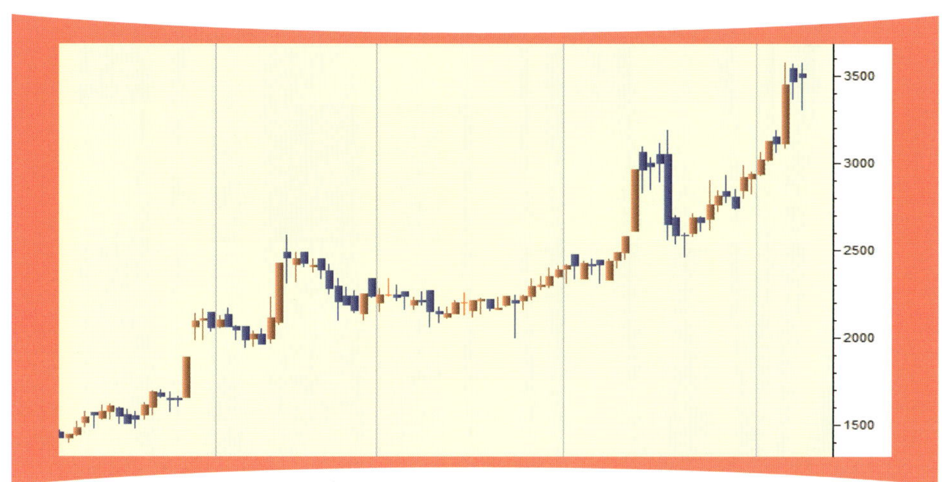

[그림 9] 원풍 가치투자 차트 (3개월 동안 255% 상승)

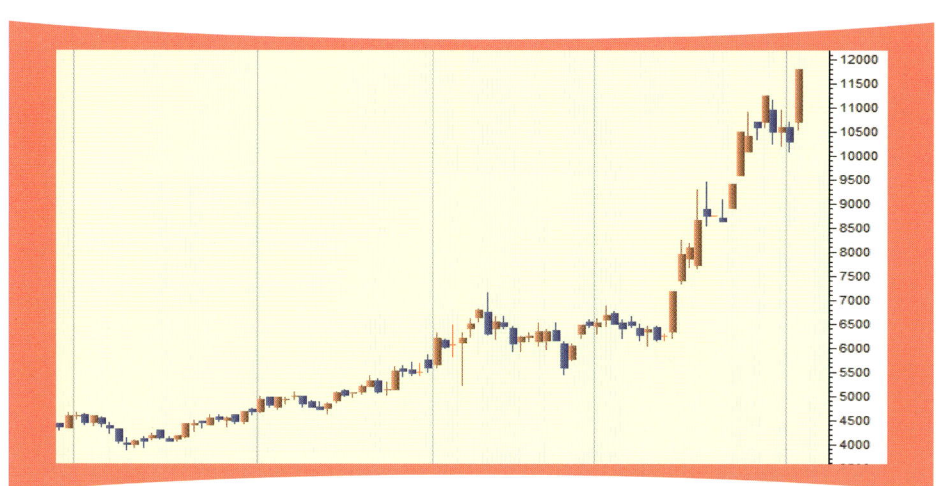

[그림 10] 우리산업 가치투자 차트 (4개월 동안 304% 상승)

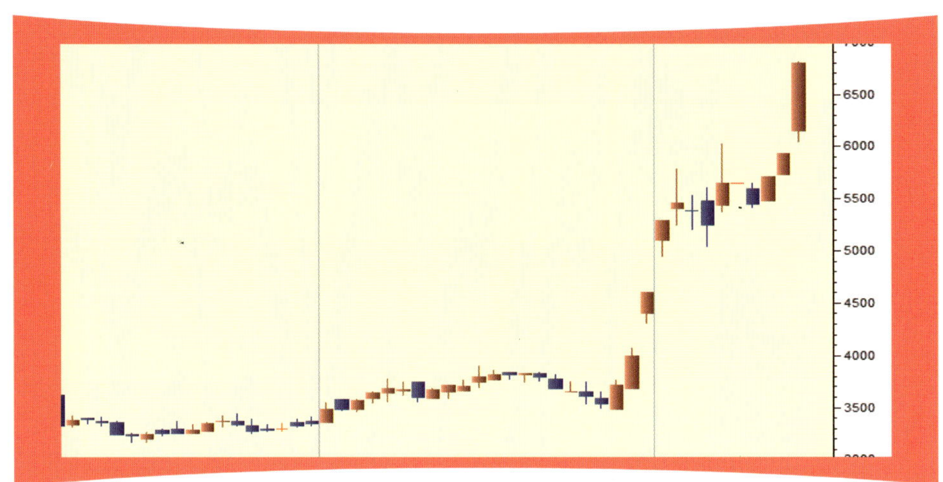

[그림 11] 파라텍 가치투자 차트 (2개월 동안 215% 상승)

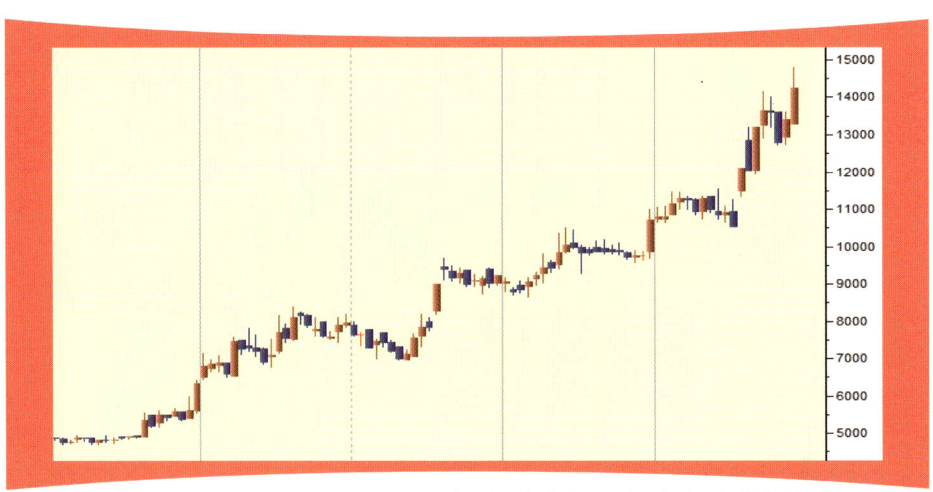

[그림 12] 제우스 가치투자 차트 (4개월 동안 314% 상승)

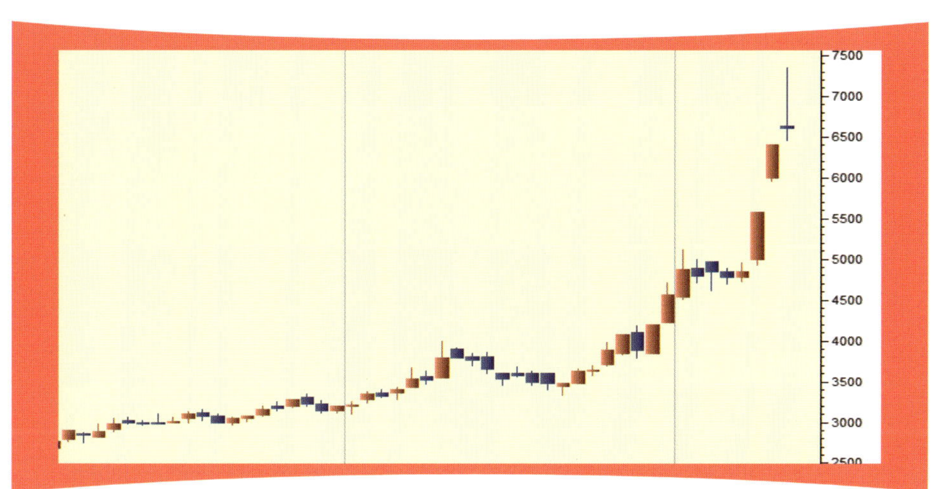

[그림 13] 국순당 가치투자 차트 (2개월 동안 278% 상승)

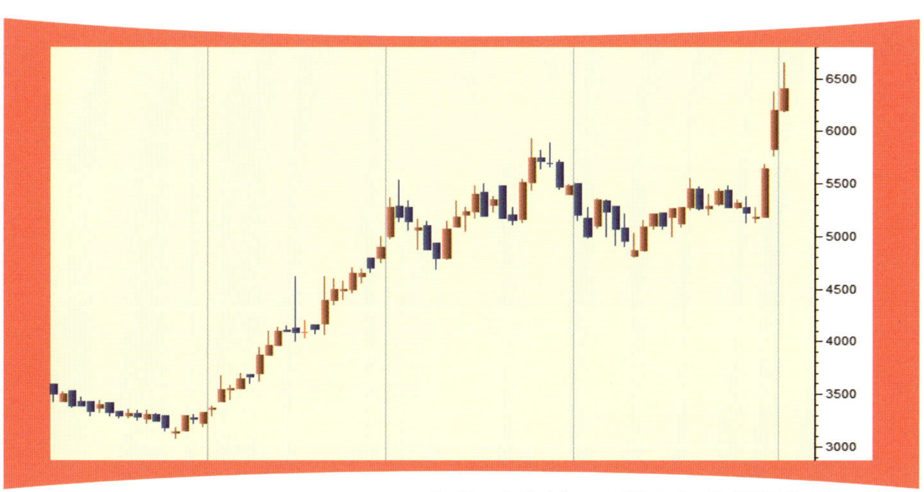

[그림 14] 일지테크 가치투자 차트 (3개월 동안 202% 상승)

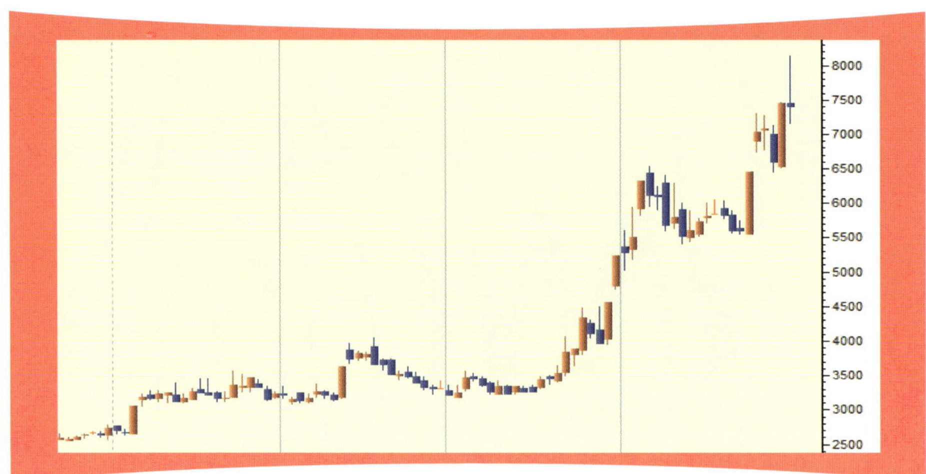

[그림 15] 코콤 가치투자 차트 (3개월 동안 319% 상승)

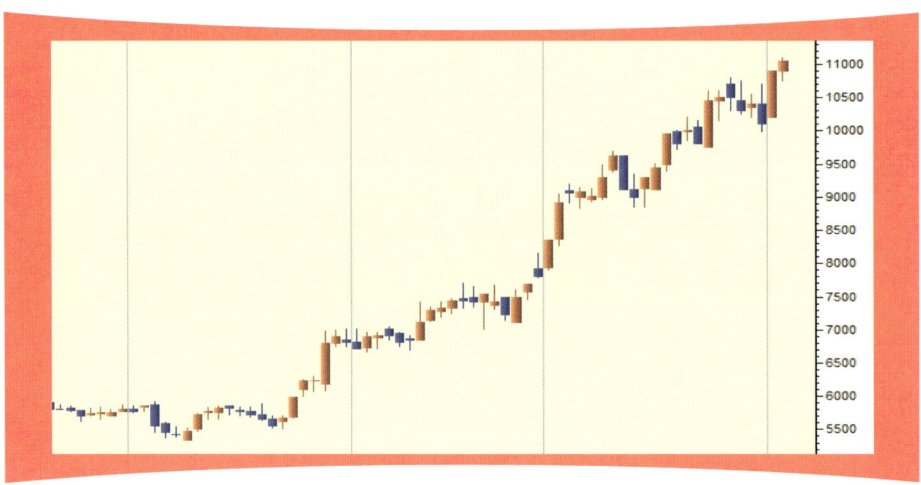

[그림 16] 피에스케이 가치투자 차트 (3개월 동안 208% 상승)

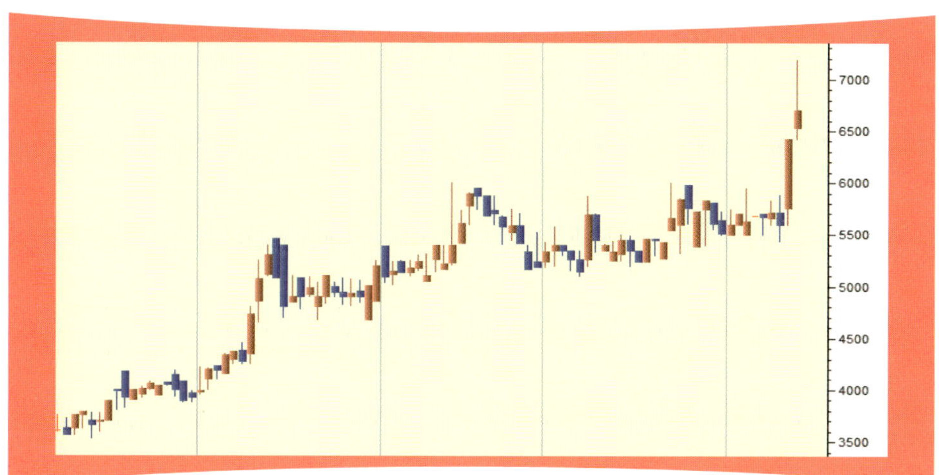

[그림 17] 태양금속 가치투자 차트 (4개월 동안 205% 상승)

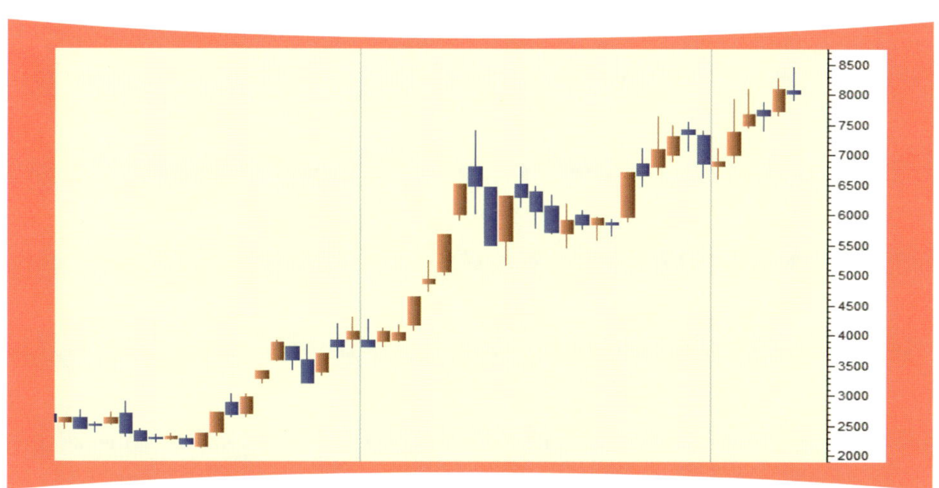

[그림 18] 현대EP 가치투자 차트 (2개월 동안 397% 상승)

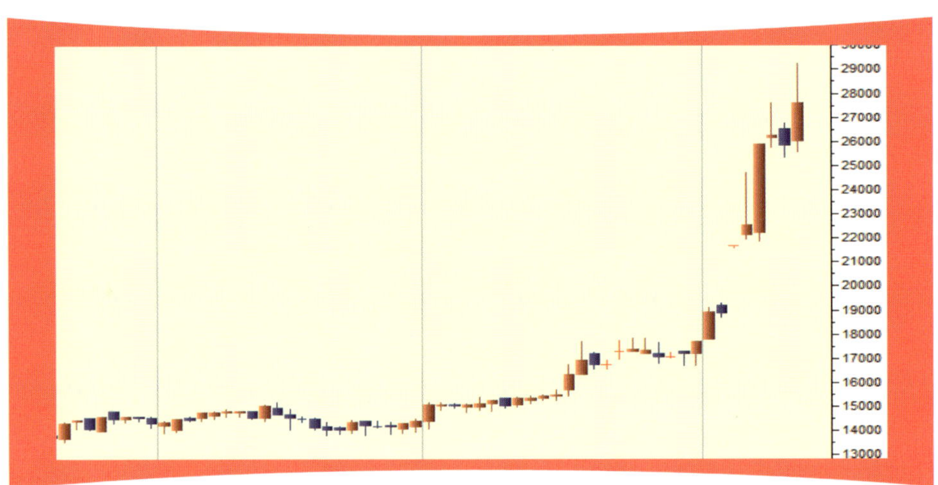

[그림 19] 현대리바트 가치투자 차트 (2개월 동안 217% 상승)

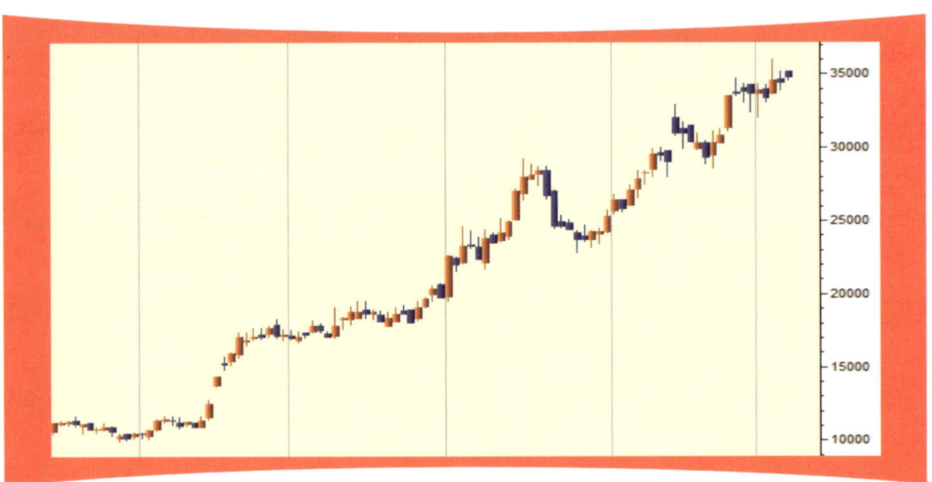

[그림 20] 삼목에스폼 가치투자 차트 (3개월 동안 359% 상승)

2 '실전 성공가치투자 노하우'의 부족

　일반인들이 가치투자를 하지 않는 두 번째 이유는 개인투자자들은 가치투자 성공을 위해 실전에서 어떻게 해야 하는지 실전 노하우가 부족하기 때문이다. 회사의 상당 지분을 사들이는 기관투자자들은 해당 기업의 경영자를 만나 앞으로의 회사업황에 대한 자세한 정보를 알아낼 수 있지만 개인투자자들은 경영자의 얼굴조차 보기 힘든 현실 때문에 절대적으로 불리한 게임이 될 수 있기 때문이다. 이러한 일반 개인투자자들의 자금력과 정보력의 한계를 극복하고, 개인투자자들의 장점(신속한 의사결정 및 거래량이 적은 종목에 대한 투자 가능, 거래호가 차이에 따른 손실-슬립피지-이 적은 이점, 세제상의 유리함 등)을 극대화한 것이 바로 제대로 된 가치투자, 즉 '성공가치투자'인 것이다.

개인투자자의 한계를 극복하고 성공하는 성공가치투자

　제대로 된 성공가치투자는 다음과 같은 특징을 가지고 있다.

1) 일반가치투자는 투기자로서 접근하지만 성공가치투자는 대여자의 자세로 접근한다 → 〔나의 재산은 가족의 생명줄이다〕

　즉, 특정 종목에 투자를 할 때는 그 회사에(종목) 돈을 빌려준다는 마인드로 접근해야 한다. 은행에서 대출을 해줄 때는 '돈을 잘 갚겠다'는 대출자의 다짐만으로는 안 된다. 집을 담보로 잡고 보증인을 추가로 요구하기도 한다. 거기다 충분한 담보와 보증인을 세워도 대출자의 연소득의 일정 배율 이상을 해주지 않는 경우도 많다. 가치투자로 성공하기 위해서는 대출을 집행하는 은행처럼 해야 한다. 즉, 종목을 매수할 때 이 회사가 앞으로 얼마만큼의

 왜냐하면 해당 회사의 경영자도 하기 어려운 매출 전망을 일반투자자가 할 수 없다는 현실적인 한계를 인정해야 무리한 예측투자의 위험에서 벗어날 수 있기 때문이다.

2) 일반가치투자는 미래실적이 좋아질 기업을 찾지만, 실전 전문가치투자는 미래의 유망기업은 찾을 수 없다는 것을 인정하고 시작한다 → 〔나는 신이 아니다〕

성공가치투자는 기관투자자나 외국인투자자와는 달리 경영자면담이 불가능한 일반가치투자의 핸디캡을 극복하고, 일반적인 가치매매가 무리하게 가정하고 있는 특정 기업의 미래 실적을 예측할 수 있다는 환상을 과감히 버리고 시작한다. (실제로 특정 기업을 분석하는 애널리스트는 물론 해당 기업의 경영자조차 틀리는 기업의 미래실적 예측은 참으로 불가능한 영역이기 때문이다)

재무정보 및 기존 기업실적과 주가와의 관련성이 높은 핵심 요소에 집중한 투자를 함으로써 노력대비 성과가 일반가치투자보다 뛰어날 수밖에 없다. 실제로

3) 일반가치투자는 여러 종목에 투자하지만 성공가치투자는 2종목으로 압축해 투자한다 → 〔우리는 기관투자자가 아니다〕

기관투자자나 외국인투자자와는 달리 일반투자자의 경우 3종목 이상의

포트폴리오로는 자금과 집중력의 한계로 돈을 벌기 어렵기 때문이다. 또한 다수의 종목에 투자한다는 것은 그 만큼 종목 선정에 자신이 없다는 것을 의미할 뿐만 아니라 자금력에 한계가 있는 일반투자자들에게 맞지 않기 때문이다. 그래서 성공가치투자에서는 투자 대상을 2종목으로 압축한다. 왜냐하면 1종목이 실패할 경우 위험부담이 너무 클 수 있기 때문이다. 따라서 종목검색 결과 가장 매력도가 높은 종목과 그 다음으로 매력도가 높은 종목에 투자한다. 그리고 중요한 것은 종목을 매수할 때 절대 한 번에 매수하지 말아야 한다. 왜냐하면 한 번에 매수할 경우 매수가보다 떨어지면 필연적으로 조급증이 일어나고 조그만 시세변동에 손절의 유혹을 견디지 못하고 급등의 수익을 누리지 못한 채 중간에 매도하는 것이 일반적이기 때문이다.

4) 일반가치투자는 너무나 많은 항목을 분석하느라 오히려 핵심을 놓치지만 성공가치투자는 핵심 포인트에 집중함으로써 성과를 높인다 → 〔우리는 재무학 교수나 공인회계사가 되려는 것이 아니라 성공적인 가치투자자가 되려는 것이다〕

일반투자자들의 경우 상당한 분량의 사업보고서와 재무관련 자료들로 인하여 분석하기도 전에 질리고, 심지어 매매 성공을 위해 중요한 것이 무엇인지 알지조차 못한다. 이에 반해 성공가치투자는 기존의 재무정보 및 기업 실적과 주가와의 관련성이 높은 핵심 항목에 집중한 투자를 함으로써 노력 대비 성과를 높일 수 있다.

'성공가치투자'야말로 시간이 없는 직장인이 퇴근 후나 주말을 이용해 충분히 배우고, 수익을 내는 매력적인 투자법인 동시에 최고의 투잡스다. 무엇보다 퇴직 후와 노후를 준비하는 가장 효과적인 미래 대비책이다.

가치투자 성공창업 사업계획서 작성

사업계획서 작성이 필요한 이유

사업에서 성공하고자 한다면 사업계획서는 반드시 작성해야 한다. 그 이유는 다음과 같다.

① 창업과정이 체계적이고 효율적으로 진행된다.

머릿속으로 막연히 생각하고 구상하는 것보다 사업계획서를 직접 작성하는 과정을 거치게 되면 체계적인 사업준비를 할 수 있게 되어 창업의 과정이 보다 효과적이고 효율적으로 진행될 수 있다. 실제로 사업계획서 작성 과정없이 사업을 시작하게 될 경우 중복된 작업을 하게 되거나 중요한 부분을 빼먹게 되는 경우가 자주 발생하게 되며 이는 돌이키기 힘든 손실을 가져 오게 된다.

② 사업의 성공 가능성이 높아진다.

사업계획서를 작성하게 되면 사업분석, 전망, 자금계획 등 다양한 부분에 대한 분석과 계획, 점검을 하게 되는데, 이러한 과정들은 사업의 성공가능성을 그 만큼 높이는 역할을 하게 된다.

③ 사업 경영의 지침이 된다.

사업을 하다 보면 예측하지 못한 난관을 겪게 되기도 하며, 심각한 위기를 맞이하게 되기도 한다. 이럴 때 사업계획서는 초심을 찾아주고, 오너의 의지를 확고히 해주는 지침서가 된다. 사업계획서없이 사업을 하는 경우 조그만 위기나 불황, 난관에도 쉽게 좌절하고, 낙담에 빠지게 되는 경우가 많아지며 이는 사업 실패 또는 성공의 문턱에서 쉽게 포기하게끔 한다.

결론적으로 사업을 시작한다고 해서 누구나 사업계획서를 작성할 필요는 없다. 하지만 사업에서 반드시 성공하고자 하는 창업자라면 꼭 사업계획서를 작성해야 한다. 사업계획서는 사업의 성패를 가르는 가장 중요한 요소인 시행착오의 최소화와 효과적인 사업운영을 위한 핵심적인 지침서이기 때문이다. 주식투자, 그중에서 가치투자는 가장 매력적인 사업이다. 그러나 가치투자를 하는 대부분의 개인투자자들이 사업계획서를 작성하지 않고 시작한다.(더 정확하게는 주식투자가 사업이라고 생각조차 하지 못하는 경우가 대다수이다) 일반적으로 다른 업종의 사업을 시작하는 소규모 창업자들 상당수가 자본이 적은 업종이라는 이유로, 머릿속으로 생각하고 있다는 이유로, 또는 사업의 규모가 작다는 이유로 사업계획서를 작성하지 않고 창업을 하는 경우가 많다. 하지만 이는 필연적으로 사업의 실패를 가져 온다. 따라서 창업의 규모나 업종에 관계없이 사업에 성공하고자 한다면 반드시 사업계획서를 작성해야 한다. 마찬가지로 가치투자도 사업이므로 당연히 사업계획서를 작성해야 한다.

'가치투자 성공창업 사업계획서'의 특징

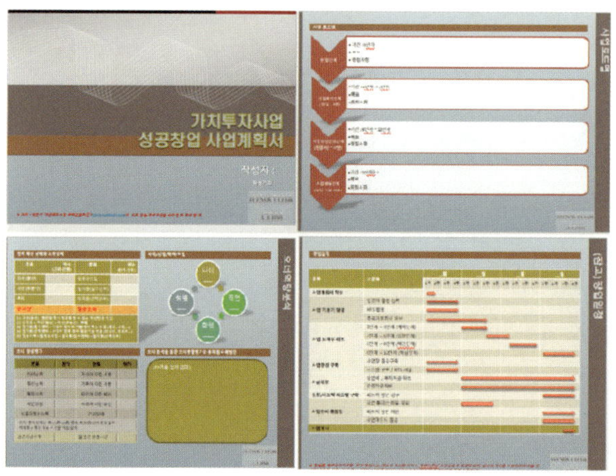

[그림] '가치투자 성공창업 사업계획서'의 일부

수십쪽 분량의 '가치투자 성공창업 사업계획서'와 '가치투자 성공창업 사업계획서 작성방법 설명서' 제공사업을 하다보면 수많은 시행착오와 이로 인해 손해를 보기 마련이다. 물론 시행착오와 이로 인한 실패로 노하우가 쌓여 가지만 가치투자를 포함한 주식투자의 세계에서는 이렇게 얻은 사업 노하우를 활용할 기회를 주지 않는다. 왜냐하면 계속된 시행착오로 인한 금전적 손실은 개인이나 가정의 파산으로 치달아 사업재개는 커녕, 개인과 가족 전체를 돌이킬 수 없는 나락으로 떨어뜨리기 때문이다. 그렇기 때문에 가치투자사업을 시작할 경우는 다른 어떤 업종보다도 사업계획서를 작성해야 할 필요성이 크다.

가치투자사업의 경우 다른 업종의 사업과는 달리 앞에서 언급했던 바와 같이 다음과 같은 몇 가지 주요한 특징이 있다.

① 인력이 많이 필요하지 않다.

② 고부가가치의 지식산업으로 설비나 공장이 필요하지 않다.

③ 사업 노하우가 매우 중요하다.

④ 고정비 투자가 적다.

⑤ 사업의 성패가 직접적으로 나타난다.

위와 같은 가치투자사업의 특징으로 인해 사업계획서도 차이를 가질 수밖에 없다. '가치투자 성공창업 사업계획서' 파일은 작성가이드를 읽으면서 누구나 쉽게 해당 부분 클릭과 입력만으로 작성할 수 있도록 만들었다. 가치투자사업을 위해서 본 책을 구입한 독자 분들은 저자가 함께 하는 주식투자베스트비법카페(www.jusiktuja.com)에서 무료로 다운 받아 가치투자라는 고부가가치 사업을 본격적으로 도전해 보기를 바란다.

무엇을 배우고
어떻게 적용할 것인가

01

가치투자 수치환산표

사업과 취미의 차이

취미는 돈을 쓰지만, 사업은 돈을 번다

사업과 취미는 기본기의 차이?

지금부터 본격적으로 주식투자사업의 핵심인 성공가치투자를 위해 필수적으로 알아야 할 내용과 그것을 실전에서 활용하는데 필요한 실전 핵심 포인트를 배우게 된다. 성공가치투자 실전 핵심 재무 내용을 다루는 부분이므로 용어설명이 많아 어떤 부분은 평범하고 따분한 내용일 수 있고, 건너뛰고 싶은 마음이 생길 수도 있다. 하지만 주식뿐 아니라 다른 모든 영역에서도 해당 분야의 기본기를 익히는 과정이 그렇다는 점을 잊지 말고 이겨내야 한다. (이겨내는 사람만이 성공을 맛볼 수 있다)

가치투자에서 성공하려고 한다면 재무제표를 잘 알아야 하고 재무제표를 잘 알기 위해서는 재무제표에 나오는 용어를 먼저 확실히 이해하고 숙지하여야 한다. 가치투자에서 성공하기 위해 반드시 알아야 할 핵심 내용을 정리한 것이므로 반드시 숙지해야 한다. 만약 취미로 주식투자를 한다면 대충 알고, 건성으로 넘어갈 수도 있다. 하지만 사업으로 한다면 얘기가 달라진다. 기본부터 철저히 다져야 하기 때문이다. 어떤 사람에게는 상당 부분 아는 얘기일 수도 있고, 특별한 감흥도 없을 수 있다. 하지만 주식투자에서 성공하고 싶다면 단순히 아는 정도가 아니라 각 용어에 대한 정확한 내용을 정리해 다른 사람에게 설명할 수 있을 정도가 되어야 한다.

왜냐하면, 취미로 하는 게 아니라 사업을 하는 것이기 때문이다. 취미는 돈을 내야하지만 사업은 돈을 벌어야 하는 것이기 때문이다. 따라서 가치투자라는 사업에서 성공하기 위해 필요한 노력과 노하우는 현격한 차이가 날 수밖에 없으며, 단순한 용어의 설명이 아닌 실전에서 성공하기 위한 핵심 포인트임을 알아야 한다.

거듭 강조하지만, 주식시장에는 너무도 많은 사람들이 있다는 점을 잊어서는 안 된다. 그중 95%는 건성건성이고 대충하며, '용어도 필요할 때 찾아보면 되겠지' 하는 안이한 생각으로 하고 있다. 하지만 성공하는 5%는 절대 건성건성 대충하지 않는다. 용어의 개념정리는 물론 완벽한 숙지부터 시작한다는 점을 잊어서는 안 된다. 바로 이것이 주식투자사업의 성공과 실패를 가르는 가장 확실한 차이가 되기 때문이다.

지금부터 성공가치투자에서 반드시 알아야 할 핵심 재무 내용과 실전 핵심 포인트를 설명하고자 한다. 만약 본 내용을 대충해서 넘어간다면 결국 사업의 실전에서 돌이킬 수 없는 손실을 입어가며 배울 수밖에 없게 된다는 점을 절대 잊어서는 안 된다. 성공을 위한다면 본 책을 여러 번 반복해서라도 반드시 숙지하기 바란다.

가치투자 수치환산표

큰 숫자를 제대로 그리고 빠르게 읽는 것에서 시작된다

수치환산표란 무엇인가

성공가치투자는 큰 숫자를 빠르게 읽는 것에서부터 시작된다. 왜냐하면 가치투자는 수많은 숫자들을 읽고 해석하는 작업을 많이 필요로 하기 때문이다. 이 때문에 다음과 같은 3개의 수치환산표가 필요하다. (미리 겁먹을 필요는 없다. 그 작업은 초등학교 졸업 수준이면 충분히 가능하기 때문이다)

① 필요성 : 주식투자를 하다보면 일상생활에서 보기 힘든 큰 수치를 보게 되는데, 이 수치를 빠르게 이해하지 못할 경우 큰 낭패를 보게 되므로 반드시 구구단을 외우는 것처럼 다음의 환산표를 암기해야 한다.
② 근본적인 이유 : 서양식 숫자 표기는 3자리마다 끊어주는데 비해 동양식 표기는 4자리마다 끊어주는 차이에서 생긴다.

③ 주의 : 아래 수치환산표는 어려워서 외우는 게 아니라 반사적으로 빠르게 수치를 파악하기 위해서 외우는 것이므로 반드시 구구단 수준으로 암기하여야 한다. (주식투자 하는 사람들의 기본 중의 기본임)

가치투자 수치환산표 1

[표] 가치투자 수치환산표 1 – 금액 환산표

서양식 수치	0의 갯수	동양식 환산
1,000	3	천
10,000	4	만
100,000	5	10만
1,000,000	6	100만
10,000,000	7	1000만
100,000,000	8	억
1,000,000,000	9	10억
10,000,000,000	10	100억
100,000,000,000	11	1000억
1,000,000,000,000	12	조
10,000,000,000,000	13	10조
100,000,000,000,000	14	100조

위의 표에서 아라비아 숫자(서양식 수치)를 보는 즉시 동양식 환산값으로 떠 올릴 수 있을 정도로 반복 연습해야 한다.

특히, 붉은 색 글씨 부분을 신경써서 암기해야 한다. 본 표가 중요한 이유는 기업의 재무정보(매출액, 영업이익, 순이익, 자산, 부채, 자본금 등)의 수치가 매우 크기 때문이다.

가치투자 수치환산표 2

[표] 가치투자 수치환산표 2 – 발행주식 환산표(1) 액면가 5000원

액면가	자본금	발행주식수 환산
5,000원	1만원	2주
5,000원	10만원	20주
5,000원	100만원	200주
5,000원	1,000만원	2,000주
5,000원	1억	2만주
5,000원	10억	20만주
5,000원	100억	200만주
5,000원	1,000억	2,000만주
5,000원	1조	2억주

위의 표에서 자본금을 보고 즉시 발행주식수를 환산할 수 있어야 한다. 본 표가 필요한 이유는 액면가 5,000원짜리 주식의 자본금 정보를 알 때 발행주식수를 즉시 환산할 수 있어야 주당순이익, 주당순자산 등 가치투자에 필수적인 1주당 실적을 빠르게 환산할 수 있기 때문이다.

가치투자 수치환산표 3

액면가	자본금	발행주식수 환산
500원	1만원	20주
500원	10만원	200주
500원	100만원	2000주
500원	1000만원	2만주
500원	1억	20만주
500원	10억	200만주
500원	100억	2000만주
500원	1000억	2억주
500원	1조	20억주

위의 표에서 자본금을 보고 즉시 발행주식수를 환산할 수 있어야 한다. 본 표가 필요한 이유는 액면가 500짜리 주식의 자본금 정보를 알 때 발행주식수를 즉시 환산할 수 있어야 주당순이익, 주당순자산 등 가치투자에 필수적인 1주당 실적을 빠르게 환산할 수 있기 때문이다.

참고로 액면가는 5,000원과 500원 말고도 일부 기업의 경우 2,500원 등도 있지만 대부분의 종목은 5,000원 또는 5,00원인 경우가 많으므로 위의 표만 익혀도 실전에서는 충분하다.

위의 수치환산표를 써 놓은 이유는 이해하라고 쓴 것이 아니다. (사실 초등학교 수준만 되어도 충분히 이해 가능하다). 앞서 말한 것처럼 가치투자를 위해서는 구구단 수준으로 생각할 겨를 없이 순식간에 반사적으로 튀어 나올 정도로 눈과 머리에 체득시켜 두어야 한다.

02

단순하지만 강력한 팩트

수익률과 정비례하지 않은 정보

노웨어(know-where)는 노하우(know-how)만큼 중요하다

가치투자 성공을 위한 정보 습득 노하우

가치투자는 저평가된 기업을 발굴 투자하여 수익을 얻는 투자방법이다. 이를 위해 가장 필요한 것이 기업의 가치 파악을 위해 기업에 대한 정보를 파악하는 것인데, 가치투자 성공을 위해 필요한 기업에 대한 핵심정보(재무정보 등)를 습득하는 방법은 크게 다음의 2가지로 나눌 수 있다.

첫 번째는 다트(DART)를 이용하는 것이다.

두 번째는 이미 가공된 정보를 이용하는 것이다. 증권사에서 무료로 제공하는 증권거래프로그램(HTS)안에 있는, '상장기업분석' 화면이나 '기업정보화면' 등이 그것이다. (본 책에서는 HTS에서 제공하는 기업정보와 관련된 화면의 명칭을 설명의 편의를 위해 '기업정보화면'으로 통칭하기로 한다)

1 다트 (DART)

　　성공가치투자를 위해 자료를 구하는 첫 번째 방법은 가치투자의 보물창고라고 불리는 금감원의 전자공시시스템인 '다트(DART)'를 이용하는 것이다. 다트는 해당 기업에 대한 핵심적인 보고서인 사업보고서뿐만 아니라 해당 기업의 주가에 영향을 주는 공시(증권거래소가 주가에 영향을 줄 만한 기업 내용이 발생하면 신속하게 투자자가 알 수 있도록 공개하는 정보)내용도 파악할 수 있다. 다트에서 제공되지 않는 시중의 정보나 루머는 무시하는 것이 바람직하다. 그러한 정보들은 작전세력들이 자신들의 이익을 위하여 조직적으로 퍼뜨리는 악의적 정보인 경우가 대부분이기 때문이다.

　　현실적으로 다트에 있는 정보를 이용해 모든 기업을 분석하는 것은 사실상 불가능하다. 왜냐하면 다트를 이용해 전 종목을 분석하는 데는 적지 않은 시간과 노력이 들어가기 때문이다. 따라서 다트의 내용은 최종 선택된 소수 종목에 대한 심층 분석시 주로 이용하게 된다. 이 때문에 심층분석을 제외한 대부분의 분석에는 다음과 같은 기업정보 전문제공회사에서 제공하는 가공정보를 이용하게 된다. (다트 관련 자세한 내용은 본 책의 '다트/사업보고서' 부분에서 집중 설명됨)

2 기업정보 전문제공회사에 의해 가공된 정보

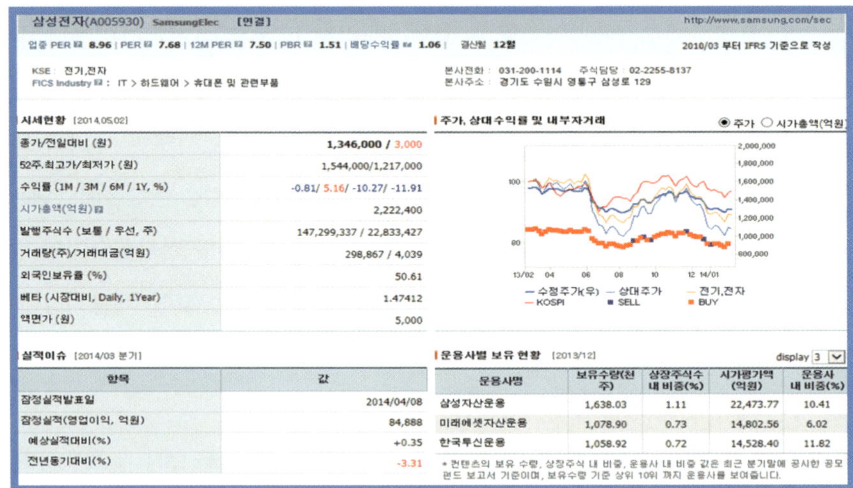

[그림] FNGUIDE의 기업정보 관련 화면

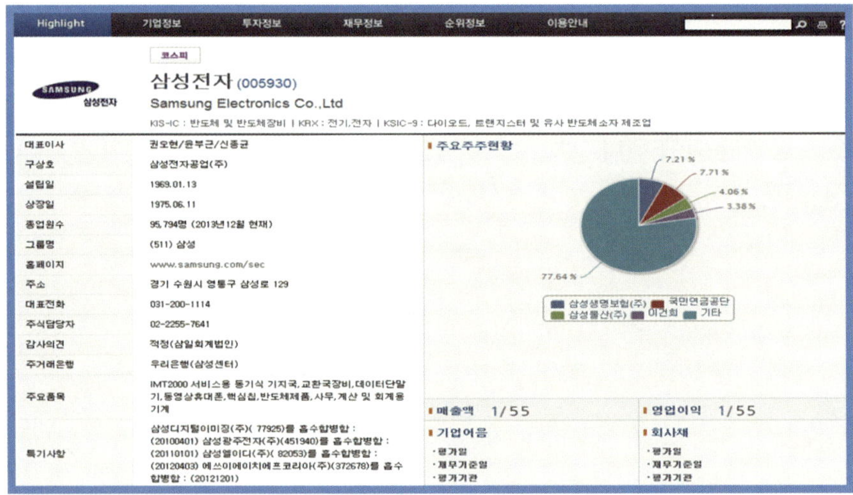

[그림] NICE신용정보의 기업정보 관련 화면

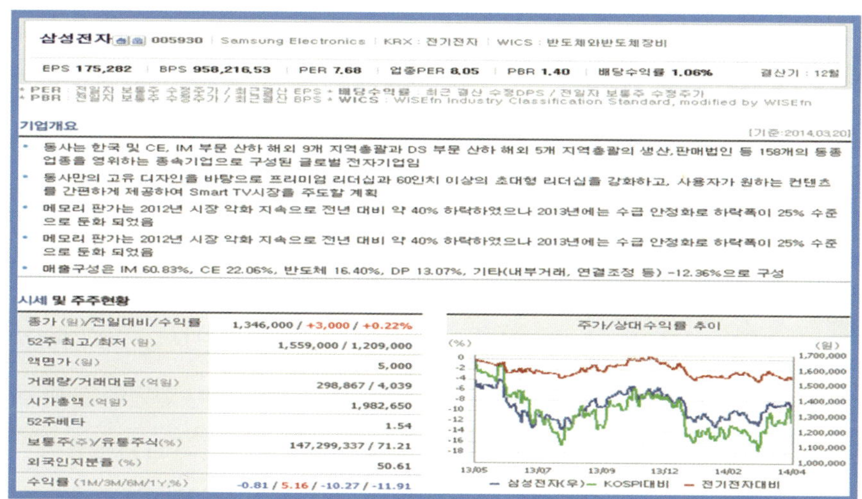

삼성전자 005930 | Samsung Electronics | KRX : 전기전자 | WICS : 반도체와반도체장비

| EPS 175,282 | BPS 958,216.53 | PER 7.68 | 업종PER 8.05 | PBR 1.40 | 배당수익률 1.06% | 결산기 : 12월 |

* PER : 전일자 보통주 수정종가 / 최근결산 EPS * 배당수익률 : 최근 결산 수정DPS / 전일자 보통주 수정주가
* PBR : 전일자 보통주 수정종가 / 최근결산 BPS * WICS : WISEfn Industry Classification Standard, modified by WISEfn

기업개요 [기준:2014.03.20]

- 동사는 한국 및 CE, IM 부문 산하 해외 9개 지역총괄과 DS 부문 산하 해외 5개 지역총괄의 생산.판매법인 등 158개의 동종업종을 영위하는 종속기업으로 구성된 글로벌 전자기업임
- 동사만의 고유 디자인을 바탕으로 프리미엄 리더십과 60인치 이상의 초대형 리더십을 강화하고, 사용자가 원하는 컨텐츠를 간편하게 제공하여 Smart TV시장을 주도할 계획
- 메모리 판가는 2012년 시장 악화 지속으로 전년 대비 약 40% 하락하였으나 2013년에는 수급 안정화로 하락폭이 25% 수준으로 둔화 되었음
- 메모리 판가는 2012년 시장 악화 지속으로 전년 대비 약 40% 하락하였으나 2013년에는 수급 안정화로 하락폭이 25% 수준으로 둔화 되었음
- 매출구성은 IM 60.83%, CE 22.06%, 반도체 16.40%, DP 13.07%, 기타(내부거래, 연결조정 등) -12.36%으로 구성

시세 및 주주현황

종가(원)/전일대비/수익률	1,346,000 / +3,000 / +0.22%
52주 최고/최저 (원)	1,559,000 / 1,209,000
액면가 (원)	5,000
거래량/거래대금 (억원)	298,867 / 4,039
시가총액 (억원)	1,982,650
52주베타	1.54
보통주(주)/유통주식(%)	147,299,337 / 71.21
외국인지분률 (%)	50.61
수익률 (1M/3M/6M/1Y,%)	-0.81 / 5.16 / -10.27 / -11.91

[그림] WISEFN의 기업정보 관련 화면

앞의 그림들처럼 'FNGUIDE, NICE신용정보, WISEFN' 등의 기업정보 전문 제공회사들의 경우 다트에 공개된 자료를 가공하여 특정 기업에 대해 투자자들이 쉽고 효율적으로 비교/분석할 수 있도록 자료를 제공한다. 이들이 제공하는 가공된 기업정보를 이용하려면 보통 월 수십만 원에서 수백만 원의 이용료를 내야 한다. 하지만 다행히도 가치투자성공을 위해 세세한 가공정보가 모두 필요한 것은 아니다. 위의 정보회사의 자료들은 기업분석 리포트 작성을 직업으로 삼고 있는 애널리스트에게는 유용한 자료일 수 있다. (→ 실제로 증권사에서도 해당 유료 정보단말기의 경우 리서치센터에서 주로 이용한다)

중요한 것은 일반투자자 특히 직장생활 등을 하고 있는 비전업투자자에게는 비용도 비용이지만 지나치게 많은 정보를 모두 분석할 시간도 없으며, 분석하는 정보양만큼 정비례해서 수익률이 높아지는 것도 아니다. 오히려 과다한 정보에 묻혀 시간만 낭비할 가능성이 높아질 수 있다. 물론 여유가

된다면 전문회사의 서비스를 이용하는 것이 좋겠지만 실제 수익에 영향을 주는 주요 가공용 자료들은 다른 방법으로도 구할 수 있기 때문에 그리 아쉬워 할 필요는 없다.

지금부터는 비싼 전용정보(단말기)를 사용하지 않고서도 가치투자에 필요한 정보를 습득하는 방법을 알려주고자 한다. 그것은 바로 증권사에서 무료로 제공하는 증권거래프로그램(HTS)을 이용하는 것이다. 왜냐하면 증권사들은 기업정보 전문회사와 제휴하여 가치투자를 위해 기업정보 전문회사에서 만든 기업가공 정보의 주요 내용들을 HTS의 기업정보 관련 화면을 통해 대부분 무료로 제공하고 있기 때문이다. 이 때문에 각 증권사의 HTS에서 제공하는 기업정보 관련 화면은 증권사가 달라도 제휴한 기업정보회사(FNGUIDE, NICE신용정보, WISEFN 등)가 같은 경우는 제공화면의 구성과 화면 안에서 제공되는 정보가 동일한 경우가 대부분이다.

가치투자 단계별 효율적 정보 이용법

① 종목을 비교 압축하는 단계 – 가공된 기업정보를 주로 이용

주식시장에 상장된 2000개 내외의 종목 중에서 실제 가치투자를 위해 매수할 핵심 후보 종목을 5개로 압축하는 종목검색/압축의 단계에서는 효율적인 작업을 위해 HTS에서 제공하는 가공된 기업정보를 주된 자료로, 다트는 참고 자료로 이용하는 것이 효과적이다.

② 종목을 심층분석 및 매매/보유 단계 – 다트 기업정보 주로 이용

가치투자 후보군으로 선정된 최종 5개에 대한 심층분석 및 최종 투자할 2개 종목에 대한 매매/보유 단계에서는 다트(DART)에서 제공되는 정보를 주된 자료로, 가공된 기업정보를 참고 자료로 이용하는 것이 효과적이다.

03

통찰력을 위한
시장흐름과 경제지표

시장을 꿰뚫어 보는 10대 지표

시장의 흐름을 알아야 기회를 놓치지 않는다

왜, 시장의 흐름을 알아야 하는가

일반인들이 체감하는 경기는 매우 나쁜데도 불구하고 주식시장은 상승하는 경우와 또 그 반대의 경우를 흔히 볼 수 있다. 그 이유는 주식시장을 상승시키는 것은 일반인들이 느끼는 체감경기가 아니라 바로 돈이기 때문이다. 이 때문에 돈이 흘러가는 방향, 즉 시장의 흐름을 파악하여야 한다. 그래야 부자가 될 수 있는 기회를 놓치지 않고 잡을 수 있고, 닥쳐올 위험을 미리 준비할 수 있기 때문이다.

특히, 주식시장은 이러한 돈의 흐름에 가장 먼저, 가장 크게 반응한다. 경기가 좋아지기 시작하면 가장 먼저 주식시장이 상승하고, 그 상승률도 다른 어떤 분야보다도 월등히 높은 것이 일반적이다.

돈의 흐름을 어떻게 알아낼 것인가

이러한 돈의 방향, 시장의 흐름을 알기 위한 가장 효과적인 방법이 바로 경제지표 분석이다. 주요 경제지표를 통해 시장의 기회와 위험을 미리 감지할 수 있고, 각종 이익집단이 자신들의 이익을 위해 흘리는 거짓 정보들에 속지 않을 수 있다.

특히, 주식시장에는 다양한 이익집단들(대주주, 작전세력, 경영자, 기관투자자, 외국인투자자 등)이 있고, 그들은 자신들에게 유리한 각종 정보들을 교묘하게 만들어 내고 유포하는데, 이러한 정보들로 인해 일반투자자들은 시장의 흐름에 대한 판단력이 흐려지게 된다. 그때 유용한 것이 바로 주식시장과 밀접한 관련 있는 주요 경제지표 등의 핵심 포인트를 분석하는 것이다.

주식투자에 유용한 경제지표는 무엇인가

주식시장을 파악하기 위한 열거할 수 없을 정도로 많은 경제지표와 예측 방법이 있다. 하지만, 어떤 경제지표가 되었든 간에 그 방법이 무엇이든 간에 가장 효과적인 방법은 '시중에 돈이 많아지는가, 적어지는가'에 대해서만 생각을 집중하는 것이다. 다른 모든 노력은 투입한 시간에 비해 별로 소득이 없다는 것을 그 동안의 주식시장은 여실히 보여주고 있다. 특히, 다음에 설명할 '주식시장 흐름 파악 실전 10대 핵심 지표/항목'은 반드시 숙지해야 한다. 왜냐하면 주식시장이라는 험난한 바다에서 안전한 항해를 위한 나침반 역할을 해주는 매우 중요한 지표와 항목들이기 때문이다.

어디에서 알아내는가

주식투자를 위한 주요 핵심 지표나 항목에 대한 대부분의 정보는 증권사
홈페이지나 증권사에서 제공하는 증권프로그램(HTS)에서 확인할 수 있다.
하지만 보다 정확하고 다양한 최신 정보는 정부기관이 운영하는 다음과 같
은 3대 정보 사이트에서 구할 수 있다.

각종 경제지표 및 항목 자료 관련 3대 사이트

① **ECOS(ecos.bok.or.kr)** : 한국은행의 경제통계시스템으로, 특히
경제 분야와 관련된 지표 및 정보 분야에 특화

② **e-나라지표(www.index.go.kr)** : 통계청에서 주요 통계 및 지표
를 일반인이 이해하기 쉽게 가공해서 제공

③ **KOSIS(www.kosis.kr)** : 통계청에서 제공하는 방대한 통계 및 지
표 정보 제공(e-나라지표보다 그 내용이 방대)

→ 위의 ①~③ 중 경제관련 지표는 주로 한국은행에서 제공하는 'ECOS'
를 이용)

[그림] ECOS – 한국은행 경제통계시스템

[그림] e–나라지표

[그림] KOSIS 국가통계포털

주식시장 흐름 파악 실전 10대 핵심 지표/항목

거듭 강조하지만, '핵심은 시장에 돈이 많아지는지, 적어지는지 여부'이다.
시장에 돈이 많아지면 그중 일부는 주식을 사는데 이용되고(주식투자), 주
식의 매수세가 많아지면 결국 주가는 오르게 되기 때문이다. 따라서 주식시
장을 파악하고 통찰하기 위해서는 시중에 돈이 많아질 것인가 적어질 것인
가만 판단하면 된다. 그러기 위해서는 다음의 '실전 10대 핵심 지표/항목'을
확인(추이 등에 집중)하고 스스로에게 '주식시장에는 어떠한 영향이 있을지 질
문하며 답을 하는 습관'을 가져야 한다. 그러는 동안 자신도 모르게 시장의
방향에 대한 감을 기를 수 있기 때문이다.

1 경기선행지수 (경기를 예측하는 가장 훌륭한 지표)

경기종합지수는 객관적인 데이터를 바탕으로 하여 종합적으로 경기상황을 타나내는 지표로, 크게 경기보다 먼저 움직이는 경기선행지수, 경기와 함께 움직이는 경기동행지수, 경기보다 늦게 움직이는 경기후행지수로 나눌 수 있다. 이중 경기선행지수가 가장 유용하다.

주가는 경기에 선행하는 것이 일반적이므로, 경기종합지수 중 경기선행지수를 이용하는 것이 바람직함. 일반적으로 경기선행지수가 상승하기 시작하면 주식투자의 비중을 높이고, 경기선행지수가 하락하기 시작하면 주식투자 비중을 줄이는 것이 효과적이다.

경기종합지수–경기선행지수

경기선행지수는 미래 경기의 상황을 가장 잘 예측할 수 있는 지표로, 경기보다 먼저 움직이는 특징을 가짐. 사실 대표적인 경기선행지수는 종합주가지수임 (왜냐하면 주가는 항상 기업의 실적을 먼저 반영하여 움직이므로) 그 외 대표적 경기선행지수는 다음과 같다.

① 기업경기실사지수(BSI–Business Survey Index) : 기업의 경영자들에게 향후 경기 전망을 물어 산출하는 지표로 그 값이 100 이상이면 향후 경기 호전 예상 답변이, 100 이하면 경기 악화를 예상한 답변이 많음을 의미
② 건축허가면적 : 대체로 건축허가면적이 늘어나면 곧이어 허가에 따른 실제 공사 착공이 시작되면서 체감경기가 좋아지게 됨 (공사 시작에 따른 건설 일용직 채용 증가, 건설자재 구입 증가 등)
③ 국제 원자재 가격 : 원자재 가격 상승은 기업들이 생산을 늘리며 원자재 구입을 늘리고 있기 때문임 (따라서 대개의 경우 바닥권에서 원자재 가격이 상승하기 시작하면 곧이어 경기가 좋아지는 경우가 많음)
④ 은행 유동성 : 시중은행의 유동성(돈)이 많아지면 돈 빌리기가 상대적으로 쉬워지고 대출금리도 내려가 기업들의 투자와 일반 개인들의 소비가 늘어나

게 되어 경기가 좋아지게 됨

＊최신 자료 위치 : 한국은행 경제통계시스템 (http://ecos.bok.or.kr)

발틱운임지수 (BDI : Baltic Freight Index)
전세계 해운업계의 운임료를 나타내는 지표로 향후 글로벌 경기를 예측할 수 있는 좋은 경기선행지표임. BDI가 증가하면 전세계의 교역량(수출입 증가로 해상운송 증가) 증가로 인해 해상 운임료가 상승하는 것이며, 이는 글로벌 경기 회복을 의미함

＊최신 자료 위치 | 한국해양수산개발원 (http://kmi.re.kr)

경기종합지수-경기동행지수
경기동행지수는 현재 경기상황을 가장 잘 나타내는 지표로 '비농업취업자수, 제조업 가동률, 도소매 판매액지수, 산업생산지수' 등을 종합적으로 합성하여 산출한다. (왜냐하면 경기가 좋으면 취업자 수도 증가하고, 공장의 가동시간도 길어지고, 도매나 소매의 판매도 늘어나므로) 경기동행지수를 보면 현재 경기가 호황인지, 불황인지, 회복되고 있는지, 나빠지고 있는지 알 수 있음

＊최신 자료 위치 | 한국은행 경제통계시스템 (http://ecos.bok.or.kr)

경기종합지수-경기후행지수
경기후행지수는 현재의 경기보다 늦게 일어나는 현상들을 파악하여 만든 지표로 '상용근로자수(정규직 지원), 도시가계 소비지출, 소비재 수입' 등을 종합하여 산출함. 보통 기업들의 경기가 좋아진 후에야 정규직 직원을 늘린다.(경기가 좋아지기 전까지는 일용직, 비정규직 위주로 채용) 일반 가정들도 경기가 좋아진 후에야 월급이 오르고(일반적으로 월급이 맨 나중에 오름) 이어서 소비 여력이 나중에 생기며, 수입 소비재에 대한 수요도 증가하기 때문임

＊최신 자료 위치 | 한국은행 경제통계시스템 (http://ecos.bok.or.kr)

2 국제수지 (달러가 들어오는가, 나가는가!)

우리나라가 수출을 많이 하거나 외국인이 우리나라에 투자를 하기 위해 달러를 싸들고 오면 국내에 달러가 넘쳐난다. 지금까지의 상관관계를 분석해보면 국제수지 흑자가(국내에 달러가 들어오면) 지속되는 경우 주식시장의 상승이 이어졌고, 국제수지 적자가(국내에 달러가 빠져 나가면) 시작되면 얼마 안 있어 주식시장도 하락하는 경우가 많았다.

그 이유는 주체할 수 없이 넘쳐나는 외화로 풍부해진 돈은 부동산이나 주식시장으로 흘러 들어가는 경우가 많았기 때문이다. 적어도 국제수지가 흑자인 경우 설사 상승이 없더라도, 큰 하락은 생기지 않았다는 점에 주의해야 한다.

실전투자 노하우

국제수지가 흑자라면 주식을 살 때 좀 더 공격적으로 사도 되지만, 국제수지가 적자일 경우는 주식을 매수하기 보다는 현금비중을 늘리는 것이 바람직하다. 특히, 국제수지 중 상품의 수출과 수입의 양에 의해 결정되는 무역수지가 가장 큰 영향을 미친다. (무역수지가 흑자라는 것은 기업들이 수출을 많이 해서 돈을 많이 벌어들이고 있다는 얘기인데 그것은 기업들의 실적이 좋다는 것을 의미하기 때문임)

＊최신 자료 위치 | 한국은행 경제통계시스템 (http://ecos.bok.or.kr)

환율이 우리나라 경제, 특히 주식시장에 미치는 영향은 다른 경제지표보다 약간 복잡하다. 만약 1달러의 환율이 1,000원에서 1,200원으로 상승했다면, 수출을 주로 하는 기업들은 똑같은 1달러어치를 팔아도 우리나라 돈으로는 200원(=1,200원-1,000원)을 더 받게 되므로 그 만큼 이익이 커지게 된다. 반면에, 수입을 주로 하는 기업들의 경우는 예전에는 1,000원만 있어도 외국에서 1달러어치를 사올 수 있었는데, 환율 상승으로 200원이 더 들게 되므로 그 만큼 수입원가가 높아져 손해가 커진다. 따라서 환율 상승은 수출을 주로 하는 기업들에게는 호재로, 수입을 주로 하는 기업들에게는 악재로 작용한다.

또한, 우리나라 주식을 매수하는 외국인의 입장에서도 환율이 상승전에는 똑같은 1달러로 전에는 1,000원어치의 주식밖에 못 샀지만, 상승한 이후에는 1,200원어치 주식을 살 수 있게 되어 더 많은 외국인 매수세가 유입된다.

실전투자 노하우

석유수입 등의 모든 요소를 고려하더라도 일반적으로 수출로 먹고 사는 우리나라의 입장에서는 대체로 환율 상승이 환율 하락보다 수출을 더 많이 하게 함으로써 외화반입이 증가되는 효과를 가져와 주식시장에 더 유리하게 작용하는 경우가 많았다. 또한 원달러뿐 아니라 엔달러 추이도 함께 확인해야 한다. (국내 기업과 일본 기업은 해외시장에서 주요한 경쟁상대이므로 원화 약세보다 엔화약세 흐름이 더 강할 경우 우리나라 수출기업 주가에는 부정적으로 작용)

***최신 자료 위치** | 한국은행 경제통계시스템 (http://ecos.bok.or.kr)

4 금리 (은행에 맡기느니, 차라리!)

대체로 이자율이 낮아지면 시중에 돈이 많아진다. 왜냐하면 은행 예금 이자율이 낮을 경우 부자들은 은행에 저금하느니, 차라리 위험을 감수하더라도 부동산이나 주식에 투자하려고 하기 때문이다.

또한 돈이 없는 사람들도 대출 이자율이 낮을 경우 부담 없이 은행에서 돈을 빌려 그 돈으로 부동산을 사거나 주식을 사려는 경향이 많아지기 때문에 주식시장의 상승 가능성이 높아진다. 매달 한국은행의 금융통화위원회에서 결정하는 기준금리에 촉각을 곤두세우는 이유도 바로 이 때문이라고 할 수 있다.

매월 둘째 목요일에 한국은행 금융통화위원회에서 금리를 결정하는데, 이날은 보통 선물옵션 만기일과 겹쳐 주식시장의 관심이 집중되고, 그 만큼 시장의 출렁임이 심하다.

은행에 돈이 모이기 쉬운가 아니면 은행에서 빠져나가기 쉬운가(다른 말로 하면 은행에서 시중으로 돈이 풀리기 쉬운가)를 항상 생각해 보아야 한다. 은행의 돈이 시중으로 빠져 나가기 쉬울수록(이자율이 낮을 때 그렇게 됨) 주식시장이 상승할 가능성이 높다. 가장 대표적인 예가 1998년 후반에 있었던 주식시장의 급등으로 당시 30%가 넘었던 이자율이 급락하기 시작하자 주식시장은 바로 반등하기 시작하며 저점대비 400% 가까운 주식시장의 급등을 가져온 결정적인 계기가 되었다.

***최신 자료 위치** | 한국은행 경제통계시스템 (http://ecos.bok.or.kr)

5 물가 (초기에는 긍정적이나 나중에는 부정적!)

물가는 간단히 말해 물건의 가격이다. 물가를 나타내는 지표는 크게 소비자물가지수와 생산자물가지수가 있다. 대체로, 물가가 상승하기 시작하는 초기에는 물가 상승에 따라 주식시장도 함께 상승하지만 물가 상승이 지속적으로 이루어지면 오히려 주식시장의 하락 가능성이 높아진다. 참고로 소비자물가와 생산자물가는 밀접하게 연관되어 있는데, 생산자물가가 상승하면(원재료 가격 등의 상승) 조만간 소비자물가(최종 제품)도 상승하게 된다.

일반적으로 주식투자시 물가가 상승하는 초기에는 주식투자 비중을 늘리고, 물가 상승이 지속되어 정부에서 각종 물가 억제 정책(금리 인상 등)을 시행하기 시작하면 주식투자 비중을 줄이는 것이 유리하다. 왜냐하면 소비자 물가 상승 초기에는 기업들의 입장에서 보면 판매하는 제품 가격이 상승해 매출이 늘어나는 등 실적이 개선되어 주가도 상승하지만, 소비자가 감당하기 어려울 정도로 물가가 상승하면 오히려 매출 감소가 일어나고, 여기에 정부가 물가 인상을 억제하기 위해 금리인상 정책을 펼침에 따라 이자비용도 늘어나 실적이 악화되고, 결국에는 주가 하락으로 이어지기 때문이다.

소비자물가지수와 생산자물가지수

① 소비자물가지수 (CPI : Consumer Price Index) : 일반 소비자들이 주로 사용하는 것들의(최종소비재) 전반적인 가격을 조사한 것

② 생산자물가지수 (PPI : Product Price Index) : 기업들이 주로 사용하는 것들(원재료, 반제품 등)에 대한 전반적인 가격을 조사한 것

＊최신 자료 위치 | 한국은행 경제통계시스템 (http://ecos.bok.or.kr)

6 원자재 (우리나라는 대표적인 원자재 수입국!)

우리나라는 지하자원이 거의 없어 석유나 철광석 및 구리 등 대부분의 원자재를 외국에서 수입한다. 원자재 가격이 상승하면 원자재 수입시 우리나라가 외국에 지불해야 하는 돈은 많아지고, 그 만큼 시중에는 돈이 줄어들게 된다. 또한 원자재 가격 급등은 원자재를 수출하는 일부 국가를 제외한 대부분의 국가 경제에 악영향을 미쳐 글로벌 경기 악화를 불러오고, 이로 인해 우리나라 기업들의 수출 실적도 나빠지게 된다. 따라서 석유를 비롯한 원자재 가격 상승은 장기적으로 우리나라 경제나 주가에 악영향을 미칠 가능성이 높다.

주요 원자재의 특성

- 석유 : 석유는 우리나라 제1의 수입품으로 다른 원자재 가격을 모두 압도하는 가장 대표적인 원자재이다. 유가를 대표하는 지수는 거래되는 시장 등에 따라 크게 WTI, BRENT, DUBAI 등 세가지가 있다. (가격은 비슷하게 움직임)

- 금 : 대표적인 안전 자산으로 세계 경제의 불확실성이 커지거나 전쟁 및 테러 위험성이 커지면 급등하는 성격을 지닌다. 원자재의 성격보다는 화폐의 성격이 더 크다.

- 구리 : 경기를 예측할 수 있는 대표적인 원자재로 구리 가격이 상승하면 조만간 경기가 회복되는 경우가 많다. (불황기에 경기활성화를 위해 각국의 정부들이 대규모 사회간접 시설에 투자하게 되면, 이에 대한 수요로 구리 가격이 급등하게 되므로)

***최신 자료 위치** | 한국은행 경제통계시스템 (http://ecos.bok.or.kr)

일반적으로 부동산시장과 주식시장은 대체 관계를 이루는 것으로 알려져 있다. 왜냐하면 시중에 넘쳐난 돈은 부동산을 사든지, 아니면 주식을 사는데 이용되기 때문이다. 그러나 실제적으로 우리나라의 경우는 아래와 같은 상관관계를 보여 왔다.

부동산과 주식시장의 관계

① 시중에 돈이 넘쳐나면 대부분 부동산과 주식시장 모두 가격이 상승한다. 넘쳐나는 돈은 항상 투자될 곳을 찾고, 자본주의 세계에서는 그 특성상 부동산과 주식에 집중되기 때문이다. 이자율 하락이나 대규모 무역수지 흑자가 계속되는 경우 이들 부동산과 주식은 대부분 함께 급등한다.

② 부동산 가격의 급등에 대한 정부의 부동산경기 억제정책으로 부동산 가격 상승이 정체되기 시작하면 주식 가격의 급등이 이루어진다. 그 이유는 부동산 가격 급등으로 큰 돈을 번 사람들이 정부의 부동산 가격 억제정책으로 더 이상의 부동산 가격 급등이 어려울 것이라고 예상되면, 부동산을 팔고(또는 부동산을 담보로 대출을 받아) 주식을 사기 때문이다.

③ 주식시장의 가격 급등이 일정 기간 계속되면 어느 순간 갑자기 부동산 가격의 급등이 다시 이루어진다. 그 이유는 주식시장으로 돈을 번 투자자들이 다시 부동산을 사들이기 시작하기 때문이다.

④ 주식시장과 부동산시장 모두 일반인들이 감내하기 어려울 정도로 급등하면, 자산거품이 꺼지면서 부동산시장은 물론 주식시장도 함께 붕괴하며 급락한다.

▶ 인구노령화에 따른 부동산의 대세 하락 추세 가능성이 높아지는 가운데, 위와 같은 ①~④의 움직임보다는 부동산 같은 실물자산 비중이 축소되고, 상대적으로 주식/채권 같은 금융자산 비중이 점점 더 커질 것으로 전망된다.

정부에서 주택시장이 과열 또는 침체될 경우, DTI와 LTV 비율을 낮추거나 높임으로써 조정함 (주택시장이 침체될 경우 DTI나 LTV비율을 완화해 – 간단히 말해 일반 개인들이 주택구입을 위해 빚내기 쉽게 정책을 변경 – 주택시장을 활성화할 수 있지만 가계부채가 심각한 상황에서는 이에 따른 부작용 때문에 사용하기 쉽지 않음)

① 총부채상환비율 (DTI : Debt To Income ratio) : 연간 소득에서 대출로 인해 갚아야 하는 비용(대출금에 대한 원리금상환액과 기타 이자비용 등)을 나타낸 값 → 간단히 말해 소득에서 대출관련 비용이 차지하는 비율을 말한다. 예를 들어, 연간 소득이 4천만 원인데 대출원리금과 관련 이자가 연간 2천만 원이라면 DTI는 50%(=2천만 원/4천만 원)가 된다.

② 주택담보대출비율 (LTV : Loan To Value ratio) : 주택구입을 위해 대출을 받을 때 해당 주택가격에서 대출이 차지하는 비율 → 간단히 말해 주택가격에서 대출금이 차지하는 비율을 말한다. 예를 들어 4억짜리 아파트를 구입하면서 1억을 대출받으면 LTV는 25%(=1억/4억)가 된다.

③ 주택보급률 : 일정 시점의 한 나라의 전체 가구수 대비 주택수를 의미 → 예를 들어 가구수가 100가구, 주택수가 102면 주택보급률은 102가 (=102/100)가 된다. 참고로 우리나라 주택보급률은 100%가 넘는다.

④ 가계부채 : 경제의 3대 주체(정부, 기업, 가계) 중에서 일반 가계가 지고 있는 부채를 의미한다. → 간단히 말해 서민 등 일반 개인들의 빌린 빚의 합계라고 생각하면 된다. 참고로 IMF이후 기업들의 빚은 지속적으로 감소하는 반면 일반 개인(가정)들의 빚은 지속적으로 증가하고 있다.

***최신 자료 위치** | 한국은행 경제통계시스템 (http://ecos.bok.or.kr)

아침이 되면 대부분의 주식투자자들이 가장 먼저 확인하는 것이 바로 미국시장이다. 새벽에 미국시장이 하락으로 마감한 경우 그날 우리나라의 주식시장은 하락하는 경우가 일반적이다. 그 만큼 미국시장의 영향을 많이 받는다.

첫 번째 이유는 미국은 우리나라의 최대 수출국 중 하나이기 때문이다. 미국인들이 소비를 멈추면 수출로 먹고 사는 우리나라 대부분의 기업들이 타격을 받게 되는 것은 너무나도 당연한 일이다. 또한, 미국은 세계 경제의 엔진이라고 불릴 정도로 세계 경제를 좌우하고 있다. 따라서 미국경제의 침체는 전세계 경제의 침체를 의미하고 이는 수출에 의존하고 있는 우리나라 경제의 침체를 의미하기 때문이다.

두 번째 이유는 우리나라 주식시장에 투자된 상당수의 외국인 투자자본이 미국계 자본이라 미국경기가 어려워질 경우 외국인투자자들이 현금확보를 위해 우리나라 주식시장에 투입된 투자자금을 회수한다. 즉 그들이 보유한 우리나라 기업들의 주식을 마구잡이로 매도할 가능성이 커져 주식시장에 직접적으로 영향을 미치기 때문이다.

실전투자 노하우

미국시장에 영향을 미치는 미국의 주요 경제지표를 일일이 확인하기 보다는 실전에서는 미국 경제상황의 흐름을 가장 직관적으로 확인할 수 있는 미국 주식시장의 대세흐름(미국 다우지수와 나스닥지수의 주봉차트 흐름을 주로 확인)을 체크하는 것이 효과적이다.

***최신 자료 위치** | 각 증권사의 홈페이지 또는 HTS의 시황창

9 북한 (대북 리스크에 따른 급락은 중요한 매수타이밍!)

북한의 돌발적인 행동(미사일 발사나 전쟁위협 발언, 경제협력 중단 선언 등)으로 인해 단기적으로 주가가 급락하는 경우가 많다. 하지만 지금까지의 사례를 분석해 보면, 이러한 대북 리스크(북한으로 인해 초래되는 각종 위험)로 인해 주가가 급락하는 시점이 오히려 최적의 매수시점인 경우가 많았다.

왜냐하면, 돌발적인 북한의 행동으로 주가가 급락하는 경우 우량주와 가치저평가주들이 함께 급락하는 경우가 많은데, 대부분의 우량주와 가치저평가주들은 북한의 돌발 행동 이전의 주가로 빠르게 회복하는 경우가 많았기 때문이다.

북한의 돌발 행동으로 인한 주가급락 기간은 일종의 주식 세일 기간으로 그동
안 구입하지 못했던 저평가 우량주를 싼 값에 매수할 수 있는 절호의 찬스라는
관점에서 접근해야 함

10 중국 (장중 변동성은 중국시장에서 시작!)

미국 주식시장이 새벽에 하락해도 우리나라 증시와 비슷한 시간대에 열리는 중국 주식시장이 상승하면 국내증시도 상승으로 끝나는 경우가 많을 만큼 중국증시의 영향력은 나날이 커지고 있다.

그 이유는 우리나라의 최대 수출시장은 미국이 아니라 중국이기 때문이다. 조선, 철강, 기계 업종의 많은 종목들이 중국으로의 수출 비중이 매우 높다. 따라서 중국의 경기하강은 바로 중국에 수출을 많이 하는 국내기업에 치명타를 입히게 된다.

또한, 우리나라의 자본이 중국에 가장 많이 투자되어 있는데, 중국경제(중국증시 포함)가 나빠지면 우리나라 자본이 투자한 (중국)기업이나 주식의 가치가 떨어지게 되고, 이는 우리나라로 다시 가져올 투자 수익금이 적어지는 것을 의미하므로 주식시장에 악영향을 끼치게 된다.

중국의 경우 중국증시의 지수(상해종합지수 등) 확인도 중요하지만, 중국의 경제성장률이나 양회의 결과 및 중국 정부의 정책 방향에 관련된 뉴스에 주의를 기울이는 것이 바람직하다. 왜냐하면 중국이야말로 우리나라의 최대 수출국이므로 중국의 경제상황이나 정책 향방에 따라 기업들의 중장기적인 흥망이 결정될 수 있기 때문이다.

＊최신 자료 위치 | 각 증권사의 홈페이지 또는 HTS의 시황창 등

중국증시에 영향을 미치는 주요 지표/항목

① 양회 : 중국의 전국정치협상회의와 전국인민대표회의를 합쳐서 부르는 말로, 중국정부는 이 양회를 통해서 주요 정책 및 법률, 예산 등을 결정한다. '양회의 결과를 보면 중국의 미래를 알 수 있다.' 라는 말이 있을 정도로 중국정부의 향후 진로를 확인할 수 있는 가장 확실한 나침반이 된다.

② 경제성장률 : 중국의 경제지표 중 가장 중요하게 봐야 할 부분이 경제성장률이다. 양회에서 경제성장률 목표를 높였다면 이는 우리나라 기업들에게는 호재가 된다. (중국으로의 수출이 늘어날 가능성이 높으므로), 반대로 중국이 성장보다는 분배와 안정을 목표로 경제성장률 목표를 낮추었다면 이는 우리나라 증시에 악재가 된다. (중국으로의 수출이 감소될 수 있으므로)

04

장부를 모르니
까막눈일 수밖에

재무제표 독해법

기업의 재산 상태를 술술 해독하는 비법

재무제표

재무제표는 해당 기업의 이해관계자들(경영자/주주/채권자/종업원/감독관청 등)이 경영활동의 내용을 파악하고 판단할 수 있도록 기업의 재정상태와 경영성적 등을 계산하여 정리 기록한 장부로, '재무상태표, (포괄)손익계산서, 현금흐름표, 자본변동표, 주석' 총 5가지가 있다.(→ 재무제표는 해당 기업의 살림살이를 정해진 방법에 따라 계산하여 정리 기록한 장부라고 보면 됨)

지금부터 성공가치투자를 위해 재무제표에서 반드시 알아야 할 핵심 포인트와 실전 분석 노하우를 설명하고자 한다. 가치투자에 성공하기 위해서는 공인회계사가 될 필요는 없다. 하지만 지금부터 설명하는 핵심 포인트만큼은 확실히 숙지해야 한다.

재무상태표

재무상태표는 일정 시점에 현재 기업이 보유하고 있는 경제적 자원인 자산과 경제적 의무인 부채, 자본에 대한 정보를 제공하는 보고서이다. 재무상태표를 통해 정보 이용자들은 기업의 유동성, 재무적 탄력성, 수익성과 위험 등의 평가에 유용한 정보를 얻는다. 심하게 말하면 재무상태표는 기업이 모두 사업을 중지하고 빚잔치를 할 경우 얼마나 건질 수 있을지 알려주는 가장 확실한 장부이다. (→특정 시점의 기업의 재산 상태를 나타낸 표라고 생각하면 됨)

재무상태표의 왼쪽에는 해당 기업의 재산목록인 자산이 표시되어 있고, 오른쪽에는 그 재산이 얼마만큼의 자본과 부채(빌린 돈)로 구성되어 있는지 보여준다. (아래 그림 참고)

예를 들면 회사가 자기 돈(자본) 100억과 은행에서 빌린 돈(부채) 50억을 이용해 구입한 150억짜리 건물이 전 재산인 경우, 재무상태표의 자산에는 건물 가격 150억, 자본에는 100억, 부채에는 50억이 표시된다.

자산	150	부채	50
		자본	100

[그림] 재무상태표의 기본 구조

(참고 : 좌우로 배치하는 방법 대신, 위에서 아래로 자산-부채-자본의 순서로 표시하는 방법을 더 많이 이용한다).

위와 같이 재무상태표를 보면 특정 시점에 해당 기업이 보유한 재산총액과(자산) 빌린 돈(부채), 재산총액에서 빌린 돈을 제외한 금액(자본)을 명확하게 파악할 수 있게 된다.

[유동자산]	87,269,017	71,502,063	61,402,589
· 현금및현금성자산	18,791,460	14,691,761	9,791,419
· 단기금융상품	17,397,937	11,529,905	11,529,392
· 단기매도가능금융자산	1,258,874	655,969	1,159,152
· 매출채권	23,861,235	21,882,127	19,153,114
· 재고자산	17,747,413	15,716,715	13,364,524
· 기타	8,212,098	7,025,586	6,404,988
[비유동자산]	93,802,553	84,298,200	72,906,214
· 장기매도가능금융자산	5,229,175	3,223,598	3,040,206
· 관계회사 및 조인트벤처 투자	8,785,489	9,204,169	8,335,290
· 유형자산	68,484,743	62,043,951	52,964,594
· 무형자산	3,729,705	3,355,236	2,779,439
· 기타	7,573,441	6,471,246	5,786,685
자산총계	181,071,570	155,800,263	134,308,803
[유동부채]	46,933,052	44,319,014	39,944,721
[비유동부채]	12,658,312	10,167,619	5,186,446
부채총계	59,591,364	54,486,633	45,131,167
[지배기업 소유주지분]	117,094,052	97,090,383	85,441,561
· 자본금	897,514	897,514	897,514
· 주식발행초과금	4,403,893	4,403,893	4,403,893
· 이익잉여금	119,985,689	97,622,872	85,071,444
· 기타자본항목	△8,193,044	△5,833,896	△4,931,290
[비지배지분]	4,386,154	4,223,247	3,736,075
자본총계	121,480,206	101,313,630	89,177,636

[그림] 재무상태표의 예 (삼성전자의 3년간의 요약재무상태표)

[설명] 위의 재무상태표는 3년간의 재무상태를 요약 정리하여 보여주고 있는 삼성전자의 (요약)재무상태표이다. 기업마다 다소간의 차이는 있으나 대체로 위와 같은 형태로 발표된다.

2011년부터 재무제표가 기존의 미국식 GAAP 기준에서 유럽식 IRFS 기준으로 변경되었다. 이에 따라 재무제표 작성시 기업의 자율성이 많이 부여되어 재무제표의 각 항목 용어 및 양식이 기업별로 다소간의 차이가 있을 수 있으나 대체로 전체적인 틀에서는 비슷하므로 분석에 큰 영향을 주지는 않는다. 참고로 본 책에서는 이러한 부분 등을 모두 고려하여, 성공가치투자를 위해 반드시 알아야 할 핵심 실전 노하우를 설명하고 있으니, 본 책에서 설명하고 있는 내용을 확실히 숙지하기 바란다.

자산

과거의 거래나 사건의 결과로서 현재 기업에 의해 지배되고, 미래에 경제적 이익을 창출해 줄 것으로 기대되는 자원을 의미 (→ 기업이 보유한 재산이라고 보면 됨)

남의 돈으로 구입한 것이든 내 돈으로 구입한 것이든 모두 자산으로 보므로, 자산이 많다고 그 회사가 우량한 회사라고 할 수는 없음(자산을 모두 돈을 빌려서 구입한 회사라면 그 회사는 언제 무너질지 모름). 자산은 크게 유동자산과 비유동자산으로 구분되며, 보통 유동성이 높을수록 자산 항목에서 우선적으로 배치됨

1년 또는 기업의 정상 영업주기 중 더 긴 기간 내에 현금으로 전환되거나 소비될 수 있는 자산 (→ 1년 이내에 현금화할 수 있는 자산이라고 보면 됨)

실전투자 노하우

일반적으로 유동자산이 많을수록 불황기에 생존능력이 커지므로 가급적 유동자산은 많을수록 좋음 (현금화하기 위해 판매과정이 필요한 재고자산이 많은 경우 특히 조심해야 함 → 시장에서 팔릴 가능성이 거의 없는 재고자산의 가격을 부풀리는 방법으로 해당 기업의 자산을 뻥튀기 하는 경우가 많음. 실제로 가장 많은 회계조작이 바로 이 재고자산을 통해 이루어짐)

현금 및 현금성 자산

큰 거래비용 없이 쉽게 현금화할 수 있는 자산으로 보통 취득 후 3개월 이내에 현금화 가능한 자산을 의미함. 현금, 요구불예금, 수표, 양도성예금증서 등이 여기에 포함됨 (→ 간단히, 현금 그 자체라고 생각해도 무방함)

실전투자 노하우

가장 유동성이 높은 자산이자 즉시 현금화 가능한 자산으로 부도위험 및 흑자도산위험이 높은 불황기에 특히 유용하므로, 불황기에는 현금 및 단기예금이 많은 회사에 주목해야 함

단기금융상품

만기가 결산일로부터 1년 이내인 자산으로 예금, 적금, 양도성예금증서, 상호부금, 금전신탁, CMA, 기업어음 등이 있음

재무제표 등 회계에서 '단기' 라는 것은 '1년 이내의 기간'을 의미한다. (예를 들어 대여금(빌려준 돈) 중 1년 이내에 받을 예정인 대여금은 단기대여금이라고 함)

실전투자 노하우

단기금융상품의 경우 이자수익이 발생하는 것이 일반적이므로 이자수익 부분과 사용제한이 걸려 있는 상품도 있으므로 해당 기업의 실제 매수여부를 결정할 때 주석을 통해 이를 확인해야 한다. (단기금융상품 중에서 만기가 3개월 이내인 것은 현금 및 현금성 자산으로 분류된다는 점에 주의해야 함)

단기투자증권 (=단기 매도가능 금융자산)

결산일로부터 1년 이내에 처분해 단기차익을 얻을 목적으로 보유하고 있는 투자증권(1년 이내에 팔아 이익을 챙길 목적으로 보유중인 주식, 채권 등) 등을 의미함 (→ 본업 외에 1년 이내에 이익을 챙길 생각으로 보유한 주식, 채권 등의 금융자산을 의미함)

매출채권 (외상매출금, 받을어음 등)

회사의 일반적 상거래에서 발생하는 물품 등을 판매하고 아직 현금을 받
지 못한 금액임 (→ 외상으로 판매한 금액)

① 외상매출금 : 상품 또는 제품 판매 후에 아직 돈을 받지 못한 금액
② 받을어음 : 외상으로 판매 후 현금대신 받은 어음
③ 어음 : 일정기간 후에 돈을 지불하겠다는 증서

선급비용과 선급금

선급비용은 기간 계약에 따라 지불하는 비용으로 미리 지급한 금액이고 (1년치 보험료를 미리 지급하는 경우 등), 선급금은 물품 또는 원재료 등을 구입시 미리 지급한 비용으로 외상매입금과 반대되는 개념임

일반적으로 외상매입금이 많을수록 그 회사는 갑의 위치에 있는 회사일 가능성이 높다.(따라서 해당 회사는 우량한 회사일 가능성이 높음) 반면에 선급금이 많은 경우는 다른 회사보다 을의 위치(돈을 먼저 지불하므로)에 있는 회사이거나 선급금 지급을 통한 원가절감을 시도하는 것으로 추정할 수 있음 (아이폰을 만드는 애플의 경우 부품회사로부터 물건 구입시 물건대금을 미리 현금으로 지급하는 대신 부품의 매입가격을 낮추는 것으로 유명함)

미수금과 미수수익

미수금은 아직 받지 못한 돈이며(→ 단, 상품 판매 등 영업활동과 관련하여 아직 받지 못한 돈은 외상매출금이 되고, 그 외 단순히 빌려주고 못 받은 돈임), 미수수익은 수익은 발생했으나 아직 받지 못한 돈을 의미 (→ 건물을 빌려주고 월세를 받기로 했으나 기간이 지났음에도 아직 월세를 받지 못하는 경우가 대표적임)

일반적으로 미수금이나 미수수익의 경우는 받지 못할 가능성이 있다는 점에서 기록된 금액을 보수적으로 판단하여야 함

재무분석시 '보수적 평가 (=보수적 판단)'의 의미

재무분석시 보수적으로 평가한다는 것은 기업의 자산은 재무제표에 기록된 금액보다 적게, 부채는 재무제표에 기록된 금액보다 크게 평가한다는 의미임 (기업의 자산은 적게, 부채는 많게 평가하는 것을 의미함)

재고자산

기업이 정상적인 영업과정에서 판매를 위해 보유하거나 생산과정에 있거나 생산에 투입되기 위해 원재료나 소모품 형태로 보유하고 있는 자산을 의미함 (→ 간단히, 아직 팔지 못한 상품임)

실전투자 노하우

재고자산은 회계 조작시 자주 이용되는 항목으로 가장 보수적으로 접근해야 함. 또한 재고자산의 경우 현금화하기 위해서는 소비자에게 판매를 해야 하는데, 유행이 지나거나 다른 신제품이 나와 아예 시장에서 판매가 불가능한 경우도 발생하고, 보관과정에서 보관비용이 많이 발생할 수 있어 재고자산의 경우는 절대 적혀진 금액 그대로 믿어서는 안됨. 참고로, 중간에 재고자산을 평가하는 방법이 변경되었을 경우는 순이익 조작이 있을 가능성이 매우 높으므로 각별한 주의가 필요함. 특히, IT제품을 제조하는 회사의 재고자산은 더욱 부정적으로 접근해야 함 (IT제품의 경우 신기술 및 신제품 출시가 빈번하게 일어나 재고자산 상당수가 경쟁 신제품에 밀려 큰 폭의 세일을 해야 겨우 팔리거나 아예 팔리지 않을 가능성도 크기 때문임)

비유동자산

결산일로부터 1년 이상 장기적으로 보유하는 자산으로 크게 투자자산, 유형자산, 무형자산, 기타 비유동자산으로 구분함 (→ 간단히, 1년 이내에 현금화하기 어려운 자산을 의미함)

투자자산

기업의 주영업활동과 관계없이 여유자금을 활용해 장기적인 투자수익이나 다른 회사를 지배할 목적으로 보유하는 자산을 투자자산이라고 한다. 투자부동산, 장기금융상품, 장기투자증권(=장기매도 가능증권), 만기보유증권, 지분법적용투자주식(혹은 관계기업과 종속기업) 등이 있음 (→ 기업이 재테크를 위해 1년 이상 보유하는 자산이라고 생각하면 됨)

투자자산은 영업활동과 무관한 재테크를 위해 보유한 자산으로 투자자산에서 발생하는 수익은 대체로 영업외수익에 속한다는 점에 주의할 것

재무제표에서 '장기'라는 것은 '1년이 넘는 기간'을 의미함

투자부동산

시세차익을 얻기 위해 보유하고 있는 토지나 건물 등의 부동산을 의미함

① 똑같은 부동산이라고 해도 부동산매매업의 경우 본업이 부동산 판매이므로 부동산매매업자의 부동산은 판매를 목적으로 보유시 재고자산으로 분류하고, 본업에 '사용'하기 위해 보유중인 경우는 '유형자산'으로 분류하며, '본업이랑 무관'하게 단지 매매차익을 얻기 위해 보유하는 경우는 '투자부동산'으로 분류한다는 점에 주의해야 함

② 기업의 투자부동산의 경우 세법에서 '비영업토지, 업무무관자산'으로 분류해 법인세 부담을 증가시키고 있어, 추후 세무적으로 불이익을 당할 수도 있다는 점에 주의해야 함

③ 투자부동산의 핵심은 주석에 있는 내용(공시지가 등의 가격정보, 소재지 주소 등)이므로 주석에 있는 공시지가 등의 시세관련 정보에 주목할 것

장기금융상품

만기(또는 기한)가 결산일로부터 1년 이상인 금융상품 (→ 정기예금, 정기적금 등 1년 이내에 해지시 위약금 등이 발생하여 손해를 보는 등 사용이 제한되어 있는 예금 등이 여기에 포함됨)

장기금융상품은 현금과 거의 유사하다고 볼 수 있으므로(현금화가 매우 쉬우므로), 불황기에는 현금 및 현금성 자산과 함께 장기금융상품에 주목해야 함

장기대여금

돈 받기로 한 날이 결산일로부터 1년 이후인 대여금을 말함

장기대여금의 경우 단기대여금과 마찬가지로 실제 받지 못할 가능성이 높으므로, 장기대여금 중 상당 부분은 받지 못할 수 있다는 가정 하에 평가해야 함 (개인간 거래뿐 아니라, 기업간 거래에서도 빌려줄 돈을 항상 다 돌려 받을 수 있는 것은 아니므로)

장기투자증권 (장기매도가능증권, 만기보유증권)

매매차익, 배당이익, 이자수익 등 투자목적으로 보유하는 유가증권으로, 크게 장기매도가능증권(회사가 보유한 유가증권 중 단기매매증권과 만기보유증권을 제외한 대부분의 증권)과 만기보유증권(만기가 1년 후에 도래하고 만기까지 보유할 의사와 능력이 있는 증권)으로 구분함 (→ 회사가 재테크를 위해 사들인 증권임)

유가증권을 평가하는 방법은 다양하므로 회수가능성에 주의해야 하고, 채무증권의 경우 발행한 회사의 부도가능성 등에 대해서 주목해야 함 (최소한 해당 회사의 신용등급이라도 확인할 것)

지분법적용투자주식

　지분을 20%이상 보유하거나 지분이 20% 미만이라도 중대한 영향력을 행사할 수 있는 경우 해당 주식은 '매도가능증권'이 아닌, '지분법적용투자주식'으로 평가함 (→ 자세한 내용은 아래 내용을 참고)

'매도가능증권, 관계회사, 종속회사' 쉽게 이해하기

A회사가 B회사의 주식을 100억에 매수할 경우 회계에서는 매입한 지분율에 따라 다음과 같은 3가지로 분류하여 처리함

① 매도가능증권

매입한 B회사의 주식이 B회사 전체 주식의 '20% 미만'인 경우 : 장기투자증권(매도가능증권)

→ 매입한 B회사의 주식을 '매도가능증권'으로 분류하여 처리함 (B회사 주식이 주식시장에서 실제 거래되는 가격으로 평가하여 손익을 계산)

② 관계회사, 지분평가주식

매입한 B회사의 주식이 B회사 전체 주식의 '20% 이상 ~ 50% 미만' 인 경우(또는 20% 미만이라도 B회사에 중대한 영향력을 가지는 경우)

→ 매입한 B회사를 A회사의 '관계회사'로 부르고, B회사의 주식을 '지분법평가주식'으로 분류하여 처리함 (해당 B회사의 주식이 시장에서 거래되는 가격에 관계없이, 매입한 가격에 해당 B회사 순이익의 지분율만큼을 '지분법평가이익'으로 하여 인식)

→ 예를 들어, B회사의 지분율이 30%이고 B회사의 순이익이 10억이라면, '지분법평가이익'은 3억(=10억×30%)이 되고, '지분법투자주식'은 매수가격 100억에 지분법평가이익 3억을 더해 103억으로 평가함

③ 종속회사, 연결재무제표, 지배지분순이익

매입한 B회사의 주식이 B회사 전체 주식의 '50% 이상'인 경우

→ 매입한 B회사를 A회사의 '종속회사'로 부르고 B회사를 A회사와 하나의 회사로 취급해 재무제표의 모든 항목을 합해서 발표함(이를 연결재무

제표라고 하며, 현재 회계기준은 바로 이러한 연결재무제표를 기준으로 함) 또한, A회사의 순이익에 A회사가 보유한 회사의 지분율을 곱한 순이익을 합해 '지배지분순이익'이라고 함

→ 예를 들어,

① A회사의 순이익 100억, A회사가 매수한 B회사의 지분율이 60%이고, B회사의 순이익 10억이라면,

② A회사의 순이익은 A회사의 순이익 100억에 B회사 순이익 10억 전체를 합한 110억이 됨

③ 단, 지분율만큼의 정확한 이익을 표시하기 위해 순이익 밑에 A회사 순이익 100억, B회사 순이익의 10억에 지분율 60%를 곱한 6억을 합해 '지배지분 순이익 106억'으로 표시함

유형자산

회사가 정상적인 영업활동에 사용할 목적으로 1년을 초과해 보유하는 물리적 형태가 있는 자산을 의미함 (→ '투자자산'이 원래의 영업활동과는 무관하게 재테크를 위해 투자한 자산이라면, '유형자산'은 공장이나 창고 등 회사의 정상적인 영업활동을 위한 자산이라는 것이 가장 큰 차이임)

토지

회사의 정상적인 영업활동에 사용하고 있는 토지 (→ 만약 정상적인 영업활동에 사용하기 위한 토지가 아니라 토지의 가격 상승을 노리고 투자한 자산이라면 비업무용 토지가 되어 투자자산-투자부동산-이 됨)

토지의 경우 시가를 확인하기 어려운 경우에는 주석에 나와 있는 개별공시지
가라도 참고해서 최대한 시가에 근접한 가격을 확인해야 함

건물 (및 구축물)

회사의 정상적인 영업활동에 사용되고 있는 건물, 냉난방, 전기, 통신 및
건물에 딸린 부속설비 (→ 간단히, 건물)

건물의 경우 그 금액이 큰 것이 일반적이므로 감가비의 적정성과 주석을 통해
담보로 제공되어 있는지를 확인. 본사의 경우 대부분 땅값이 비싼 시내에 위치
한 경우도 많으므로 주소를 확인할 것

기계장치

제조업에서 원재료 또는 중간재를 가공하거나 조립할 때 사용하는 기계
와 운송설비, 기타 부속장치 (→ 간단히, 기계)

비중이 적은 경우 기타 유형자산으로 분류하는 경우도 있음에 주의. 감가상각
과 관련된 내용은 주석에서 확인 가능함

선박, 차량운반구, 공구, 기구, 비품 등

회사의 정상적인 영업활동에 사용하기 위해 보유 사용하고 있는 선박, 차량운반구, 공구, 기구, 비품 등 (→ 보유하고 있는 자동차, 기타 일체의 비품)

무형자산

영업권, 특허권처럼 눈에 보이는 물리적 형태가 없는 자산을 의미함

무형자산의 경우 추후 그 기재된 가치만큼 받기 어려운 경우가 많이 있으므로 무형자산 가액은 특히 보수적으로 접근하는 자세가 필요함 (재무제표에 기록된 금액보다 특히 적게 인식해야 함)

영업권

해당 기업이 보유한 우수한 경영노하우, 영업망 등 동종 산업의 다른 기업에 비해 좋은 평가를 받을 수 있는 무형의 가치를 의미함

M&A(인수합병) 과정에서 시세보다 더 지불한 금액을 영업권으로 처리하기도 하는데, 경기과열이 진정될 경우 해당 영업권의 가치는 급격히 줄어드는 경우가 많으므로 영업권이 과다하게 책정되어 있는 경우는 각별한 주의가 필요함.
→ 실제로 영업권을 이용해 회사의 자산가치를 뻥튀기 하는 경우가 많으므로 극히 보수적으로 평가해야 함

개발비

신제품, 신기술 관련해 발생한 비용으로 식별가능하고, 미래의 경제적 효익을 확실히 기대할 수 있는 것에 한함 (그렇지 못한 경우는 제조원가나 판매관리비로 처리함)

산업재산권

특허권, 실용신안권, 의장권, 상표권, 상호권, 상품명 등 기능/형태/방법에 대해 일정기간 독점적이고 배타적으로 이용할 수 있는 권리를 의미함 (→ 간단히, 산업적 이용가치를 지닌 발명 등에 관한 권리임)

기타무형자산

라이센스(특정 상표나 특허권, 기술 등을 독점적으로 사용할 수 있는 권리), 프랜차이즈, 소프트웨어, 임차권리금, 광업권, 어업권 등이 해당함

기타 비유동자산

이연법인세자산, 보증금, 장기성 매출채권, 장기성 미수금 등 (→ 간단히, 비

유동자산 중에서 앞에서 설명한 투자자산, 유형자산, 무형자산에 속하지 않는 자산 모두를
의미한다고 생각하면 됨)

이연법인세자산

세법과 기업회계기준과의 차이에 따른 일시적 세금차이를 조정하기 위한
계정 (→ 세법과의 차이를 조정하기 위해 사용하는 항목이라고 알아두면 됨)

장기성 매출채권

매출채권 중에서 회수기한이 재무상태표일로부터 1년이 넘는 채권임

판매는 했는데 아직 판매대금을 받지 못한 외상판매대금으로, 받지 못한 기간
이 오래된 경우 돈 받을 가능성이 낮아지므로 보수적으로 접근해야 함

기타 비유동자산에 포함되는 나머지 항목들

① 장기미수금 : 일반적인 상거래이외의 채권으로 회수기일이 만기일로
  부터 1년 이후인 항목 (→ 기업이 다른 기업이나 개인에게 빌려준 돈)
② 장기선급비용 : 보험료 또는 임차료 등을 선급한 비용으로 1년 이후
  에 비용화되는 항목 (→ 월세를 미리 낸 경우 등)
③ 장기선급금 : 일반적 상거래와 관련해 선급한 것으로 1년 이후에 해
  당 상품이나 용역을 인도받는 것을 의미함 (→ 1년 후에 물건을 받기

로 하고 미리 돈을 낸 경우 유조선이나 항공기처럼 만드는 데 오랜 시
간이 소요되는 제품 구매시 주로 발생 등)
④ 보증금 : 전세권, 임차보증금, 전신전화가입권, 영업보증금 등을 의
미함 (→ 계약기간이 종료하면 돈을 돌려받으며 계약기간동안에 이들
에 대한 이자를 받지는 못한다는 특징이 있음)

부채

특정한 기업 실체가 과거의 거래나 사건의 결과로서 미래에 특정한 다른
실체에게 자산을 인도하거나 용역을 제공해야 하는 현재의 채무로부터 나
타나는 미래의 경제적 효익의 희생임 (→ 간단히, 회사가 갚아야 할 빚)

부채는 크게 유동부채와 비유동부채로 구분할 수 있으며 유동성이 높을수록
부채항목에서 우선 배치되는데, 유동부채를 특히 눈여겨 보아야 함 (유동부채
가 많을수록 부도위험이 높음)

유동부채

1년 이내 또는 정상적인 영업주기 내에 갚아야 하는 부채로 단기차입금,

외상매입금, 지급어음, 미지급비용, 미지급법인세, 선수금, 선수수익, 부가가
치예수금, 유동성장기부채 등이 있음 (→ 1년 이내에 갚아야 할 빚)

단기차입금

금융기관 등 타인으로부터 조달한 금액 중 상환기간이 1년 이내인 것 (→ 1
년을 초과하는 경우 장기차입금으로 분류함)

차입금의 경우 담보를 제공하는 경우가 많으므로 주석으로 확인해야 함 (차입
금이 많을 경우 부도위험성이 높아지므로 불황기에는 각별히 주의해야 함) 또
한, 회사에서도 실제보다 단기차입금을 줄이려고(조작)하는 경우가 있으므로
포괄손익계산서의 이자비용과 비교하여 이자비용에 비해 지나치게 차입금이
적은 경우 조심해야 함

매입채무 (외상매입금, 지급어음)

회사의 일반적 상거래에서 발생하는 물품 등을 구입하고 아직 현금을 지
불하지 못한 금액 (→ 외상으로 구입한 금액)

지급어음이 있는 경우 어음만기일에 자금이 부족할 경우 말 그대로 부도처리
가 될 수 있으므로, 이 경우 현금 및 현금성 자산과의 비교 검토가 필요함

미지급비용

미지급비용은 일정한 계약에 따라 계속적으로 용역의 제공을 받는 경우, 기한이 경과할 경우 대가의 지급의무가 발생하지만 아직 지급기일이 되지 않은 채무를 말함 (→ 매월 말에 월세 100만 원을 내기로 계약한 경우 월세 계약일에 미지급비용 100만 원 발생)

미지급금

일반적인 상거래 이외의 거래에서 발생한 채무로 이미 기간이 경과해 채무가 확정된 금액을 의미함 (→ 매월 말에 월세 100만 원을 내기로 했는데, 기한이 지났는데도 월세를 내지 못한 경우 미지급금 100만 원 발생)

당기법인세부채

당기에 납부해야 할 법인세 중 아직 납부하지 않은 법인세를 의미함

> ### 기타 비유동부채에 포함되는 나머지 항목들
>
> ① 선수금 : 거래처에서 상품이나 제품, 수주공사 등에 대한 대가의 전부
> 또는 일부를 미리 수령했을 때 발생하는 부채임 (→ 물건은 나중에 주
> 기로 하고 돈을 먼저 받은 경우)
> ② 선수수익 : 계속적으로 공급되는 용역과 관련해 미리 수령한 용역의
> 대가 중에서 아직 경과하지 않은 부분에 대한 용역의 대가를 의미함
> (→ 월세 등을 미리 받은 경우 등)
> ③ 예수금 : 제3자에게 지급해야 하는 금액을 종업원이나 거래처로부터
> 수령해 일시적으로 보관하고 있는 돈 (→ 잠시 보관하고 있는 남의 돈)
> ④ 예수부가가치세 : 거래시 상대방으로부터 부가세 명목으로 받은 돈.
> (남이 내야 할 부가세를 대신 내주기로 하고 미리 받아둔 돈)
> ⑤ 유동성 장기부채 : 비유동부채로 분류했던 장기부채 중 상환기간이 재
> 무상태표일로부터 1년 이내가 된 금액 (→ 예를 들어 가입당시 3년 후
> 에 타는 적금이었으나 가입한지 2년이 넘어 만기까지 1년도 안 남게
> 된 정기예금 등이 여기에 해당함)

비유동부채

　재무상태표일로부터 1년 후에 갚아야 할 부채를 의미하며 사채, 장기차입금, 장기성매입채무, 퇴직급여충당금, 이연법인세부채, 장기제품보증충당채무, 기타비유동부채 등이 있음 (→ 간단히, 1년 이후에 갚아야 할 빚)

사채 (社債-한자에 주의할 것)

기업이 자금조달을 위해 직접 발행하는 채권으로 보통 '회사채'라고 불림
(→ 일반적으로 사채는 주식회사만 발행 가능하며, 사채총액은 회사 순자산의 일정 규모 이상을 초과할 수 없는 등 법적인 규제가 있음)

실전**투자
노하우**

사채 중에서 특히, 주식수를 증가시켜 주가에 악영향을 줄 수 있는 '전환사채, 신주인수권부사채'의 존재여부에 특히 주의해야 함. 전환사채나 신주인수권부 사채 발행이 많은 회사는 가급적 투자대상에서 제외해야 함

사채(社債)와 사채(私債)의 차이

① 사채(社債) : 주식회사가 돈을 갚기로 하고 발행한 채권으로, 회사채의 준말임. 회사가 장기간 소요되는 투자자금을 일반인으로부터 마련하기 위해 발행하는 증서임
② 사채(私債) : 개인이 사채업자(주로 고리대금업자)에게 꾼 돈을 의미함

장기차입금

타인으로부터 조달한 자금으로 결산일로부터 상환기간이 1년 이후인 금액을 의미함

장기성매입채무

상품, 용역, 원부자재 등을 외상으로 구입한 대금 중 1년 이후에 지급하는 채무를 말함 (→ 1년 이후에 갚기로 하고 외상으로 매입한 금액)

장기제품보증충당부채

판매한 제품이나 서비스의 보증에 따른 비용 (→ 전자제품이나 자동차 등의 경우 판매 후 일정기간 이내에 고장이 날 경우 무상AS를 해주어야 하는데, 이에 소요되는 비용을 미리 추정한 금액을 '장기제품보증충당부채'라고 함. 보통 장기제품보증충당부채는 기업이 임의로 정하지 못하도록 일정한 조건에 따라 엄격하게 적용됨)

장기미지급비용, 장기미지급금

지급기일이 재무제표일로부터 1년 이후인 미지급금을 장기미지급금이라 하고, 지급기일이 재무제표일로부터 1년 이후인 미지급비용을 장기미지급비용이라고 함 (→ 자세한 내용은 유동부채의 '미지급금'과 '미지급비용' 설명 참고)

자본

자산에서 부채를 뺀 금액으로, 회사가 회사의 주인인 주주로부터 조달한 자금을 말함. 자본은 크게 '자본금, 자본잉여금, 자본조정, 기타포괄손익누계액, 이익잉여금'으로 분류함 (→ 자본은 회사의 전체 자산에서 부채를 차감하고 남은 돈으로 회사 주인인 주주 몫의 돈이라고 생각하면 됨)

자본금

자본금 = 발행주식수×주식의 액면가액(→ 발행주식의 액면 총액을 의미함) 참고로 시가총액은 '발행주식수×주가'로 계산됨 (→ 어느 회사의 발행된 주식수가 100주이고, 액면가액은 5,000원, 시가가 1만 원이면 이 회사의 자본금은 500,000원이고 되고, 시가총액은 1,000,000원이 됨)

주식의 액면가와 시가의 차이

액면가는 '액면가액'이라고도 하는데, 액면가는 회사가 주식을 처음 발행할 때 주식에 표시한 가격을 의미함. 이에 반해 시가는 실제 주식시장에서 해당 주식이 거래되는 가격을 의미함. 예를 들어 우량한 회사의 경우 액면가 5,000원짜리 주식이 주식시장에서는 백만 원에 거래될 수도 있고, 곧 망할 것 같은 회사의 경우는 액면가 5,000원짜리 주식이 불과 몇 백원에 거래될 수도 있음

보통주 자본금

보통주를 발행하고 주주에게 받은 금액 중 발행주식의 액면총액을 의미함 (→ 일반적으로 주식이라고 하면 보통주를 의미하고 자본금이라고 하면 보통주 자본금을 의미함)

종목에 대한 심층분석을 할 경우 '주석'을 통해 증자나 감자, 전환사채 발행, 신주인수권부 사채의 발행여부를 확인하는 습관을 가져야 한다. 왜냐하면, 이들 증자/감자/전환사채발행/신주인수권부사채의 발행 등은 주식수의 증가나 감소를 가져오게 되고, 주식의 증가나 감소는 주가에 영향을 미치기 때문이다. (일반적으로 주식수가 늘어나면 주가가 하락함_상품이든 주식이든 돈이든 간에 시중에 수량이 많아 흔해지면 그것의 가격은 떨어지게 되어 있음)

우선주 자본금

우선주란 이익의 배당이나 잔여재산의 분배에서 우선적인 권리를 부여받는 주식으로 보통 의결권의 제한이 있음. 이익을 우선적으로 부여 받을 수 있는 이익배당우선주, 보통주로 전환할 수 있는 권리가 부여된 전환우선주, 회사가 일정요건을 갖추면 다시 매입해서 소각할 수 있는 상환우선주 등이 있음 (→ 배당금 등을 약간 더 받는 대신 경영진을 선임하거나 회사의 중요한 사업을 결정할 수 있는 권리인 의결권을 포기하는 주식을 우선주라고 함)

신형우선주에 주목할 필요가 있음. 우선주 중에서 뒤에 B(bond : 채권)가 붙어 주식의 성격과 채권의 성격도 가진 신형우선주인데 일반우선주와는 달리 법으로 최저배당율과 최저배당금을 보장해주는 주식으로 특정년도에 배당을 받지 못할 경우 다음연도에라도 배당을 받을 수 있고, 일정기간이 지나면 보통주로 전환할 수 있는 권리도 부여받는 등 기존 우선주에 비해 투자가치가 높음(단 경우에 따라서 제외조건을 둔 신형우선주도 있으므로 발행조건을 확인해야 함) 저성장이 지속되어 시중 은행 예금금리가 계속 낮아지는 추세가 지속된다면 배당금이 상대적으로 많은 우선주도 좋은 가치투자 대상이 될 수 있음

자본잉여금

잉여금은 '회사에 쌓아둔 돈'을 의미하는데, 이중 자본잉여금은 자본거래로 인하여 발생하여 쌓아둔 돈을 의미함 (→ 간단히, 영업으로 벌어 들인 것이 아니라 회사의 주인이 추가로 회사에 준 돈이라고 생각하면 됨)

자본잉여금의 경우 잉여금의 증가 감소내역을 살펴, 자본잉여금이 회사의 결손보전에(회사의 손해를 메꾸는 데 사용) 이용되거나 자본전입에(자본잉여금에서 자본금으로) 이용되었는지 확인하는 것이 핵심임. 만약 자본잉여금이 결손보전이나 자본전입에 사용되었다면 그 회사는 영업활동으로 돈을 벌어 주주에게 배당을 주기는 커녕, 주주에게 추가로 손을 벌려 연명해야 하는 매우 위험한 회사라고 볼 수 있음

주식발행초과금

액면가액을 초과한 주식발행가액을 주식발행초과금이라고 함 (→ 액면가 500원짜리를 700원에 발행한 경우 500원은 자본금, 200원은 '주식발행초과금'이라고 함)

> 새롭게 주주가 되는 주주들의 경우 해당 회사의 전망이 밝다면 액면가의 몇 배의 돈을 더 주고라도 주주가 되려고 하는데, 이때 액면가보다 더 지불한 금액이 바로 주식발행초과금임

감자차익

자본을 감소시키는 과정에서 발생한 차액 (→ 액면가 5천 원짜리 주식을 소각하면서 주주에게는 4천 원만 지급한다면 1천 원이 감자차익 됨)

> 일반적으로 감자를 실시한 회사 상당수가 상장폐지 되는 등 주가가 급락하는 경우가 많음. 그 이유는 감자를 실시하는 회사 대다수가 계속 손해가 발생해 회사를 세울 때 정했던 자본금 규모를 더 이상 유지하기 어려워 일부러 자본금 규모를 실시하는 경우가 많기 때문이다. 왜냐하면 계속 손해가 나서 회사의 자본총액이 미리 정한 자본금 금액보다 적어지게 되는 경우 거래소 규정상 상장폐지가 될 수 있기 때문임 (→ 일반적으로 계속 손해가 나는 회사의 경우 손실이 난 금액은 그 이전에 벌은 이익을 모아 둔 이익잉여금으로 메꾸고, 그래도 손해가 나면 자본잉여금으로 메꾸고, 그래도 손해가 나면 최후의 수단으로 자본금을 줄이는 방법을 선택하게 됨)

자기주식처분이익

회사는 자기 회사의 주식을 시장에서 매수하여 보유하기도 하는데, 이를 '자기주식'이라고 함 (→ 만약 자기주식을 주당 1만 원에 샀는데 팔 때는 2만 원에 팔았다면 1만 원의 자기주식처분이익이 생기게 됨)

자본조정

자본거래로 인해 발생하였으나 잉여금으로 보기 어려운 항목들로 자기주식, 주식할인발행차금, 출자전환채무, 주식매수선택권, 자기주식처분손실, 감자차손, 배당건설이자 등이 포함됨

자기주식

회사가 보유하고 있는 자기회사의 주식을 의미함

① 자기주식은 의결권, 이익배당청구권(주식배당 등)이 없고, 증자시에도 신주를 인수할 권리가 없다는 점에 주의하고, 다시 시장에 나와 시장가격을 교란할 여지도 있다는 점 역시 감안해야 함

② 자기주식을 꾸준히 매입해 소각(매입한 자기주식을 아예 없애는 것-소각한 만큼 자본금이 줄어들게 됨)하는 회사의 경우 주가가 상승하는 경우가 많으므로(왜냐하면, 자기주식을 시장에서 매입해 소각하면 소각한 자기주식의 수만큼 수량이 줄어들게 되므로) 가치투자를 위한 종목을 선택할 경우 다른 조건이 동일하다면 가급적 자기주식을 매입해 소각하는 회사를 선택하는 것이 바람직함

③ 자기주식을 매입한 후 소각하지 않고 다시 주식시장에 내파는 경우는 해당 주식의 가격에 혼란을 가져오는(회사가 자기주식 매입시점에는 올랐다가 매도할 때는 급락하는 등) 경우가 많으므로 주의해야 함

주식할인발행차금

액면가에 미달하게 발행한 경우 그 차액을 의미. 액면가 5,000원짜리 주식을 3,000원에 발행시 2,000원이 주식할인 발행차금이 됨 (→ 앞에서 설명한 '주식발행초과금'의 반대라고 생각하면 됨)

회사의 전망이 매우 안 좋은 경우 아주 간혹 액면가보다 싸게라도 새로운 주주를 모집하는 경우가 발생하고 이때 주식할인발행차금이 발생함

출자전환채무

채권과 채무조정으로 회사의 채무를 자본으로 출자전환하기로 합의하였으나 즉시 이행되지 않은 경우 그 조정대상 채무를 의미함 (→ 흔히 회사가 어려워 돈을 받기 어려운 경우, 돈을 빌려준 사람이 빌려준 돈 대신 그 회사의 주식으로 대신 받아 회사의 주주가 되기로 하는 경우에 발생)

채무의 출자전환으로 인해 발생할 '주식수, 행사가격, 행사기간'을 반드시 확인하여야 함 (주식수가 늘어나게 되므로→ 주식수가 늘어나면 주가는 하락하게 되어 있음. 왜냐하면 물건이든 주식이든 심지어 돈도 수량이 많아 시중에 흔해지면 그 가격이 떨어지는 것이 일반적이므로)

주식매수선택권

임직원 또는 기타 외부인이 미래의 특정시점에 사전에 미리 정한 가격으로 주식을 매입하거나 시가와의 차액을 현금으로 받을 수 있는 권리를 말함 (→ 이른바 '스탁옵션'으로, 1년 후에 주가가 얼마가 되던 간에 미리 정한 금액으로 살 수 있는 권리를 의미함)

주식매수선택권 행사로 인해 발생할 '주식수, 행사가격, 행사기간'을 반드시 확인하여야 함 (주식수 증가로 주가가 하락할 가능성이 커지므로)

자기주식처분손실

회사가 보유한 자기주식을 매각시 취득가격보다 싸게 파는 경우의 그 차액을 의미함 (→ 자기주식처분이익과 정반대임)

감자차손

자본금을 감소시키는 과정에서의 자본금 감소액이 반환금액보다 적은 경우 그 금액을 의미함 (→ 감자차익과 정반대임. 예를 들어 5,000원짜리 주식을 소각하면서 주주에게 6,000원을 지급한 경우 그 차액 1,000원이 감자차손이 됨)

배당건설이자

대규모 시설투자로 인해 설립 후 일정 기간 동안 순이익이 없는 상황에서도 지급하는 배당금을 의미함

배당건설이자를 지급하는 이유

순이익이 없는 데도 배당을(배당건설이자) 지급하는 이유는 유전개발 같이 성공하기까지 장기간의 개발을 해야 하는 사업에 있어 주주들을 모집하기 위해서는 당근책이 필요한데, 그때 필요한 것이 바로 배당건설이자임. 즉, 사업초기 이익이 나지 않는 기간에도 배당금을 지불함으로써 현금이 부족한 주주들에게 도움이 될 수 있음

기타포괄손익누계액

손익거래로 인해 발생했지만, (포괄)손익계산서에 포함하지 않는 항목(매도가능증권평가손익, 파생상품평가손익, 해외사업환산손익 등)을 모아 '기타포괄손익누계액'으로 분류함 (→ 주로 평가와 관련된 손익이 해당된다고 생각하면 됨)

매도가능증권평가손익

　매도가능증권으로 분류된 주식(채권)을 공정가액으로 평가할 때와 지분법 적용투자주식을 지분법을 이용해 평가할 때에 생김. 매도가능증권평가손익은 일단 기타포괄손익누계액에 계상해 둔 후, 추후 처분시 처분손익에 포함시킴 (→ 예를 들어 투자를 위해 1만 원 주고 산 A사 주식이 연말에 3만 원으로 오른 경우, 상승 차익 2만 원을 '매도가능증권평가손익 2만 원'으로 기록 후 나중에 실제 판매할 때 판매에 따른 손익에서 정산함)

파생상품평가손익

　현금흐름 위험회피(이자율이나 환율변동으로 인한 현금흐름의 변동위험)를 목적으로 한 파생상품의 평가에 따른 손익을 의미하며, 발생시 기타포괄손익누계액에 유보시켜 두었다가 특정자산 또는 부채의 관련 손익을 인식하는 시점에 당기손익으로 대체함 (→ 단순히, 파생상품의 평가에 따른 손해나 이익이라고 기억해 두면 됨)

파생상품의 경우 크게 다음과 같은 두 가지 이유로 보유하게 됨

① 위험회피 목적 : 해외에 수출 또는 수입을 많이 하는 업체의 경우 환율변동에 따른 위험을 회피하고자 환율관련 파생상품을 이용하는 경우가 많음

② 재테크 목적 : 파생상품을 싸게 매수해 비쌀 때 팔아 이익을 남기기 위한 재테크 차원에서 회사가 파생상품을 보유하는 경우가 있음 (이런 회사는 투자에서 우선 제외하여야 함. 파생상품의 경우 그 특성상 급등락이 심하고 예측이 어려워 잘못할 경우 회사가 망하게 할 정도의 큰 손실이 날 수도 있기 때문임)
따라서 종목의 심층분석시에는 파생상품을 보유하고 있는지, 왜 보유하고 있는지 확인해야 함 (재무제표 중 '주석'을 보면 확인 가능함)

해외사업환산손익

해외지점(또는 해외사업소)의 외화표시 자산부채를 결산일 현재의 환율을 적용한 원화로 환산 평가할 때 발생하는 손익을 의미함

이익잉여금

회사 설립 후 벌어 들인 순이익 중 '배당, 결손보전, 자본전입분' 등을 제외하고 모아둔 금액을 의미함. 이익잉여금은 '법정적립금, 임의적립금, 미처분 이익잉여금(미처리결손금)'으로 나눔 (→ 간단히, 회사가 그 동안 벌어 들인 순이익 중 쓰지 않고 모아 둔 금액이라고 생각하면 됨)

법정적립금

법에 의해 순이익 중에서 반드시 모아두어야 하는 것으로, 대표적인 것으로 이익준비금과 재무구조개선적립금 등이 있으며, 이 법정적립금은 '이월결손금 보전이나 자본전입의 용도'로만 사용해야 함 (→ 순이익 중에서 반드시 법에 의해 쓰지 않고 일정한 용도로 사용하기 위해 남겨두어야 하는 금액을 의미함)

임의적립금

회사가 스스로 설정한 목적에 의해 적립하는 것으로 주주총회의 결의에 의해 임의로 사용 가능함

미처분 이익잉여금

회사가 번 순이익을 배당금이나 다른 적립금으로 처분하지 않고 사내에
유보하여 쌓아둔 금액을 의미함 (→ 가정의 저축액과 유사)

이익잉여금은 미래의 투자여력뿐 아니라 배당능력 등을 보여주는 가장 확실한
지표이므로, 일반적으로 이익잉여금은 많을수록 유리함. 일반 가정도 저축을
많이 한 가정이 외부적인 충격에 더 잘 견디듯이, 기업도 기업의 저축이라고
볼 수 있는 잉여금이 많을수록 불황이나 글로벌 금융위기 같은 외부적 충격에
더 잘 견딜 수 있음

(포괄)손익계산서 독해법

돈을 잘 벌고 있는지 술술 해독하는 비법

(포괄)손익계산서(Income Statement)

기업의 경영성과를 명확히 하기 위해 해당 영업기간 중 발생한 모든 수익과 이에 대응한 비용, 순이익 등을 기록한 계산서로 다음과 같은 항목으로 이루어 짐 (→ 일정기간 동안 얼마나 많이 벌었는지를 적어 놓은 장부라고 생각하면 됨)

(포괄)손익계산서와 손익계산서

국제회계기준(IFRS) 도입으로 인해, 기존의(국제회계기준 도입전) 손익계산서에 기타포괄손익 항목이 포함되면서 포괄손익계산서로 명칭 변경됨

포괄 손익계산서의 구조

손익계산서의 구조

★ 포괄손익계산서의 구조

매출액

— 매출원가

___

매출총이익(손실)

— 판매비와 관리비

___

법인세비용 차감전 순이익(손실)

— 법인세

___

계속사업이익(손실)

— 중단사업손익

___

당기순이익(손실)

지배주주지분순이익(손실)

비지배지분주주순이익(손실)

주당순이익(손실)

수익(매출액)	201,103,613	165,001,771	154,630,328
매출원가	126,651,931	112,145,120	102,666,824
매출총이익	74,451,682	52,856,651	51,963,504
판매비와관리비	45,402,344	37,212,360	35,206,958
영업이익(손실)	29,049,338	15,644,291	16,756,546
기타수익	1,552,989	2,251,019	1,651,808
기타비용	1,576,025	1,612,690	1,064,680
지분법이익	986,611	1,399,194	2,267,091
금융수익	7,836,554	7,403,525	7,465,128
금융비용	7,934,450	7,893,421	7,700,099
법인세비용차감전순이익(손실)	29,915,017	17,191,918	19,375,794
법인세비용	6,069,732	3,432,875	3,193,438
계속영업이익(손실)	23,845,285	13,759,043	16,182,356
당기순이익(손실)	23,845,285	13,759,043	16,182,356
당기순이익(손실)의 귀속			
지배기업의 소유주에게 귀속되는 당기순이익(손실)	23,185,375	13,382,645	15,831,674
비지배지분에 귀속되는 당기순이익(손실)	659,910	376,398	350,682

[그림] 손익계산서의 예 (삼성전자의 3년간의 손익계산서)

[설명] 위의 손익계산서는 최근 3년간의 영업실적을 요약 정리하여 보여주고 있음. 참고로 영업이익(손실)에 속하지 않는 나머지 손익을(기타수익, 기타비용, 지분법이익, 금융수익, 금융비용 등) 영업외이익(손실)이라고 함

매출액

상품의 매출 또는 서비스의 제공에 대한 수입금액 (→ 일정 기간 동안의 판매액이라고 생각하면 됨)

> **실전투자 노하우**
>
> 가치투자시 매출액은 연간 400억대 이상 기업에서 고르는 것이 안전함 (1년 매출액이 400억이 안 되는 회사의 경우 회사가 시스템에 의해 움직이기 보다는 오너 1인의 독단적 의사에 의해 움직일 가능성이 커서 회사의 존립이 불안해 질 가능성 높으므로)

매출원가

매출원가는 매출을(제품 판매 등) 얻기 위해 발생된 직접적으로 관련된 비용을 말함 (→ 제조업의 경우 제품제작에 직접 사용된 재료비와 제품이 제작되는 공장에서 일하는 직원들의 인건비 등이 매출원가에 해당됨. 공장이 아닌 본사에 있는 직원들의 인건비는 매출원가에 포함되지 않고, 다음에 설명하는 판매관리비에 포함됨)

매출총이익

매출액에서 매출원가를 차감한 금액

> **실전투자 노하우**
>
> 계절적 변동이 큰 업종의 경우(난방기 제조업체, 빙과류 제조업체 등) 전분기 보다는 전년동분기와 비교하는 것이 타당함

재고자산과 매출원가 그리고 분식회계

매출원가는 실무에서 계산 편의를 위해 매출액에서 현재 남아있는 재고자산가격 등을 차감하는 방법 등을 이용하여 매출원가를 구함. 그러나 일부 부실기업들의 경우 이러한 매출원가 산정 과정을 악용하여 다음과 같이 조작을 하는 경우가 있음.

① 재고자산 부풀리기를 통한 이익 뻥튀기

손해가 날 것 같은 회사의 경우 재고자산 가격을 임의로 과대하게 기록해 이익을 늘리는 방법을 이용함 (실제로는 적자인데 재무제표에는 흑자로 둔갑하게 됨 → 소위 말하는 분식회계임)

② 재고자산을 이용한 분식회계 방법

재고자산을 과대하게 평가하여 기록함 → 매출원가가 작아짐 (매출원가는 매출액에서 재고자산을 차감하는 방법 등으로 역산하여 구하므로, 재고자산가격을 부풀리면 그 만큼 매출원가가 적어짐) → 순이익이 늘어남 (매출원가가 작아지면 매출이익은 매출액에서 매출원가를 차감해 구하므로 그 만큼 순이익이 늘어남)

③ 실전 분석에서의 활용

아무리 보아도 이익이 날 것 같지 않은 회사가 이익을 낸 경우는 최우선적으로 매출원가와 재고자산을 의심해야 함 (재고자산 조작을 통한 매출원가 감소가 있을 가능성이 높으므로)

분식회계

기업이 경영실적을 실제보다 좋게 보이게 하기 위해 자산이나 이익을 부풀려 계산하는 것을 말함 (→ 간단히, 회계조작임)

판매비와 관리비

판매비와 관리비는 상품과 용역의 판매활동 또는 기업의 관리와 유지와 관련해 발생하는 비용임. '급여, 퇴직급여, 복리후생비, 임차료, 접대비, 감가상각비, 세금과 공과금, 광고선전비, 연구개발비, 대손상각비, 각종 잡비 등' 영업을 위해 경상적으로(정기적으로) 지출되는 비용 중 매출원가에 속하지 않는 대부분의 비용이 여기에 포함됨.

일반적으로 회사가 어려울 때 가장 먼저 비용 절감을 시도하는 부분이 바로 판매비와 관리비(특히, 급여부분)이므로, 관리비 자체에 거품이 있는지 판단할 때는 '판관비/매출액' 비율을 동종업계의 다른 기업과 비교해 확인해 보는 것이 효과적임

인건비 주의사항

앞에서 설명한 것처럼, 똑같은 인건비라고 하더라도 제품을 만드는 공장에서 일하는 직원들의 인건비는 제조비용 즉 매출원가로 분류되고, 본사에서 근무하는 직원들의 인건비는 판매관리비에 포함되는 것에 주의해야 함

인건비

급여, 퇴직급여, 명퇴금, 복리후생비 등 피고용자의 고용과 관련해 발생하

는 일체의 비용으로 판매관리비의 주요 항목을 이룸

경기 침체기나 불황기에는 같은 매출액일 경우 인건비의 비중에 주목해야 함
(→ 일반적으로 인건비 비중이 높은 기업은 구조조정을 실시하지 않을 경우 경
쟁기업에 밀려 실적이 악화될 가능성이 있음)

감가상각비

감가상각비는 건물, 설비가 노후되는 부분 만큼을 제품생산비용이나 서비
스생산비용에 포함시킬 목적으로 계산함 (→ 예를 들어 1대의 트럭을 이용해 매년
10억의 운송료 수입을 버는 트럭회사의 경우 1억짜리 트럭의 수명이 5년이라면, '트럭 감
가상각비'라는 비용항목을 만들어 매년 버는 운송료 수입에서 2천만 원씩 균등하게 비용을
부담하게 할 수 있음)

① 감가상각비는 실제 현금이 나가는 비용은 아니므로 순현금흐름시에는 추가
해야 함 (→ 위의 예에서 보면 트럭을 구입하는 당시에만 현금 1억이 나가는
것이기 때문에)

② 감가상각비는 당기순이익을 조작할 때 재고자산 다음으로 많이 이용하는
항목이므로 중간에 감가상각방법 등이 변경되었는지 여부 등을 확인해야 함
(→ 위의 예에서 1억원 짜리 트럭에 대한 감가상각비를 첫해에는 5천만 원
으로, 다음해에는 2천만 원으로, 그리고 나머지 3년 동안 천만 원씩으로 한
다면 매년 달라지는 감가상각비 때문에 똑같은 운송료 수입에도 불구하고
매년 순이익이 달라질 수 있으므로)

영업이익

매출총이익에서 판매관리비를 제외하고 남은 금액을 의미함 (→ 영업이익=
매출총이익 – 판관비)

> **실전투자 노하우**
>
> 기업의 이익 항목 중 가장 중요한 항목으로 영업이익의 증감으로 해당 기업의
> 주된 영업의 건전성을 나타내는 지표임. 손익계산서 항목 중 가장 중요함 (기
> 업의 실질적인 영업능력 판단시 순이익보다도 더 중요한 기준으로 작용함)

영업외손익

기업 본래의 영업활동 외에서 얻어진 손익을 말하며 주로 이자, 배당금,
유가증권매매 등에 의해 발생한 손익이 이에 속함.(→ 영업이익을 제외한 나머지
대부분의 손익을 말함)

> **실전투자 노하우**
>
> 영업외손익의 증가로 당기순이익이 증가하는 경우가 있는데, 이는 기업 본연
> 의 활동과 관계가 없으므로 주가는 오히려 잠깐 상승 후, 하락할 가능성이 많
> 으므로 주의해야 함
>
> 영업외손익에 속하는 손익 항목들은 대부분 일시적으로 생기는 손익이므로,
> 기업 평가시 주된 영업활동으로 인한 이익인 '영업이익'을 일시적 손익인 '영업
> 외이익'보다 중시해서 평가해야 함

이자수익, 이자비용

외부로부터 빌린 빚에 지급하는 비용은 이자비용, 외부에 돈을 빌려주고 받는 이자는 이자수익에 해당함

이자수익보다 지급해야 할 이자비용이 많을수록 외부환경 위험에(불황 및 업종 내 경쟁과열 등) 취약하므로 주의 필요

임대료

부동산을 임대하여 얻는 수입

배당금수익

기업이 보유한 주식이나 출자금으로 인해 받은 배당금

주식배당금

배당금을 현금으로 받지 않고 주식으로 받게 되는 주식배당금은 배당금수익에 포함시키지 않고, 받은 주식수만큼 기존의 주식수에 추가하여 주식수의 증가로만 처리한다는 점에 주의해야 함

단기투자자산평가손익, 단기투자자산처분손익

기업이 보유한 국공채, 회사채 등의 단기투자증권을 평가하거나 처분할 때 생기는 손익을 의미함

평가손익, 처분손익(=매매손익)

① 평가손익 : 기업이 소유한 자산을 평가할 때 생기는 손익으로, 평가금액이 장부에 적힌 금액보다 크면 평가이익이, 작으면 평가손실이 생김
② 처분손익(=매매손익) : 기업이 소유한 자산을 팔 때 생기는 손익으로, 판매한 가격이 장부에 적힌 금액보다 크면 처분이익이, 작으면 처분손실이 생김

외화관련손익

외화로 표시된 자산이나 부채를 원화로 평가할 때 생기는 외화환산손익과 처분할 때 생기는 처분손익인 '외환차익'이 있음 (→아래 내용을 참고)

실전투자 노하우

외화환산손익은 전년도 마지막 날 환율과 다음해 마지막 날 환율의 차이에 외화부채를 곱해 계산함. 전년 말 원/달러 환율이 천 원이었는데 이듬해 말 환율이 2천 원, 외화부채가 10억 달러일 경우 장부상 1조의 손실(1,000원×10억달러)이 외화환산손실로 기재. 항공기 리스 등으로 인하여 외화부채가 많은 항공산업과 원유수입 등이 많은 정유업체의 주가가 특히 민감하게 작용함.

지분법손익

관계회사의 당기순이익(당기순손실)을 지분만큼 반영한 손익

지분 20% 이상을 보유하거나 20% 미만이라 하더라도 투자회사에 중요한 영향력을 행사할 수 있는 경우 그 회사를 관계회사라고 함. 예를 들어 A기업이 B기업의 지분을 30% 보유하고 있을 때 B기업의 당기순이익이 1,000억 원이라면 이중 출자분 30%에 해당하는 300억 원은 A기업의 'B회사 지분법평가손익 300억'으로 하여 A회사의 순이익에 더해짐. 따라서 특정 기업에 대한 주식투자시 자회사의 재무정보를 반드시 확인하는 것이 필요. 관계회사 및 종속회사에 대한 자세한 설명은 앞에서 배운 '매도가능증권, 관계회사, 종속회사 쉽게 이해하기' 부분 참고

당기순이익

법인세차감전 순이익

영업이익에서 영업외손익을 차감한 금액 (→ 간단히, 용어 그대로 법인세를 내기전의 순이익이라고 생각하면 됨)

밥인세비용

법인세차감전 순이익에 법인세율을 곱하여 산출한 세금

계속사업손익

주된 영업활동과 그와 관련된 부수적인 활동 또는 주된 영업이외의 활동에서 발생하는 이익으로 중단사업손익을 제외한 모든 손익을 의미함 (→ 간단히, 중단사업손익을 뺀 모든 손익을 의미)

당기순이익

계속사업이익에서 중단사업손익 등을 조정한 순이익으로 다음과 같이 계산함. 당기순이익은 기업의 사업 결과인 최종적으로 얻어진 경영성과로 세후순이익이라고도 함 (→ 간단히, 기업의 총수익에서 세금 등을 포함한 모든 비용을 차감하고 남은 금액을 의미함)

① 중단사업손익이 있을 경우 : 당기순이익=계속사업손익+중단사업손익
② 중단사업손익이 없을 경우 : 당기순이익=계속사업손익 (→ 중단사업손익이 없을 경우는 당기순이익은 계속사업손익과 동일함)

'중단사업손익'

중단사업손익은 특정 사업이나 기업을 처분하거나 상환, 포기 등에 따라 사업을 중단할 때 발생하는 손익을 의미하며(→ 사업을 그만둘 때 발생하는 손익을 의미함), 대부분의 기업에서는 거의 발생하지 않는 손익임 (원칙적으로 기업은 영속적으로 사업을 영위하는 것을 목표로 하므로) 간혹, 설립 시부터 특정 목표를 이루는 것을 사업목표로 설립되는 회사(또는 사업부)가 있는데, 이런 회사들의 경우는 사업목표가 달성되면 회사(사업부)를 해산하게 되며, 이때 중단사업손익이 생기게 됨

기업평가시에는 당기순이익의 크기보다는 영업외손익 효과를 제외한 영업손익에 초점을 맞추는 것이 바람직함. 특히, 당기순이익은 증가했더라도 영업이익이 감소했을 경우는 투자시 주의해야 함 (왜냐하면 보유한 부동산 매각으로 인한 이익 등 일시적 요인에 의해 순이익이 증가할 수 있으므로 → 이 경우 다음연도에도 이익일 날 확률은 희박함) 따라서 영업외이익보다는 영업이익의 증가로 인해 당기순이익이 증가하는 것이 바람직한 기업임

지배지분순이익과 비지배지분순이익

A회사가 매입한 B회사의 주식이 B회사 전체 주식의 '50% 이상'인 경우 매입한 B회사를 A회사의 '종속회사'로 부르고, A회사를 '모회사'라고 부르며, A회사의 재무제표 작성시 A회사와 B회사를 하나의 회사로 취급해 재무제표의 모든 항목을 합해 발표함 (→ 이를 연결재무제표라고 하며 현재 회계기준은 바로

이러한 연결재무제표를 기준으로 함) 이때, A회사의 순이익에 A회사가 보유한 회사의 지분율을 곱한 순이익을 합해 지배지분순이익이라고 하고, B회사의 순이익중 지배지분순이익을 제외한 금액을 비지배지분 순이익이라고 함 (→ 아래의 내용을 참고하면 이해하기 쉬움)

> ### '영업외손익'에 포함되는 나머지 항목들
>
> 예를 들어, A회사의 순이익 100억, A회사가 매수한 B회사의 지분율이 60%이고 B회사의 순이익 10억이라면,
> ① A회사의 손익계산서상의 순이익은 A회사의 순이익 100억에 B회사 순이익 10억 전체를 합한 110억이 됨
> ② 단, 지분율만큼의 정확한 이익을 표시하기 위해 순이익표시 하단에 A회사 순이익 100억 B회사 순이익의 10억에 지분율 60%를 곱한 6억을 합해 '지배지분 순이익 106억'으로 표시함
> ③ 종속회사의 순이익 10억 중 지배회사지분에 6억을 제외한 나머지 4억은 '비재배지분순이익 4억'으로 하여 표시함

주당순이익

당기순이익을 발행주식총수로 나누어 계산한 값으로 기본주당순이익(보통주와 우선주에 대한 순이익)과 희석주당순이익(→ 전환사채, 전환우선주, 신주인수권부사채, 주식매입선택권 등이 모두 전환 또는 행사되었다고 가정할 경우의 총주식수로 나누어 계산한 값)으로 나눌 수 있음

희석주당순이익이 기본주당순이익보다 더 정확한 정보를 제공하므로 희석주
당순이익을 확인해야 함 (포괄손익계산서에 나와 있음)

포괄손익

한 회계기간 동안 손익거래로 인해 발생되는 모든 손익으로 (포괄)손익계산
서상의 손익과 재무상태표상의 기타포괄손익누계액에 포함되는 손익으로
구성되며, 당기순이익에 기타포괄손익을 가감해 산출함 (간단히, 포괄손
익은 손익계산서의 당기순이익에 재무상태표의 기타포괄손익을 합한 금액
을 의미함)

현금흐름표 독해법

기업의 회계조작을 술술 해독하는 비법

현금흐름표

일정 기간 동안 기업의 현금흐름을 나타낸 표로, 철저히 현금의 유입과 유출에 초점을 맞추어 작성된 재무제표. 현금흐름표는 크게 영업활동으로 인한 현금흐름, 투자활동으로 인한 현금흐름, 재무활동으로 인한 현금흐름으로 구분함 (→ 기업에 실제 현금이 얼마만큼 들어오고 나갔는지, 얼마만큼 남아 있는지를 기록한 장부)

현금흐름표의 작성방법

현금흐름표는 작성방법에 따라 다음과 같이 2가지로 분류함

① 간접법 : 당기순이익에서 출발하여 현금의 실제 유출이 없는 비용은 더

해주고, 현금의 실제유입이 없는 비용은 빼주는 방법으로 작성

② 직접법 : 일일이 현금흐름을 계산해 작성

영업활동 현금흐름	1,000
투자활동 현금흐름	−600
재무활동 현금흐름	−200
순현금흐름	200
기초현금	1,000
기말현금	1,200

[그림] 현금흐름표의 예

(위의 현금흐름표는 기초현금 1,000에서 해당 기간 동안 벌어 들인 현금 200(=영업활동 현금 1,000−투자활동 현금 600−재무활동 현금 200)을 더해 기말현금은 1,200이 됨을 일목요연하게 정리한 것임)

현금흐름표가 중요한 이유

① 현금흐름표는 철저하게 현금흐름을 기준으로 작성되므로 재무제표 중 가장 조작가능성이 적어 포괄손익계산서 등의 순이익 등을 판단할 때 유용함

② 재무제표 중 실질적으로 가장 중요한 재무제표가 바로 현금흐름표임. 그 이유는 현금흐름표는 조작하기 어렵기 때문에 회사의 실정을 보다 정확하게 파악할 수 있기 때문임

③ 불황기의 경우 흑자도산(장부상으로는 이익을 내는데도 불구하고, 현금이 없어 부도가 나는 경우)하는 경우가 많은데, 흑자도산 기업을 가려내는 가장 확실한 방법 역시 현금흐름표를 분석하는 것임

영업활동으로 인한 현금흐름

　영업활동으로 인한 현금흐름은 상품판매나 서비스매출 등 기업의 주된 영업활동으로 인한 현금유입과 현금유출 정보를 의미함

　① 영업활동 현금유입 : 현금매출, 각종 채권의 회수(빌려준 돈 또는 외상으로 판매한 대금을 받는 경우), 기타 영업활동과 관련된 현금유입(이자수익, 배당금수익 등) → 영업활동 때문에 들어온 돈

　② 영업활동 현금유출 : 급여, 매입비용, 법인세납부액, 기타 영업활동과 관련된 현금유출(이자비용 등) → 영업활동 때문에 나간 돈

영업활동으로 인한 현금흐름과 포괄손익계산서의 당기순이익의 추세가 비슷한지 살피는 것이 핵심임 (비슷하지 않다면 회사에서 무언가 감추어진 문제가 있을 가능성이 높음)

투자활동으로 인한 현금흐름

　투자활동, 즉 미래 영업현금흐름을 만들어 내기 위한 자원(유형자산, 무형자산)의 구입과 처분에 관련된 현금흐름 정보를 의미함

　① 투자활동 현금유입 : 유무형자산의 처분에 따른 현금유입, 투자부동산과 비유동자산에 속하는 지분증권의 처분에 따른 현금유입 등 → 투자활동 때문에 들어온 돈

　② 투자활동 현금유출 : 유무형자산의 취득에 따른 현금유출, 투자부동산과 비유동자산에 속하는 지분증권의 취득에 따른 현금유출, 투자활동

관련 지출된 세금 및 공과금 등 → 투자활동 때문에 나간 돈

일반적으로 성장성이 높은 회사는 투자활동으로 인한 현금흐름이 마이너스인 경우가 많음 (회사 성장을 위해 왕성한 투자를 하는 시기이므로)

재무활동으로 인한 현금흐름

재무활동으로 인한 현금흐름은 자기자본과 관련된 현금유출입(유상증자, 무상증자, 감자, 배당금지급 등)과 타인자본과 관련된 현금유출입(차입 및 상환 등) 등의 정보를 의미함

① 재무활동 현금유입 : 주식발행에 따른 현금유입, 차입에 따른 현금유입, 사채발행에 따른 현금유입, 재무자산처분에 따른 현금유입 → 재무활동 때문에 들어온 돈.

② 재무활동 현금유출 : 유상감자 또는 자기주식 취득에 따른 현금유출, 사채 또는 차입금의 상환, 배당금 지급, 재무자산 취득, 재무활동과 관련된 세금 및 공과금의 납부 등 → 재무활동 때문에 나간 돈.

재무활동으로 인한 현금흐름은 마이너스일수록 바람직함 (재무활동으로 인한 현금흐름이 마이너스라는 것은 빚을 빌리기 보다는 갚는데 주력했다는 것을 의미하므로)

현금흐름표로로 회사를 파악하는 실전 핵심 노하우

현금흐름표에 대해서는 아래 내용만 확실히 기억하면 됨 (→ 특히, '기업상태'
와 '해석방법'에 집중할 것)

현금흐름표 핵심 분석노하우 정리

기업상태	영업활동 현금흐름	투자활동 현금흐름	재무활동 현금흐름	해석 방법
우량기업	+	−	−	영업으로 번 돈으로(+) 투자도 하고(−), 빚도 갚아 나가는(−)기업
성장기업	+	−	+	영업으로 번 돈과(+) 돈을 더 빌려(+) 투자를 확대하는(−)기업
위험기업	−	+	−	영업도 안 되고(−),빚에 대한 이자만 늘어 (−), 회사자산(건물 등)까지 파는(+) 기업
부도 가능성기업	−	−	−	영업도 안 되고(−), 회사자산(건물)도 안 팔리고(−), 이자만 늘어나는(−) 기업
재무구조 우량기업	+	−	+	영업으로 돈 벌고(+), 예금이자로 돈벌어 (+) 투자를(−) 하는 기업

주석 독해법

기업이 감추고 싶은 알짜 정보를 술술 캐내는 비법

주석

재무제표의 해당 부분에 기호를 붙이고, 재무제표의 별지에 동일한 기호를 표시해 그 내용을 기재한 것을 의미하며 다음과 같은 내용이 들어감 (→ 주석은 사업보고서 맨 마지막에 위치. 주석이 필요한 이유는 재무상태표 등 다른 재무제표만으로는 회사의 재무에 관한 정보를 모두 나타낼 수 없기 때문에 의외로 주석에는 투자에 중요한 내용들이 숨어 있는 경우가 많음. 따라서 모든 종목의 주석을 확인하기는 어렵더라도 적어도 최종적으로 가치투자를 위해 선정한 종목만큼은 반드시 해당 종목의 주석을 확인하는 것이 필요함)

실전 주식투자시 주석에서 가장 중요한 핵심 포인트

주석을 봐야 하는 근본적 이유는 적지 않은 기업들이 주석이 회계기준에 의한 핵심 재무제표임에도 불구하고 일반투자자들이 주석을 잘 확인하지 않는다는 점을 악용해, 기업에 관한 가장 중요한 그러나 기업입장에서는 숨기고 싶은 내용들을 기재하는 경우가 많이 있기 때문이다.

주석의 핵심 점검사항

① 우발적 상황 : 진행중인 대규모의 소송 내용 및 소송가액 확인 등 (최근에는 기업들 간에 빈번한 소송이 있고, 소송의 규모도 대규모라 패소할 경우는 대규모 적자 내지 심한 경우 기업의 생존에 영향을 미치기도 함)
② 평가방법 : 회계 조작시 가장 많이 이용되는 것이 재고자산 등의 평가방법 조작이나 변경임
③ 회계변경/오류수정 : 재고자산 등의 평가방법과 더불어 회계변경이나 오류수정도 회계조작에 자주 이용되므로 잦은 회계변경이나 오류수정 기업은 주의가 필요함
④ 특수관계자와의 거래 : 기업과 특수관계에 있는 사람이나 기업과의 거래가 많은 경우 매우 조심해야 함 (보통 특수관계자와의 거래시에는 해당 기업은 손해를 보고, 특수관계자는 이익을 얻는 부당거래 많으므로)
⑤ 부동산 가격 : 부동산의 공시지가 등 확인 (주석에서 확인 가능)

주석의 주요 내용 및 구조

• 주석의 내용

① 재무제표 작성기준

② 회계정책 공시 (재고자산평가방법, 감가상각방법 등)

③ 추가적인 재무정보 (최근 2년간 결손보전을 한 경우 관련된 내용 등)

④ 측정상의 유의적인 가정 (주석에는 미래에 관한 유의적 가정과 불확실
성에 대한 정보를 기재)

⑤ 이익잉여금처분계산서 (기존의 필수 재무제표에서 주석사항으로 변경)

⑥ 배당정보의 공시 (이익잉여금 처분예정액으로서 주식의 종류별 배당금
액, 액면배당률, 배당성향, 배당액의 산정내역을 주석으로 기재)

• 주석의 구조

① 일반사항 : 회사개요, 회계정책, 회계변경 및 오류수정, 전기재무제표
의 계정과목 재분류

② 재무상태표 항목

③ 포괄손익계산서 항목

④ 현금흐름표 항목

⑤ 개별사항 (특수관계자와의 거래, 외화환산관련내용, 사업부문별정보,
기업결합 및 분할 정보, 재무상태표일 이후 발생사건, 기타공시사항 등)

자본상태 변동표

자본의 크기와 그 변동에 관한 정보를 제공하는 보고서로 '재무상태표, 포
괄손익계산서, 현금흐름표, 재무제표의 주석'과 더불어 5대 재무제표에 속
함. 자본변동표의 주요 내용은 항목별(자본금, 자본잉여금, 자본조정, 기
타포괄손익누계액, 이익잉여금, 총계) 크기와 변동액으로 되어 있으며, 다
른 재무제표와는 달리 전기부터 당기까지 두 회계기간의 자본변동사항을
위에서 아래로 표시(맨 위는 기초잔액, 맨 아래는 기말잔액이 됨)한다는 점
이 특징임 그러나 재무상태표, 손익계산서, 현금흐름표 등을 이용하면 대
부분의 내용이 파악 가능하여 실전에서는 거의 활용되지 않음

05

가치투자 발굴비법이
만들어지는 기초 공식

실전 핵심 재무제표/비율/용어

가치 판단을 위한 기업분석 핵심 용어

　　재무지표나 재무비율은 재무상태표나 포괄손익계산서의 수치를 이용해 계산한 비율이나 수치로 기업분석을 효과적으로 하기 위한 도구로 이용된다. 재무상태표의 각 항목 상호간의 비율 및 지표는 주로 경영의 안전도를 분석할 때 이용하며, (포괄)손익계산서와 재무상태표의 항목 관련 비율 및 지표 분석은 주로 경영능력 내지 경영활동의 성과를 분석할 때 이용한다.

실전투자 노하우

재무비율의 근거가 되는 자료는 과거의 시점이라는 점과 다양한 회계처리방법에 의해 기업간 비교가 어렵다는 등의 한계가 있으므로, 동종업계 평균과의 비교 및 회계처리방법 등에 대한 조정 감안을 통해 비교하는 것이 바람직함

가치 판단을 위한 실전 핵심 지표

주당순이익 (EPS : Earning Per Share)

　주당순이익 = 당기순이익/발행주식총수 (→ 회사의 순이익이 100만 원이고, 주식총수가 100주라면 1주당 순이익은 1만 원이 됨)

두 회사의 주가가 같다면, 당연히 주당순이익 큰 회가 더 좋은 회사임 (→ 주가가 다를 때 비교하기 위해서는 PER를 이용)

주가수익비율 (PER : Price Earning Ratio)

　주가수익비율 = 주가/주당순이익 (→ 회사의 주가가 10만 원이고, 주당순이익이 1만 원이면 PER는 10이 됨)

일반적으로 PER가 낮을수록 순이익에 비해 주가가 낮으므로, 저평가 가능성이 높음. 성공가치투자에서는 PBR, PSR 등의 지표와 함께 저평가 분석시 유용한 핵심 지표로 이용됨 (→ 자세한 내용은 본 책의 '종목검색'에서 상세히 설명하고 있으니 해당 부분을 참고할 것)

가치투자 대상 종목의 경우 PER가 8 이상인 종목에서는 급등 가능성이 급격하게 줄어들고, PER가 4이하인 종목에서는 급등 가능성이 높았다는 점은 확실히 기억해 둘 것

PER를 이용한 특정 종목의 고평가 또는 저평가 여부를 판단할 때 실전에서 유용한 것이 해당 기업이 속한 업종의 평균 PER와 비교하는 것임. 해당 업종 PER보다 낮으면 저평가, 높으면 고평가라고 판단 가능함

업종PER, 12PER
① 업종PER : 해당 업종에 속하는 종목들의 평균 PER를 의미함
② 12PER = 주가/향후 12개월간의 추정 순이익 (→ 미래 12개월 동안의 순이익을 추정한 값을 이용하므로 정확성이 떨어지고, 대체로 추정값이 과대평가되는 경향이 많아 실제 투자시는 참고만 하는 것이 바람직함)

주당순자산 (BPS : Book-value Per Share)

주당순자산 = 자본총계/발행주식총수 (→ 회사의 자본총액이 100억이고, 주식총수가 100주라면 1주당 순자산은 1억이 됨)

두 회사의 주가가 같다면, 당연히 주당순자산이 큰 회사가 더 좋은 회사이다. 주가가 다를 때 비교하기 위해서는 PBR를 이용한다. 참고로 가치투자시 최우선적으로 살펴 보게 되는 값이 바로 주당순자산이다. 주당순자산은 흔히 청산가치라고도 하는데, 회사가 최악의 경우 더 이상 영업을 하지 않고 회사의 자산을 모두 팔아 빚을 갚은 후의 남은 금액을 주주에게 나누어 줄 때(=이를 기업청산이라고 함) 주식 한 주당 받을 수 있는 금액이기 때문임 (→ 하지만 실제 장부에 기록된 재산의 가격과 실제 시장에서 거래되는 가격에 차이가 있을 수 있기 때문에 100% 일치하지는 않음)

주가순자산비율 (PBR : Price Book-value Ratio)

주가순자산비율 = 주가/BPS (→ 회사의 주가가 10만 원이고, 주당순자산이 20만 원이면 PBR은 0.5가 됨)

PBR이 낮을수록 주당순자산에 비해 주가가 낮으므로, 저평가 가능성이 높다. PBR은 가치투자에서 매우 중요한 지표로, 가치투자에서 높은 수익을 준 종목들의 급등전 PBR은 1보다 작았음 (→ PBR을 이용한 자세한 실전 노하우는 본 책의 '종목검색'에서 상세히 설명하고 있으니 해당 부분을 참고할 것)

주당매출액 (SPS : Sales Per Share)

주당매출액 = 매출액/발행주식총수 (→ 회사의 매출액이 100억이고, 주식총수가 100주라면 주당매출액은 1억이 됨)

두 회사의 주가가 같다면, 당연히 주당순자산이 큰 회사가 더 좋은 회사임 (→ 주가가 다를 때 비교하기 위해서는 PSR을 이용)

주가매출비율 (PSR : Price per Sales Ratio)

주가매출비율 = 주가/주당매출액 (→ 회사의 주가가 10만 원이고, 주당순매출액이 20만 원이라면, PSR은 0.5가 됨)

PSR이 낮을수록 주당순매출액에 비해 주가가 낮으므로, 저평가 가능성이 높음. PSR은 PER, PBR과 함께 가치투자에서 매우 중요한 지표이다. 실제로, 일반인에게 많이 알려진 PER보다도 실전에서는 더 유용한 경우가 많음. 가치투자에서 높은 수익을 준 종목들의 급등전 PSR은 0.8보다 작았음 (→ PSR을 이용한 자세한 실전 노하우는 본 책의 '종목검색'에서 상세히 설명되니 해당 부분을 참고할 것)

주당배당금 (DPS : Dividends Per Share)

주당배당금 = 총배당금/발행주식총수

일반적으로, 주가가 동일하다면 주당배당금이 높을수록 바람직하다. 참고로, 성장성이 높은 기업에 대한 투자시에는 배당대신 고수익을 내는 분야에 재투자하는 것을 선호하기도 한다. 주가가 다를 때 비교하기 위해서는 배당수익률을 이용함

배당수익률

배당수익률 = 1주당배당액/주가

보통 은행이자율과 비교하며 배당수익률이 은행이자율보다 높은 경우 그 자체
만으로 투자할 만한 매력이 있는 것으로 판단함 (단, 배당액 자체가 매년 불규
칙할 경우는 제외)

주의 배당률 (= 배당금/액면가액)은 실전에서 거의 사용하지 않음

EBIT (Earning Before Interest and Tax)

EBIT = 순이익+법인세+이자비용 (→ 왼쪽 수식처럼 순이익에 이자비용과 법인세
를 더한 값임)

값이 클수록 좋은 회사임. 하지만 성공가치투자에서는 잘 사용되지 않는 지표
로, 대신에 다음에 설명할 EBITDA를 주로 사용함

기업가치 (EV : Enterprise Value)

EV = 시가총액+총부채 − 현금 및 현금성자산 (→ 일단, EV는 해당 기업을 인수
할 때 필요한 금액이라는 점만 기억할 것)

EV는 다음에 설명할 에비타(EBITDA)와 함께 사용하는 지표인 EV/
EVITDA로 사용되어, 기업의 인수합병시(M&A) 기업의 가치를 계산할 때 주
로 이용됨

일단, EV를 예를 들어 설명하면 다음과 같다.

① A라는 기업의 시가총액이 100억이어서 현금 100억을 주고 사고, A기업
  의 새로운 주인이 되고 보니,

② A기업이 은행에 갚아야 할 빚 40억이 있고, A기업의 금고에 20억의 현금
  이 있었음

③ A기업의 새로운 주인은 회사의 빚 40억을 갚기 위해 회사 금고에 있는 돈
  20억에, 자신의 돈 20억을 추가해서 빚을 갚음

④ 결국, A회사의 새로운 주인이 A회사를 인수하기 위해 사용한 돈은 'A기업
  의 시가총액 100억+A기업의 빚 40억−A기업의 보유 현금20억+빚을 갚
  기 위해 추가한 현금 20억'으로 총 120억이 됨

에비타 (EBITDA : Earnings Before Interest, Taxes, Depreciation and Amortization)

에비타(EBITDA) = 세금 내기전 순이익+이자비용+감가상각비 (→ 일단, EBITDA는 해당 기업이 세금을 1년간 벌어 들인 세금 내기전의 현금의 크기와 매우 근접하다는 점만 기억할 것)

실전투자 노하우

EBITDA는 국가간 또는 기업간의 순이익이 상이하게 계산되는 요인(세금제도 및 감가상각 제도 등)을 제거한 후, 순수하게 기업의 수익력이(특히, 현금창출 능력) 얼마나 되는지 비교할 때 사용함 (특히, 기업 인수합병시 유용하게 사용됨)

EV/EBITDA

EV/EBITDA = EV를 EBITDA로 나눈 값 (→ 일단, EV/EBITDA는 기업을 인수할 때 사용한 현금을 회수하기 위해 필요한 기간을 의미한다는 점만 기억할 것)

EV/EBITDA 값이 작을수록 좋은 기업임 (왜냐하면, 작을수록 기업을 인수하기 위해 사용한 현금을 더 짧은 기간에 회수할 수 있기 때문임)

예를 들어, A라는 기업의 상태가 다음과 같다고 가정하자.

① A기업의 상태 : 시가총액 100억, 빚 40억, (보유하고 있는)현금 20억

② A기업의 수익현황 : 매년 '세금 내기전 순이익 30억, 감가상각비 20억, 이자비용 10억'

위의 상황에서 EV와 EBITDA, EV/EBITDA는 다음과 같이 구하게 됨

① EV = 시가총액 100억+빚 40억-현금 20억 = 120억

　　→ A라는 기업을 사들이기(인수) 위해 120억의 현금이 소요됨

② EBITDA = 세금내기전 순이익 30억+감가상각비 20억+이자 10억 = 60억 → A라는 기업을 사들이면 매년 60억의 현금을 벌어 들일 수 있음

왜냐하면,

• 매년 벌어 들이는 세금내기전 순이익 30억에 감가상각비 20억을 더하고 (감가상각비는 실제로는 현금이 밖으로 나가는 비용이 아니므로 - 본 책의 감가상각비 부분을 참고할 것)

• 이자비용 10억을 더하면(A기업을 인수 후 A기업이 이자를 내야만 했던 빚 40억을 모두 갚으므로 더 이상 이자비용을 내지 않아도 됨) 매년 60억의 현금을 벌어 들일 수 있음

③ EV/EBITDA = (EV 120억) / (EVITDA 60억) = 2

여기서 A기업의 EV/EVITDA가 2라는 것은 A기업을 인수하기 위해 사용한 현금을 2년이면 모두 회수할 수 있다는 의미가 됨

EBITDAPS (EBITDA Per Share)

EBITDAPS = EBITDA/발행주식총수 (→ 회사의 EBITDA가 100억이고, 주식총수가 100주라면, 1주당 EBITDA는 1억이 됨)

EBITDAPS가 클수록 좋은 회사임 (EBITDAPS가 클수록 인수시 조기에 인수대금을 회수할 수 있는 회사이므로)

주당순현금(흐름) (CPS, CFPS : Cash Flow Per Share)

CPS = 현금흐름/발행주식총수 (→ 회사의 현금흐름액이 100억이고, 주식총수가 100주라면 주당매출액은 1억이 됨. 참고로 CPS라는 명칭 대신 CFPS를 사용하기도 함)

두 회사의 주가가 같다면, 당연히 주당현금(흐름)이 큰 회사가 더 좋은 회사임.(주가가 다를 때 비교하기 위해서는 PCR을 이용)

주당현금흐름(CPS)은 주당순이익(EPS)와 비교할 때 유용하며, 값이 클수록 바람직함. 예를 들어, 주당순이익은 증가하는데도 불구하고 주당현금흐름은 줄어든다면 해당 회사는 문제가 있을 가능성이 높으므로 주의해야 함 (예를 들어 회사의 판매는 증가했으나 실제로는 판매 대금이 잘 회수되지 않는 경우 등이 대표적이다. 이러한 기업들은 순이익이 증가되는 것처럼 보이나 실제로는 판매대금이 들어오지 않아 한순간에 부도가 날 수도 있음)

주가현금비율 (PCR : Price per Cash Ratio)

PCR = 주가/주당현금흐름 (→ 회사의 주가가 10만 원이고 주당순현금액이 5만 원이라면 PCR은 0.5가 됨)

일반적으로 PCR이 낮을수록 주당현금에 비해 주가가 낮으므로 저평가 가능성 높음

잉여현금흐름 (FCF : Free Cash Flow)

기업이 영업활동을 유지 또는 확대하면서도 자유롭게 사용이 가능한 현금을 의미하며, 보통 당기순이익에 감가상각비를 더하고, 자본지출액 및 운전자본증감액 등을 차감하여 계산함 (→ 실전에서는 직접 계산하기보다는 증권사에서 제공되는 값을 이용하는 것이 효과적)

일반적으로 잉여현금흐름이 많은 기업일수록 외부적인 충격(경제침체나 불경기 등)에 강함

주가이익증가율 (PEG : Price Earnings to Growth ratio)

PEG = PER/EPS증가율

안정성 비율

회사가 재무적으로 얼마나 튼튼한 회사인지 판단하고자 할 때 사용하는
지표(비율)

유동비율

유동비율 = (유동자산/유동부채)×100

당좌비율

당좌비율 = 당좌자산/유동부채

높을수록 좋은 회사. 당좌자산이란 유동자산 중에서 현금화 하기 어려운 재고
자산을 제외한 것인데(재고자산은 '판매'라는 과정을 거쳐야 하므로), 이 당좌
자산을 유동부채로 나눈 것이 당좌비율임. 유동비율보다 더욱 엄격한 기준으
로 보수적 투자나 불경기에 투자시 유용함

부채비율

부채비율 = 부채총계/자본총계

낮을수록 좋은 회사. 부채비율이 100% 이상이라면 자기돈보다 빌린 돈이 더
많다는 의미로 위험한 상황임. 따라서 최소한 100% 이하가 되어야 한다. 최
근 법정관리나 부도처리된 업체 상당수가 법정관리 전이나 부도 전의 부채비
율이 100% 이상이었음

차입금의존도

차입금의존도 = (장단기차입금+회사채)/총자산

낮을수록 좋은 회사. 총자산 중에서 외부에서 조달한 자금의 비중을 보여주는 지표로, 이 비율이 높을수록 금융비용(이자부담 등) 부담이 높아져 회사의 수익성 및 안정성에 악영향을 줌

영업이익대비 이자보상비율

이자보상비율 = 영업이익/이자비용

높을수록 좋은 회사. 만약 이 비율이 1이하라면 회사가 벌어 들인 영업이익으로 돈을 갚기는 커녕 빌린 돈의 이자도 제대로 내지 못하는 매우 위험한 상황이라고 볼 수 있음

유보율

유보율 = (이익잉여금+자본잉여금)/자본금 (→ 간단히, 해당 기업이 모아둔 돈을 의미함)

높을수록 좋은 회사. 돈을 쌓아두기 보다 돈을 투자해 더 큰 돈을 벌 수 있다고 생각할 수 있지만 빚보다는 저축이 많을수록 갑작스러운 변화 상황에 무너지지 않을 가능성이 높음 (→ 특히, 저성장기조로 접어든 국내 주식투자환경에서 가치투자시 유보율만큼 안정성을 판단하기 좋은 지표는 찾기 어려움)

금융비용부담률

금융비용부담률 = 금융비용/총매출액 (→ 간단히, 기업이 지불해야 할 이자총액을 총매출액을 나눈 값)

> **실전투자 노하우**
>
> 낮을수록 좋은 회사임 (→ 금융비용부담률은 다른 지표보다 활용도가 낮아 잘 사용하지 않음)

수익성 비율

일정 기간 동안의 기업의 경영성과를 평가하는 지표로 다음의 비율이 대표적임 (→ 얼마나 돈을 잘 버는지 확인할 때 사용하는 비율임)

매출총이익율

매출총이익율 = 매출총이익/매출액

> **실전투자 노하우**
>
> 높을수록 좋은 회사. 매출총이익율이 높다는 것은 그 만큼 속된말로 '많이 남기고 판다'는 의미임

매출액영업이익율

매출액영업이익율 = 영업이익/매출액

높을수록 좋은 회사. 특별한 일시적 손실이나 이익 등을(부동산 매각에 따른 이익이나 손실 등) 제외한 오로지 회사의 주된 영업활동으로 벌어 들이는 영업이익을 근거로 계산하는 지표이기 때문에 회사의 영업활동의 수익성을 판단할 때 가장 효과적임. 따라서 적자를 보고 있는 기업이라고 할지라도 본 매출액영업이익율이 높다면 회사의 주된 장사는 잘 되고 있다고 판단할 수 있으므로 회생할 가능성이 상대적으로 높음

매출액순이익율

매출액순이익율 = 당기순이익/매출액

높을수록 좋은 회사. 기업의 전체적인 수익성을 확인하는 지표이기는 하나 영업이익뿐만 아니라 영업외손익 등 기업의 일시적 손익이 포함되어 있다는 점에 주의해야 함 (→ 예를 들어 영업부진으로 실제로는 매년 100억씩 손해가 나는데, 공장을 팔아 200억의 매매이익이 발생할 경우는 순이익이 100억이 되어서 매년 영업손실이 나는 부실한 회사임에도 불구하고 매출액순이익율만 보면 우량한 회사로 오판할 수 있음)

EBIT마진율

EBIT마진율 = EBIT/매출액

높을수록 좋은 회사. 실전에서는 잘 쓰이지 않음 (본 책의 EBIT 설명 참고)

EBITDA마진율

EBITDA마진율 = EBITDA/매출액

높을수록 좋은 회사. 특히, 회사 인수합병(M&A)시 EBITDA가 높을수록 매력적인 회사임 (→ 본 책의 EBITDA 설명 참고)

총자산이익율 (ROA : Return On Asset)

총자산이익율 = 순이익/자산(=부채+자본) (→ 회사의 순이익 50억, 부채 50억, 자본 50억이라고 하면 ROA는 0.5가 됨)

높을수록 좋은 회사. 자산을 이용해 사업을 해서 얼마나 효율적으로 이익을 창출했는지 확인할 때 이용. 실전에서는 ROA보다는 ROE를 더 많이 이용함

[참고] 자산은 부채와 자본으로 구성됨 (자산=부채+자본)

자기자본이익율 (ROE : Return On Equity)

자기자본이익율 = 순이익/자본 (→ 회사의 순이익 50억, 부채 50억, 자본 50억이라고 하면 ROE는 1이 됨)

높을수록 좋은 회사. 기업에 투자한 주주들이 투자한 돈(자본금)으로 얼마나 높은 수익을 내는지 확인하는 지표임

ROE가 높을수록 좋은 회사일 수 있으나 동시에 부채를 많이 이용하는 위험한 회사일수도 있으니 조심해야 함 (이를 위해 회사 비교시 ROA도 함께 확인하는 것이 바람직)

어느 회사가 자본 50억, 부채 50억, 자산은 100억 일 때,
　　① 100억을 투자하면 순이익 100억을 벌 수 있는 사업
　　② 200억을 투자하면 순이익 200억을 벌 수 있는 사업

앞의 ①, ②의 두 가지 사업 중에서 회사의 경영자가

1) 회사의 현재 자산 100억(=자본 50+부채 50억)으로 ①에 투자해 성공할 경우 ROE는 2(= 순이익 100억 / 자본 50억), ROA 1(= 순이익 100억/ 자산 100억)이 되지만,

2) 만약, 회사가 100억을 추가로 빌려서 만들어진 자산 200억으로(=자본 50억+부채 150억) ②에 투자해 성공할 경우 ROE는 4(= 순이익 200억/자본 50억), ROA 1(= 순이익 200억/자산 200억)이 됨

위에서 보는 것처럼, 빚의 크기와 관계없이 ROA는 일정한 반면 ROE는 빚을 내서 사업할수록 ROE의 값이 커질 수 있음. 하지만 과도하게 돈을 빌려 투자를 한 사업이 실패할 경우는 한 번의 사업실패로도 회사가 망할 가능성도 높아지므로 단순히 ROE가 높다는 이유만으로 우량한 회사라고 판단해서는 안 됨. 만약, 두 회사가 서로 ROA는 같은데, 어느 한 회사의 ROE가 유난히 높다면, 그 회사는 과도하게 빚을 내어 사업을 하고 있다고 판단할 수 있음

총자산대비 영업현금흐름비율

총자산대비 영업현금흐름비율 = 영업활동현금흐름/총자산

높을수록 좋은 회사. 영업으로 벌어 들이는 현금흐름을 파악하는 데 도움을 준다. 총자산이익율(ROA)보다 총자산대비 영업현금흐름비율이 낮다면 이는 순이익이 실제 현금수입으로 이어지지 않는 상황이라고 보면 됨.(판매는 했는데 판매대금-돈-을 받지 못한 것이 많은 경우 등) 이러한 경우 부도 위험성이 높아짐 (이익은 나고 있어도 외상판매가 많아 현금이 들어오지 않고 있으므로)

투하자본수익률 (ROIC : Return On Invested Capital)

'법인세 내기전 영업이익/투하자본×100'으로 계산함 (→ 영업활동만을 위해 투입한 돈으로 영업이익을 얼마나 벌었는지를 판단할 때 사용)

영업과 무관하게 사용한 돈을(빚을 갚거나 투자용 부동산을 구입한 비용 등) 제외한 순수하게 영업을 위해 사용한 돈(원재료 구입비용, 제품홍보비용, 제품제작을 위한 공장건설 비용 등)으로 얼마만큼의 영업이익을 버는 지 확인할 때 이용함

높을수록 좋은 회사. 실전에서는 ROIC를 직접 계산해 구하기 보다는 증권사에서 제공하는 수치를 이용하는 것이 효과적임

활동성(회전율) 비율

얼마나 효율적으로 잘 영업하고 있는지를 확인할 때 사용하는 지표임 (→ '회전율을 높인다'는 속된 말로 '팽이 돌린다'라고도 하는데 종업원이든 기계든 쉴 틈을 주지 않고 일을 시키기 때문에 해당 기업 입장에서는 회전율이 높을수록 더 많은 이익이 생김)

재고자산회전율

재고자산회전율 = 매출액/재고자산 (→ 예를 들어 A가게는 물건 100만 원어치를 전시해 놓으면 1년 동안 모두 파는데 반해, B가게는 50만 원어치 밖에 못 판다면 A가게의 재고자산회전율은 1, B회사의 재고자산회전율은 0.5가 됨)

높을수록 좋은 회사 (재고자산은 많이 보유할수록 비용이-보관료 등-들어 가고, 상품성도 떨어지기 때문임)

유형자산회전율

유형자산회전율 = 매출액/유형자산(→ 10억을 들여 만든 매장에서 A회사는 1년에 1,000억을 파는데 B회사는 100억 밖에 팔지 못한다면 A회사의 유형자산(매장)회전율은 100이고, B회사의 유형자산회전율은 10이 됨)

높을수록 좋은 회사 (→ 그 만큼 회사의 유형자산을 효율적으로 사용함)

총자산회전율

총자산회전율 = 매출액/총자산 (→ 총 자산규모가 100억인 A회사는 1년에 1,000억을 파는데 B회사는 100억 밖에 팔지 못한다면 A회사의 총자산회전율은 10이고, B회사의 총자산회전율은 1이 됨)

실전투자 노하우

높을수록 좋은 회사. (→ 그 만큼 회사의 총자산을 효율적으로 사용함)

매출채권회전율

매출채권 회전율 = 매출액/매출채권 (→ 1년 매출액 100억일 때 A회사의 매출채권은 10억인데 B회사는 100억이라면 A회사의 매출채권 회전율은 10, B회사의 매출채권회전율은 1이 됨)

실전투자 노하우

높을수록 좋은 회사. 돈을 빨리 받을수록 더 좋은 회사임 (→ 돈을 받아 은행에 맡겨두기만 해도 이자를 받을 수 있으므로)

[참고] 매출채권은 판매대금을 나중에 받기로 한 것(=외상판매)

성장성 비율

기업의 재무상태 또는 경영성과가 전년도(또는 전달, 전분기)에 비해 얼마나 성장했는지를 나타내는 지표로 높을수록 바람직함

매출액증가율 (성장률 중 가장 중요한 지표)

매출액증가율 = 당기매출액/전기매출액

높을수록 좋은 회사 (→ 특히, 매출이 이전보다 줄어드는 기업은 매우 위험한 기업이므로 투자선택시 주의해야 함)

영업이익증가율

영업이익증가율 = 당기영업이익/전기영업이익

높을수록 좋은 회사 (→ 영업이익은 많을수록 좋으므로)

당기순이익증가율

당기순이익증가율 = 당기순이익/전기순이익

높을수록 좋은 회사 (→ 순이익은 많을수록 좋으므로)

총자산증가율

총자산증가율 = 당기말총자산/전기말총자산

높을수록 좋은 회사 (→ 대체로 자산은 많을수록 좋으므로)

EBIT 증가율

EBIT증가율 = 당기EBIT/전기EBIT

높을수록 좋은 회사 (→ EBIT 는 많을수록 좋으므로)

에비타(EBITDA) 증가율

EBITDA증가율 = 당기EBITDA/전기EBITDA

높을수록 좋은 회사 (→ EBITDA는 많을수록 좋으므로)

주당순이익 증가율

주당순이익증가율 = 당기주당순이익/전기주당순이익

높을수록 바람직함. 실전에서 보면 주당순이익증가율이 높은 기업은 주가의
상승률도 높음

생산성 비율

기업이 생산활동을 통해 얼마나 부가가치를 창출하였는가를 나타내는 지표 (→ 다른 비율 지표보들보다는 중요성 떨어짐)

부가가치율

부가가치율 = (기업이 창출한 부가가치/매출액) × 100

높을수록 좋은 회사 (→ 창출한 부가가치가 클수록 좋으므로)

이익분배율

이익분배율 = (당기순이익/부가가치)×100

높을수록 좋은 회사 (→ 결국 기업이 생산한 부가가치는 인건비는 종업원에게,
세금은 정부로 빠져 나가게 되는데, 기업외부로 빠져 나가지 않고 기업에 남은
당기순이익이 부가가치 중에서 차지하는 비율을 이익분배율이라고 함)

설비투자효율

설비투자효율 = (부가가치/설비투자자산)×100

높을수록 좋은 회사 (→ 대규모의 설비가 필요한 제조업보다는 고정설비가 덜
필요한 서비스업이 설비투자효율이 높음)

기업분석시 알아야 할 기타 핵심용어

지금부터 설명하는 용어는 기업의 사업보고서나 기업전문 분석회사에서 제공하는 기업분석 정보(FNGUIDE, NICE신용정보, WISEFN 등에서 제공하는 정보) 등 가치투자를 위한 기업분석시 자주 접하게 되는 것으로 반드시 알아두어야 한다.

수정주가

유상증자, 무상증자, 배당, 액면분할 등의 영향으로 주가가 연속성을 잃게 되는 경우 이를 위해 주가를 수정하게 되는데 이를 '수정주가'라고 한다.

(→ 예를 들어, 9월 31일까지 주당 5,000원 하던 주식을 10월 1일부터 주당 500원으로 액면분할했다면, 주가차트상에는 갑자기 5,000원하던 주가가 500원으로 변동되어 분석 등 여러 가지 어려움이 있을 수 있다. 이를 보완하기 위해 9월 31일 이전 주가도 500원으로 환산 수정한 값인 수정주가로 일괄 변경해 사용함)

베타

시장포트폴리오의 가격변동에 대한 개별증권의 가격변동성을 측정할 수 있는 지표이다.

종합주가지수의 베타가 1임. 만약, 특정 종목의 베타가 1.5라면 종합주가지수가 100% 상승할 경우 해당 종목은 150% 상승할 가능성이 큼. 따라서 베타가 클수록(1이상) 시장변동폭보다 더 높은 변동폭을 보이고 베타가 낮을수록(1미만) 더 낮은 변동폭을 보임. 따라서 시장상승기에는 베타가 높은 종목에, 시장하락기에는 베타가 낮은 종목에 투자하는 것이 바람직함

섹터(SECTOR), 인더스트리 그룹(INDUSTRY GROUP), 인더스트리(INDUSTRY)

어떤 공통적인 특성을 소유하는 집단으로 업종보다 상위의 분류라고 보면 된다. 보통 SECTOR → INDUSTRY GROUP → INDUSTRY로 구분한다.

예를 들어, 삼성전자의 경우 삼성전자가 속한 섹터(SECTOR)는 IT이고, 인더스트리 그룹(Industry Group)은 반도체, 인더스트리(Industry)는 반도체 및 관련장비이다.

보통 섹터나 인더스트리의 경우, 경쟁업체를 파악하고자 할 때나 해당 기업이 속한 업종이나 산업을 확인할 때 유용함

시가총액

주가×(상장)주식수 (→ 주식시장에서 해당 기업의 주식을 모두 사들일 때 필요한 금액)

일반적으로 가치투자 대상 종목 중 급등률이 높은 종목은 대형주보다는 중형
주, 중형주보다는 소형주에서 많았음 (→ 그 만큼 적은 돈만 들어와도 금방 급
등하게 되므로)

주식담당

해당 회사의 주식관련 업무를 전담하는 부서나 직원

보통 상장회사나 등록회사의 경우 해당 회사의 주식관련 업무를 전담하는 부
서나 직원의 연락처를 공시하게 되는데, 해당 회사의 공시나 이슈가 있을 경우
회사의 공식 입장을 해당부서를 통해 확인할 수 있음 (→ 개인투자자들도 이용
이 가능함)

본사주소

해당 회사의 본사 주소

본사의 건물이 해당 기업의 소유인 경우, 부동산가치를 파악할 때 유용한 정보
가 됨. 특히, 해당 회사의 본사가 강남이나 용산 같이 땅값이 비싼 곳에 위치
해 있거나 또는 대규모 개발호재가 있는 곳에 위치한 경우 주석을 통해 공시지
가 등을 확인하는 것이 바람직함

발행주식수

회사의 정관에 규정된 발행가능한 총 주식 중에서 이미 발행된 주식과 설립 후 발행된 주식수를 합한 후, 발행기업이 재매입하여 보유하거나 소각한 주식은 차감하여 계산함

보통 발행주식수가 많으면 유동성이 좋아지는 반면에, 동일 조건일 경우 발행 주식수가 많아지면 주가의 시세 움직임이 상대적으로 좋지 않은 경우가 일반적임

액면가

발행주식 1주당 가격을 의미함. 보통 5,000원, 1,000원, 500원, 100원 등 여러 종류가 있음

일반적으로 거래소 시장은 5,000원, 코스닥 시장은 500원의 액면가를 채택하고 있는 종목이 많으나 그렇지 않은 경우도 있으므로 반드시 액면가를 확인하는 습관을 가져야 함

자사주

자사주(자기주식)란 회사가 누구의 명의로든지 자기의 재산으로 회사가 발

행한 주식을 취득해 보유하고 있는 주식이다. 발행주식 총수의 5% 이내에서만 소유가 가능하며 자사주 취득기간은 자사주 취득 신고서 제출뒤 3일이 경과한 날로부터 3개월 이내이며, 취득 후 6개월 이내에는 거래소 시장을 통하여 이를 매각할 수 없음

자사주 취득기간에는 주가가 방어되는 것이 일반적이며, 자사주 취득기간 후 6개월이 지나면 자사주 물량이 나올 수 있고, 자사주 물량이 출회되면 주가가 하락하는 것이 일반적이므로 주의해야 함

자사주펀드

자기주식의 매입을 희망하는 상장기업이 투신사에 자금을 맡기면 투신사는 이 자금으로 해당 기업의 주식을 매입/운용하는 투자신탁펀드임. 이 펀드는 매입 후 1년간은 중도환매가 불가능하며 1년 경과 후 2년까지는 월 1회, 총투자금의 10% 이내에서 환매가 가능함

자사주 펀드는 매물로 나올 가능성이 높으므로 주의해야 함 (→ 자사주 신탁물량 역시 시장에 출회되면 주가가 하락하는 것이 일반적임)

주주 (Share Holder)

주식을 가지고 직접 또는 간접으로 회사경영에 참가하고 있는 개인 및 법인을 의미함

> **실전투자 노하우**
>
> 주주 구성에 있어 주의할 점은 대주주의 지분비율을 눈여겨 보아야 함 (→ 특히, 대주주 지분이 20% 미만인 경우 매우 주의해야 함 – 자세한 설명은 본 책의 '대주주 지분' 부분에서 참고)

신용등급

신용등급은 특정 기업의 회사채나 기업어음 발행시의 발행금리에 결정적인 영향을 미치는 요인으로 신용평가사에서 해당 기업의 재무상태 등을 고려해 산정한 등급을 의미함

> **실전투자 노하우**
>
> 최상등급은 AAA+이며, BBB까지가 투자적격 등급임 (→ BB+부터는 재무적으로 위험한 투기등급으로 분류되니 가치투자 대상종목에서 제외할 것)

CONSENSUS

증권사 애널리스트들의 추정치들을 평균한 값

증권분석에서 컨센서스(Consensus)라고 하면, 증권사 애널리스트들이 추
정한 매출액, 세전계속사업이익, 적정주가, EPS 등을 평균한 값으로 투자시
참고 자료로 사용함

분기/반기/결산

분기(3개월), 반기(6개월), 결산(1년)을 의미함

분기보고서는 분기 결산일(3월말, 9월말)로부터 45일 이내에, 반기보고서는
반기 결산일(6월말)로부터 60일 이내에, 해당 사업연도 결산보고서는(사업보
고서) 사업연도 결산일(12월말)로부터 90일 이내에 제출해야 하고, 제출된 보
고서는 금감원의 전자공시시스템인 '다트(DART)'에 공개됨

전분기대비/전년동분기 대비

실전에서 재무분석시 흔히 접하게 되는 용어로 '전분기대비'는 바로 전분
기대비인 반면, '전년동분기 대비'는 직전년도 같은 분기 대비를 의미함 (→
자세한 설명은 아래 내용을 참고)

전년동분기 대비값의 경우 같은 계절의 값을 비교할 수 있으므로, 실적이
계절적 특성을 많이 타는 업체의 분석시 전분기 대비값보다 유용함 (→ 예를
들어 아이스크림 업체의 경우 매년 여름이 겨울보다 실적이 높을 수밖에 없고, 온풍기 업
체의 경우는 매년 겨울이 여름보다 실적이 높을 수밖에 없는데, 전분기 비교를 하면 이러한

계절적 특성이 고려되지 않아 투자분석시 잘못된 판단을 가져올 수 있음)

전분기대비, 전년동분기대비

① 전분기대비 : 직전 분기 대비를 의미함. 지금이 3분기라면 2분기와 비교한 값이 전분기 대비값이 됨

② 전년동분기대비 : 전년동분기대비를 의미함. 지금이 3분기라면 작년 3분기와 비교한 값이 전년동분기 대비값이 됨

가치투자 발굴비법 4단계

01

가치투자 발굴
6원칙/4단계

가치투자 발굴 6원칙

목에 칼이 들어와도 이것만은 지킨다

성공가치투자를 위해 반드시 숙지해야 할 6원칙

제1원칙 급한 돈으로는 절대 투자하지 않는다

　가치투자는 절대로, 이자를 내야 하는 돈이나(빌린 돈), 1년 이내에 써야할 돈으로(결혼자금이나 주택구입자금 등) 투자를 해서는 안 된다. 주식투자로 망하는 가장 대표적인 이유 중 하나가 바로 빚을 내어서 하는 경우이다. 가치투자를 포함해 주식투자에서 가장 중요한 것은 심리적 안정이다. 빚을 내어 투자를 할 경우 원금상환 부담으로 인해 심리적 안정이 무너지며, 시간이 갈수록 늘어나는 이자 부담은 무리한 투자를 감행하게 되거나 좋은 종목을 보유하고 있어도 충분한 시세차익을 얻지 못하고 일찍 매도할 가능성이 높아지기 때문이다. 따라서 갑자기 상환해야 하거나 이자를 과도하게 내야 하는 돈을 이용해 가치투자를 할 경우 100전 100패라는 점을 잊어서는 안 된다.

제대로 된 가치투자를 하게 될 경우 늦어도 매수 후 1~3년 안에 원하는 수익이 발생하는 것이 일반적이다. 물론 불가항력적인 사태가 발생 수도 있으므로(글로벌 금융위기 같은) 처음 매수시 투자기간은 수익이 날 때까지 3년은 보유하게 될 수도 있다는 각오를 가지고 시작해야 한다.

제2원칙 2종목에만 투자한다

개인투자자의 경우 투자할 수 있는 자본은 지극히 한정되어 있다. 이러한 돈으로 여러 종목에 분산투자할 경우 관리도 힘들고 실제 투자이익이 기대에 못 미치는 경우가 많다. 따라서 가장 좋은 종목과 그 다음으로 좋은 종목, 단 2개의 종목에만 투자하는 것이 좋다. (그러나 실제 보유 종목은 3종목이 된다. 제1종목과 제2종목, 그리고 현금) 항상 2종목에만 투자한다는 생각을 잊지 않아야 경솔한 종목 선정에서 벗어나면서 보다 철저한 심층분석이 가능하게 된다.

제3원칙 불확실한 고수익 종목보다는 확실한 저수익 종목에 투자한다

투자가 잘못되면 인생과 가족이 완전히 망가진다는 생각을 가지고 투자한다. (그래야 충동매매 등 위험한 투자를 하지 않는다) 투자의 대가 워렌버핏이 "5%의 이익을 남기는 1억 달러짜리 비즈니스보다 15%의 이익을 남기는 1천만 달러짜리 비즈니스가 더 낫다" 라고 말한 것을 항상 유념해야 한다.

제4원칙 종목 선정보다는 제외가 먼저다

주식시장에 상장된 약 2000종목 중 투자하기 위한 종목을 고르는 것은 쉽지 않다. 하지만 가치투자는 이런 면에서 오히려 다른 투자보다 쉽다. 투자하기 안 좋은 종목(위험한 종목 등)을 우선 제외한다는 관점으로 접근하면 자연스레 투자하기 좋은 종목이 모아진다. 이 원칙은 성공가치투자 내내 적용된다. 선별된 가치투자 후보 종목군 중에서 매매할 최종 종목을 선택하기보다는 더 안 좋은 종목을 버리는 방법을 먼저 이용한다.

제5원칙 현금도 종목이라는 점을 잊지 않는다

투자에 적합한 종목이 나타나지 않으면 절대 투자하지 않는다. 적합한 종목이 나타날 때까지 기다리면 된다. 현금은 '미래의 더 좋은 투자기회'를 주는 가장 좋은 종목이란 점이다. 또한, 아무리 좋은 종목이 있더라도 전체 투자자산의 10%는 반드시 현금으로 확보해야 한다. 그래야 유사시(갑작스럽게 돈이 필요할 때등) 대처할 수 있기 때문이다. 수백억대의 흑자기업도 몇 억의 현금이 없어 망하는 흑자도산이 있다는 점을 잊어서는 안 된다.

제6원칙 절대로 '정확히 예측할 수 없다'는 점을 잊지 않는다(가장 중요한 원칙 –분석과 선정의 기준은 예측치가 아니라 공식적으로 발표된 최신 실적 정보와 자료들이다)

'회사의 실적을 정확히 예측할 수 없다'는 점을 절대 잊어서는 안 된다. 밥만 먹고 특정기업을 분석하는 애널리스트들도 정확한 실적을 예측하지 못한다. 심지어 해당 기업의 오너조차도 그렇다. '회사의 미래 실적을 정확히 예측하는 것은 신만이 가능하다'는 점을 잊지 않으면 투자가 매우 편해지고 수익률이 높아진다. 거듭 말하지만 우리가 분석의 기준으로 이용하는 것은 공식적으로 발표된 실적과 마트나 백화점 등에서 직접 겪은 경험뿐이다. 절대 미래 예측(추정실적 등)에 의존해 투자해서는 안 된다.

가치투자 발굴 4단계

종목검색에서 매매까지

성공가치투자 종목에 투자하기 위한 단계

가치투자에 성공하기 위해서는 다음과 같은 4단계 절차를 밟게 된다. 각 단계의 자세한 내용은 해당 부분에서 따로 상세히 설명한다.

제1단계 종목검색 (2000종목 → 50종목)

모든 종목을 분석한다는 것은 현실적으로 불가능하기에 급등가능성이 높은 가치투자 대상 종목을 위주로 선별하는 작업이 필요하다. 바로, HTS(증권사에서 무료로 제공하는 증권거래프로그램)의 '종목검색' 기능을 이용하는 것이다. 상장된 약 2000개의 종목 중 가치투자로 수익을 내기 적합한 50개 내외의 종목을 불과 10분 안에 추려낼 수 있다. 성공가치투자의 첫 번째가 종목검색 단계이다. (→ 가치투자에 적합하지 않은 종목들을 버리는 단계라고 할 수 있다)

제2단계 압축선정 (50종목 → 5종목)

50개 내외의 종목을 대상으로 각 종목의 플러스 항목과 마이너스 항목 해당 여부를 체크하여 투자 매력도가 높은 상위 5개 종목을 선정한다. 압축선정 과정은 크게 가치투자 선정시 추후 급등가능성이 높이는 항목(플러스 항목)과 급락가능성을 높이는 부분(마이너스 항목)을 체크하는데, 이때는 HTS의 '시황창', '투자정보' 등을 이용하면 쉽게 파악이 가능하다. 압축선정작업은 '성공가치투자 종목비교 투자분석툴'을 이용한다. (→ 해당 부분에서 설명)

제3단계 심층분석 (5종목에 대한 심층분석)

다트(DART)와 HTS 등을 이용하여 심층분석보고서를 작성한다. 5개 종목에 대한 심층분석보고서는 전문회사의 가공정보(FNGUIDE, WISEFN, NICE신용평가 등)뿐 아니라 다트의 최신 사업보고서 등의 내용을 이용해 작성한다. 심층분석은 '성공가치투자 심층투자분석툴'을 이용한다. (→ 해당 부분에서 설명)

4단계 매매/피드백

최종 선정된 종목을 대상으로 매매전략(매수방법 및 보유시의 주의점, 매도전략 등)을 추가해 심층분석보고서를 완성하고 실제 매매한다. 특히 매수전에 '어떠할 경우 매도하겠다'는 매도원칙을 반드시 적는다. 매도원칙에 적합하다면 어떠한 경우라도 무조건 매도한다. 매주 또는 매월 단위로 새로운 종목을 발굴 분석하고, 분석 내용을 작성한 심층분석보고서를 저장하여 관리한다. (→ 사업의 진부화를 막고 경쟁력을 유지하면서 성공을 담보하는 중요한 작업임)

02

가치투자 발굴비법 1단계
종목검색

종목검색의 목표 및 주의점

약 2천 종목에서 급등가능성 높은
50개 종목을 10분 안에 골라내는 비법

종목검색의 목표

주식시장에는 약 2000종목이 상장되어 있다. 이 종목들을 모두 분석하는 것은 현실적으로 너무나 비효율적이다. 한 종목당 10분씩 기본적인 내용만 확인한다고 해도 무려 330시간이 소요되기 때문이다. 간단히 말해 맨날 종목분석만 하다가 끝날 수 있다.

따라서 안 될 종목은 일단 과감하게 버리는 것이 좋다.

왜냐하면, 시간이 부족한 일반투자자들이 모든 종목을 분석하는 것은 거의 불가능하기 때문이다. 시간과 인력이 많은 전문 기관투자자들도 주식시장에 상장된 모든 종목을 분석하는 무식한 짓은 하지 않는다. 왜냐하면, 투입한 노력과 시간대비 성과가 너무 낮고, 무엇보다도 약 2000개의 종목 중 가치투자 대상 자격이 되는 종목은, 대체로 불과 200종목 내외에 불과하기 때문이다. (→ 가치투자에서 수익을 내는 급등가능성이 높은 종목은 대체로 주요한 핵심 특징이 있으며, 이런 특징들을 지닌 종목을 추려 집중적으로 분석하는 것이 훨씬 효과적이다)

가치투자에서 종목을 선정하기 위해 가장 먼저 효과적으로 사용하는 것이 바로 '종목검색'이다. 대부분의 증권사에서 제공하는 증권거래프로그램(HTS ; Home Trading System)에서는 종목검색 기능을 제공하고 있다. 이 기능을 이용하여 가치투자로 큰 수익을 줄 가능성이 높은 50개 내외의 종목을 10분 안에 골라낼 수 있다.

검색화면은 각 증권사에서 제공하는 HTS마다 조금씩 다를 수는 있지만 대부분 비슷한 기능을 제공하므로 여기서 설명하는 내용을 쉽게 적용할 수 있다.

종목검색시 주의할 점

종목검색시 가장 주의해야 할 것이 최적화의 함정이다. 지나치게 많고 까다로운 조건으로 검색시 종목이 전혀 검색되지 않거나 과도하게 엄격한 검색조건으로 인해 좋은 종목이 제외되기 때문이다.

바로 이 부분 때문에 검색항목을 최대한 엄선해 최적으로 제한하는 것이 중요하다. 실제로 종목검색 화면을 처음 사용하거나 사용한지 얼마 안 되는 투자자일수록 지나치게 많은 검색항목 설정이나 과도한 옵션 설정을 해 좋은 종목을 놓치는 경우가 많다.

'7대 핵심 검색조건'은 무엇인가

가치투자를 위한 검색의 핵심은, 검색을 위해 어떤 항목을 사용해야 하느냐가 매우 중요하다. 바로 이것이 성공가치투자의 수익성을 결정하는 중요한 요소가 되기 때문이다.

바로, 이 때문에 성공가치투자 검색 노하우가 필요하게 된다.

이에 성공적인 가치투자 고수들과 전문 기관투자자들이 주로 이용하는 성공가치투자시 가장 효과적인 7대 핵심 검색조건에 대해 공개하고자 한다. 따라서 지금부터 설명하는 7가지의 조건을 만족하는 종목을 종목검색 기능을 이용해 골라내면 된다.

단, 여기서 중요한 것은 반드시 7대 핵심 검색조건을 모두 만족하는 종목이어야 한다는 점이다. 물론, 이 7대 핵심 검색조건을 모두 만족하지 않는 종목 중에서도 급등 종목이 나오기도 하고, 모두 만족하는 종목 중에서도 급등하지 않을 수도 있지만 그 확률로 볼 때 7대 핵심 검색조건을 모두 만족하는 종목 중 가치투자시 수익을 낼 가능성이 월등히 높다.

7대 핵심 검색조건
실전에서 가장 효과적인 불변의 조건들

제1조건 : PBR

항목설명

7대 핵심 검색조건 중 첫 번째가 바로 PBR이다. PBR은 앞서 배운 대로 주가가 주당순자산의 몇 배인가를 나타내는 값이다. 만약, PBR이 3이라면 주가가 주당순자산가치의 3배라는 의미가 된다.

실전 수치 적용 노하우

[조건식] PBR ≦ 1 : PBR이 1이하일 것

다른 어떤 항목이 좋아도 일단 PBR이 1이하여야 한다. 즉, PBR이 1보다 큰 종목은 가치투자 대상에서 맨 먼저 제외한다. 실전에서 PBR이 4보다 큰 종목의 경우 가치투자로 수익을 주는 경우는 거의 없었다. 따라서 보유하고 있는 종목의 주가가 계속 급등해 PBR이 4보다 커지면 매도를 심각하게 고려하여야 한다.

근거

가치종목 중에서 큰 수익을 낸 공통적인 특징 중 하나는 바로 PBR이 1보다 작다는 점이었다. 장이 아주 좋을 경우는 PBR이 1보다 작은 종목이 잘 나타나지 않기도 한다. 그때는 기다리면 된다. PBR이 작은 종목들은 어느 날 갑자기 상승하기 시작해 적게는 수배에서 많게는 수십배까지 급등하는 경우가 많았다. 수백 퍼센트 상승한 모 재벌그룹사의 경우 급등전 PER가 4.5보다 큰 경우에도 급등한 사례가 있지만, PBR만큼은 급등전 PBR이 1보다 큰 경우는 매우 드물었을 만큼 PBR이 1이하인 조건은 매우 중요하다.

가치투자는 저평가된 종목을 매수해, 해당 종목이 제대로 된 평가를 받으며 상승하면 팔아 수익을 내는 투자법이다. 이때 저평가 여부를 확인할 수 있는 가장 기초적인 것이 PBR이다. PBR이 1보다 크다는 것은 해당 종목의 주가가 이미 해당 종목의 순자산가치보다 크다는 의미이므로 저평가 가능성이 상당히 낮아진다. 물론, PBR이 1보다 큰 종목 중에서도 급등하는 종목이 나오고, PBR이 1보다 작은 종목 중에서도 부도처리되는 종목이 아주 간혹 나오기도 하지만, 확률적으로 볼 때 가치투자시 큰 수익을 내는 종목들은

PBR이 1이하인 종목에서 월등하게 높았다는 점이다. (→ 가치투자로 대박을 준 종목 절대 다수가 급등전 PBR이 1이하인 종목이었다)

제2조건 : PSR

항목설명

7대 핵심 검색조건 중 두 번째는 PSR이다. PSR은 주가가 주당순매출액의 몇 배인가를 나타낸다. 만약, PSR이 2라면 주가가 주당순매출액의 2배라는 의미가 된다.

실전 수치 적용 노하우

[조건식] PSR ≦ 0.8 (또는 0.9) : PSR이 0.8 (또는 0.9)이하일 것

다른 어떤 항목이 좋아도 PSR이 0.8보다(또는 0.9보다) 크면 무조건 가치투자 대상에서 제외한다. 단, 주식시장 활황기에는 PSR이 0.8이하인 조건으로 할 경우 검색되는 종목이 지나치게 적어지는데, 이 때는 검색조건을 다소 완화해서 0.9이하로 적용해도 된다. 실전에서 보면 PSR이 2가 넘어가는 종목의 경우 조만간 주가가 하락하는 경우가 훨씬 많았다. 따라서 보유한 종목의 주가가 상승해 PSR이 2가 넘어가게 되면 매도를 심각하게 고려해야 한다.

PSR이 종목검색과 가치투자시 PBR과 PER 못지 않게 중요한, 오히려 실전에서 수익을 내기 위해 더 중요한 핵심 지표이다. (성공가치투자 핵심 중 하나)

특히, 백퍼센트 이상의 수익을 주었던 상당수 종목들의 급등전 PSR이 0.8 미만이었다. PSR을 빼고 나머지 조건들이 더 좋은 종목보다 다른 조건이 모자라도 PSR이 우수했던(값이 낮았던) 종목들의 급등 확률이 더 높았다. 따라서 다른 조건이 부족하더라도 PSR이 0.8이하-작을수록 좋음-이면 투자후보에 우선적으로 올려 놓아야 한다.

왜냐하면 급등률과 상관관계를 따져보면 PER보다 PSR 조건이 훨씬 더 효과적이기 때문이다. 가치투자에 어느 정도 경험있는 중급투자자들도 이 부분을 놓치는 경우가 많다. 특기할 만한 점은 매출액이 큰 대규모 기업일수록 PSR이 0.8이하인 경우 투자수익률이 더 높다는 점이다.

제3조건 : PER

항목설명

7대 핵심 검색조건 중 세 번째는 PER이다. PER는 주가가 주당순이익의 몇 배인가를 나타내는 값이다. 만약, PER가 5라면 주가가 주당순이익 5배라는 의미이고, 이는 해당 기업을 매수했을 경우 5년이 지나면 본전을 찾을 수 있다는 뜻이다. 즉, 매년 순이익 1만 원을 내는 기업의 주가가 5만 원일 때 해당 기업의 주식을 5만 원에 사면, 기업이 매년 내는 순이익 1만 원을 5년 모으면 본전(살 때 지불한 가격)을 찾을 수 있다는 의미가 된다. 만약, PER가 100이라면 100년이 지나야 본전을 찾게 된다.

실제 IT거품이 극에 달하던 1999년에서 2000년 초에는 PER가 100이 넘는 종목도 더 상승할 것이라는 막연한 기대 속에 과감하게 매수하는 개인투자자들이 많았다. 이들의 대부분은 IT버블이 꺼지면서 대폭락과 함께 처참한 실패를 맞이하였다.

실전 수치 적용 노하우

[조건식] PER ≤ 5 (또는 8) : PER가 5 (또는 8) 이하일 것

다른 어떤 항목이 좋아도 PER가 5보다 (또는 8보다) 크면 무조건 가치투자 대상에서 제외한다. 주식시장 활황기에는 PER가 5이하인 조건으로 할 경우 검색되는 종목이 지나치게 적어지는데, 이 때는 검색조건을 다소 완화해서 8이하의 값을 적용해도 된다.

근거

PER의 경우는 의외로 투자 경험이나 분석결과를 토대로 볼 때 PBR이나 PSR에 비해 유용성이 떨어지는 편이다. (→ PER가 높은 종목에서도 급등종목이 자주 출현함) 단, 가치투자 종목의 경우 PER가 8이상인 경우 급등하는 경우가 드물다는 점과 PER가 4이하인 종목의 경우 급등하는 경우가 상당히 높다는 점만큼은 실전에서 매우 중요하다.

제4조건 : 유보율

항목설명

7대 핵심 검색조건 중 네 번째는 '유보율 ≧ 500'이라는 조건이다. 유보율은 기업의 이익잉여금과 자본잉여금의 합계를 자본금으로 나눈 금액이다. 쉽게 설명하면 해당 기업이 벌어들여 쓰지 않고 모아둔 돈을 자본금으로 나눈 값을 의미한다.

실전 수치 적용 노하우

[조건식] 유보율 ≧ 500 : 유보율이 500% 이상일 것

다른 어떤 항목이 좋아도 유보율이 500보다 작은 기업은 일단 무조건 투자대상에서 제외한다.

근거

돈을 쌓아두기 보다 투자해서 더 큰 돈을 버는 것이 좋을 수도 있겠지만, 저성장 시대에 진입한 국내현실을 고려하면 유보율은 재무적으로 부실한 종목을 걸러 내는 최소한의 조건이 된다. 기업뿐 아니라 가정도 빚보다는 저축이 많을수록 갑작스러운 상황에 흔들리지 않을 가능성이 높기 때문이다. 따라서 유보율은 다른 어떤 조건보다도 안정성 확보면에서는 효과적이다.

제5조건 : 부채비율

항목설명

7대 핵심 검색조건 중 다섯 번째는 부채비율이다. 부채비율은 부채총액을 자기자본으로 나눈 값이다. (→ 빌린 돈이 자본의 몇 배인지를 나타내는 값) 만약, 부채비율 200이라면 부채가 내 돈보다 2배나 많다는 의미다. 일반적으로 부채비율이 100을 넘어가면 재무적으로 위험해질 가능성이 높아진다.

실전 수치 적용 노하우

[조건식] 부채비율 ≦ 100 : 부채비율이 100% 이하일 것

다른 어떤 항목이 좋아도 부채비율이 100보다 큰 종목(부채총액이 자기자본보다 많은 기업)은 투자대상에서 무조건 제외한다.

근거

아직도 재무제표를 가지고 장난치는 경우가 많아 '유보율'만으로는 재무적으로 부실한 기업을 걸러 내기는 쉽지 않다. 워렌버핏은 주식투자에서 돈을 벌기 위해 가장 중요한 제1원칙이 '돈을 잃지 않는 것'이고, 제2원칙이 '제1원칙을 잊지 않는 것'이라고 할 만큼 투자에 있어 중요한 부분이 기업의 안정성이다. 안정성 확보를 위해 유보율이라는 조건을 두었지만, 이것만으

로는 부족한 점이 있다. 이를 보완하는 것이 부채비율이다. 부채비율이 100 이상인 기업의 경우 갑작스런 부도나 심한 경우 상장폐지되는 경우가 많다. 기업이나 가정이나 자기돈보다 빚이 많으면 조그만 외풍에도 쉽게 무너질 수 있기 때문이다.

제6조건 : ROE

항목설명

7대 핵심 검색조건 중 여섯 번째는 ROE이다. ROE(자기자본이익률)는 해당 기업이 영업활동을 통해 자본금 대비 1년에 얼마만큼 벌었는지를 나타내는 값이다. 만약, 자본금이 100억인 회사가 1년에 이익을 10억씩 이익을 낸다면 해당기업의 ROE는 10이 된다. 따라서 ROE는 높을수록 좋다.

실전 수치 적용 노하우

[조건식] ROE ≥ 10 (또는 5) ： ROE가 10 (또는 5) 이상일 것

다른 어떤 항목이 좋아도 일단 ROE가 10보다(또는 5보다) 작으면 무조건 가치투자에서 제외한다. 주식침체기인 경우 ROE가 10보다 큰 조건으로 하면 검색되는 종목이 지나치게 적어지는데, 이 때는 검색조건을 다소 완화해서

5이상으로 적용해도 된다.

근거

가치투자 대상이 되는 상당수의 우량한 가치투자 대상 기업들은 오랜 기간 안정적으로 꾸준한 순이익을 내는 종목들이 많다. 하지만 저금리/저성장 시대에서 ROE가 꾸준히 10을 넘어가는 종목을 찾기란 쉽지 않다. 이 때문에 ROE를 10 이상으로 할 경우 우량한 저평가 종목 중(적지만 꾸준히 안정적으로 돈을 벌고 있는 기업들) 상당수를 놓칠 가능성이 커진다. 가치투자는 단기간에 큰 돈 버는 기업을 찾아내는 것이 아니라, 꾸준히 안정적으로 돈을 버는 기업임에도 불구하고 주가가 낮은 기업을 찾아내는 것이다. 왜냐하면, 같은 조건이라면 이익이 불규칙적인 기업보다는 적더라도 꾸준한 이익을 내는 기업이 가치투자시 더 높은 투자수익률을 주는 경우가 많기 때문이다.

[제7조건 : 매출액]

항목설명

7대 핵심 검색조건 중 일곱 번째는 '매출액 ≧ 400억'이라는 조건이다. 매출액은 해당 기업의 규모와 성장을 나타내는 척도가 된다. 순이익이 늘더라도 매출액이 줄어드는 기업은 위험할 수 있다. 매출액이 줄어든다는 의미는 회사의 성장이 줄어들고 있다는 것을 의미하기 때문이다.

실전 수치 적용 노하우

[조건식] 매출액 ≧ 400억 : 연간 매출액이 400억 이상일 것

다른 어떤 항목이 좋아도 연간 매출액이 400억 미만이면 투자대상에서 제외한다.

근거

연간 매출액이 400억은 넘어야(분기기준 100억), 제대로 된 시스템을 갖춘 회사로 볼 수 있다. 그 이하는 시스템으로 운영되는 회사라기보다는 개인회사에 가깝다. 이 경우 회사가 사장 개인에 지나치게 의존하게 되어 매우 불안정한 모습을 보일 수 있다. 따라서 이러한 회사는 꾸준하게 안정적인 수익을 내는 회사에 투자하는 가치투자의 특성에 어울리지 않는다.

종목검색시 데이터 선정 노하우

증권회사에서 고객에게 제공하는 증권프로그램인 HTS에서 무료로 제공되는 종목검색화면의 경우 다양한 검색기능을 제공하지만 그 검색을 위해 사용되는 기본 데이터가 최신 데이터가 아닐 경우 제대로 된 종목을 검색하기 어렵다. 증권시장에 상장된 기업들의 경우 3개월 단위로, 해당 기업의 재무상태를 공식적으로 발표(공시)한다. 하지만, 일부 증권사 HTS의 경우 가장 최근의 분기데이터 값이 발표되었는데도 불구하고 한참 전 결산데이터 값을 이용해 검색결과를 보여주기도 한다. 즉, 3분기값(올해 9월 마감)이 발표되었음에도 불

구하고, 작년 결산기(작년 12월 마감)에 발표된 데이터를 이용해 종목검색을 한 결과를 보여주는 경우도 있다. 이 경우 제대로 된 종목검색 결과가 나타날 리가 없다. 특히, 자산/부채 등과 일정 시점의 값을 보여주는 재무상태표 등의 경우에는 무조건 가장 최신 분기값을 이용하면 되지만 매출액/순이익 등과 같이 일정기간 동안의 값을 보여주는 손익계산서 항목 등은 아래와 같은 점에 주의해야 한다.

예를 들어, 올해 3분기까지의 매출액이 발표된 시점에서 연간 매출액 400억 이상인 종목을 검색할 때 다음의 3가지 방법을 이용하게 된다.

① 작년 1년간 데이터 : (작년 1년 동안의 매출액) – 가장 일반적이나 가장 오래된 데이터이므로 검색결과는 가장 부정확함
② 최근 4분기 값 : 올해 3분기(올해 7~9월) 매출액+올해 2분기(올해 4~6월) 매출액+올해 1분기(올해 1~3월) 매출액+작년 4분기(작년 10~12월) 매출액 – 가장 최신의 정확한 1년간 매출액이나 이런 데이터를 이용하는 검색기능을 제공하는 증권사 거의 없음
③ 최근 분기값×4 : 올해 3분기(올해 7~9월) 매출액에 4배를 한 값–위의 ①과 ②의 절충안(제공하는 증권사 많음). 계절에 따른 변동값을 반영하지 못하는 단점이 있으나 현실적으로 가장 근접함

따라서 실전에서는 매출액/순이익 등과 같이 일정 동안의 값을 나타내는 손익계산서 항목 등을 이용해 검색할 때는 ②가 적합하지만, ②를 구하기 어려운 경우는 ③, 그 다음 ①의 순서를 이용하는 것이 바람직하다.

검색된 종목의 종목수 조정 노하우

동일한 검색조건을 사용해도 시장 상황에 따라(호황인지 불황인지 여부 등에 따라) 검색되는 종목의 수가 달라지게 된다. 효과적인 가치투자를 위해서는 종목검색 단계에서 검색된 종목이 30종목 이상 50종목 이하로 맞추는 것이 바람직하다. 검색된 종목이 30종목 이하가 될 경우는 일시적인 시장상황에 따라 급등가능성이 높은 종목 중 일부가 제외되었을 가능성이 높고, 50종목 이상일 경우는 추가적인 종목분석과정에 지나치게 많은 시간이 소요되어 투입하는 시

간과 노력대비 성과가 낮게 나올 가능성이 높기 때문이다.

따라서 검색된 종목이 30종목 미만이거나 50종목보다 많을 경우는 검색조건 중 조건값을 조정할 수 있는 PER, PSR, ROE의 조건값을 완화 또는 강화하여 검색되는 종목수를 조정한다. 검색된 종목수가 지나치게 적을 경우, 'PER ≤ 5'조건에서 5대신 6, 7, 8로 순차적으로 완화하는 방법으로 해결한다.

03

가치투자 발굴비법 2단계
압축선정

성공가치투자 종목비교 투자분석툴

압축선정법

50개 종목을 5개 종목으로 줄이는 초강력 압축법

압축선정의 목표

압축선정의 목표는 종목검색에서 추려진 50종목 내외의 종목에서 투자 매력이 가장 높은 상위 5개 종목을 선정하는 것이다. 검색 단계에서는 PBR, PSR, PER 등 양적항목을 위주로 검색했다면, 압축선정 단계에서는 양적항목 뿐 아니라 수치로 표현하기 힘든 질적항목까지 점검하여 다루게 된다.

1 마이너스(-) 항목 체크

종목검색 과정을 통해 추려진 종목들이 아래의 조건에 하나라도 해당되면, 그 종목은 무조건 제외한다.

대주주 지분 20% 미만

대주주의 지분이 20% 미만인 종목의 경우는 부실하거나 재무적 수치상으로는 우량해 보여도 일반인들이 알 수 없는 잠재적 부실요소가 있는 경우가 많다. 왜냐하면 괜찮은 회사라면 오너나 경영진이 먼저 알 수 있고, 자기가 먼저 지분을 더 늘리려고 할 것이다. 그럼에도 불구하고 경영권을 뺏기기 쉬운 20% 미만의 지분만을 대주주가 가지고 있다면 이는 미래에 대한 전망이 어두운 회사라고 밖에 볼 수 없다.

또한, 지분이 20% 미만인 대주주는 회사가 자기것이라는 인식이 부족해, 회사와의 악의적 거래(자신의 부실자산을 비싸게 회사에 팔거나 회사의 알짜자산을 헐값에 자신의 다른 개인회사에 매수하거나 본인이 매수하는 등)를 통해 회사를 계속 부실하게 만들 가능성이 크기 때문이다. 대주주 지분은 HTS의 '기업정보 관련화면'에서 쉽게 확인이 가능하다.

매출의 대부분을 단일 첨단제품에 의존

특정 기업의 매출이나 수익의 대부분이 단일 첨단(IT) 제품에서 얻어지는 경우는 투자대상에서 제외한다. 그 이유는 다른 회사에서 개발한 신제품이 출시되면 아예 시장에서 한순간에 사라지게 될 가능성이 크기 때문이다. 아이리버의 경우 전성기에 엄청난 수익률과 유보율을 자랑했음에도 불구하고, MP3에 과도하게 의존하는 형태의 수익구조를 유지하다 애플이 보다 더 편리하고 저렴한 제품을 내놓자 순식간에 몰락해 버렸다. 첨단 제품이 아니더라도, 단일제품에 의존도가 큰 기업의 경우는 가급적 투자 우선순위에서 미루어 두는 것이 바람직하다. 해당 제품의 경쟁력이 약화되거나 경쟁회사의 제품이 치고 올라오는 경우 순식간에 회사가 몰락할 수 있기 때문이다.

HTS에서 제공하는 해당 종목의 '기업정보 관련화면'의 매출구성 관련 부분을 보면 쉽게 확인이 가능하다.

최근 3년 안에 대규모의(또는 빈번한) 유상증자, 전환사채(CB), 신주인수권부사채(BW) 발행

복잡하게 생각할 것 없이 '유상증자 또는 전환사채(CB), 신주인수권부사채(BW)'의 공통점은 해당 기업의 주식수를 증가시키는 것이다. 따라서 '유상증자 또는 전환사채(CB), 신주인수권부사채(BW)의 발행이 잦거나 대규모로 이루어 진다는 것은 결국 해당 종목의 주식수가 계속적으로 늘어다는 것을 의미하며, 그 만큼 주식의 가치가 낮아진다. 물론, 증자와 전환 등의 과정에서 돈이 일부 유입되지만 통상적으로 시장가격보다 낮게 이루어 진다는 점을 고려하면 여전히 주당 가치는 낮아지는 것이 일반적이다.

시중에 돈이 많아지면 돈 가치가 떨어지고, 특정 제품이 시장에 많이 풀리면 해당 제품의 가격이 떨어지듯 주식수가 늘어나면 해당 주식의 가격은 하락하게 된다. 100억짜리 회사의 주식수가 100주라면, 1주당 가치는 1억이지만, 100억짜리의 회사의 주식수가 200주라면 1주당 가치는 5천만 원밖에 되지 않는다. HTS에서 제공하는 해당 종목의 시황정보화면에 있는 검색창에 '증자' '전환사채' '신주인수권부사채'를 입력하면 쉽게 확인이 가능하다.

잦은 회계기준 변경

회계기준을 자주 변경하는 회사의 경우 해당 회사가 발표하는 재무정보(재무제표 등)에 대한 신뢰도가 떨어지고, 회사의 재무적 문제점을 감추기 위한 시도일 가능성이 높다. (→ 재고자산 평가방법 변경을 통해 재고자산을 부풀리는 등)

분식회계(재무제표 등 회계수치를 조작해 기업의 부실함을 감추는 일)를 해 상장폐지 당한 상당수 기업들이 그 전에 회계기준을 변경했다. 따라서 회계기준을 자주 변경하는 회사는 투자대상에서 제외하여야 한다. HTS에서 제공하는 해당 종목의 시황정보화면에 있는 검색창에 '기준 변경' '회계기준 변경' 등을 입력하면 쉽게 확인이 가능하다.

최근 2년 이내에 대규모 투자 실시

　설비투자형 기업들의 경우(대형 IT회사나 대규모 장치회사), 일정주기로(3~10년) 대규모 설비투자를 단행하는 경우가 많다. 이런 기업들의 경우는 투자대상에서 일단 제외하여야 한다. (→ 하지만, 지속적으로 관심은 가져야 한다)

　왜냐하면 설비투자가 대규모로 이루어지면 단기적으로 현금흐름이 나빠지게 되고, 설비투자가 완료되어도 투자액에 대한 감가상각비와 불확실성으로 인해 설비투자 후 3년 이내의 기간에는 실적이 악화되거나 정체되는 경우가 많기 때문이다. 따라서 대규모 설비투자 3년 이후 부터 투자를 고려하는 것이 바람직하다. HTS에서 제공하는 해당 종목의 시황정보화면에 있는 검색창에 '투자' '대규모 투자' 등을 입력하면 쉽게 확인이 가능하다.

2 플러스(+) 항목 체크

종목검색 과정과 마이너스 항목 체크과정을 통해 추려진 종목들을 대상으로, 투자 급등가능성을 높이는 아래 항목들의 해당 여부를 점검한다. 그리고 종목비교 투자분석툴을 이용한 체크 등의 방법을 통해 투자의 우선순위를 정한다. 단, 아래 플러스 항목 체크를 통해서도 우선 순위를 정하기 어려운 경우는 PBR, PSR, PER의 수치가 작은 순서로 투자 우선순위를 정한다.

지분경쟁

재무상태가 부실한 기업일 경우에도 지분경쟁이 붙을 경우 급등하는 사례가 많다. 하물며, 재무상태가 우수한 기업의 경우는 더 말할 필요조차 없다. 특히, 대주주 일가의 지분싸움일 경우 주가 상승 가능성이 매우 크다.(동아제약, 두산, 금호, 삼화페인트 등) 이 경우 지분경쟁자 서로가 상당한 지분을 보유하고 있어 약간의 추가지분 확보만으로도 대주주가 변경되기 때문에 더욱 치열한 지분싸움이 일어난다.

또한, 회사 외부세력에 의한 지분획득의 경우도 장기적으로(지속적으로) 호재로 작용하는 경우가 많다. 보통 외부세력이 대주주를 위협할 정도의 지분을 획득하는 회사들의 경우는 대주주의 전횡으로 저평가된 경우가 많기 때문에 이들의 지분획득을 통한 경영 참여가 주가 상승의 기폭제로 작용하기 때문이다. HTS에서 제공하는 해당 종목의 시황정보화면에 있는 검색창에 '지분경쟁' '경영권 다툼' 등을 입력하면 쉽게 확인이 가능하다.

내부자매수

대주주, 임원 등 기업 내부자가 매수하는 주식의 경우 실전에서 볼 때 추후 상승 가능성이 높다. 내부자는 해당 기업의 정보를 잘 알기에 이들이 매수를 한다는 것은 외부에서 모르는 호재가 있거나 회사의 주가가 실제 가치에 비해 현저히 저평가되어 있을 가능성이 크기 때문이다. HTS에서 제공하는 해당 종목의 시황정보화면이나 기업정보화면에서 확인이 가능하다.

자산가치 급증

1) 최근에 부동산 가치가 급등한 지역에 부동산, 특히 본점 소재지가 있는 기업 (→ 실제로, 용산땅값 급등시 용산에 본사가 있었던 한국석유 급등-당시 급등전 한국석유 시가총액이 한국석유 본점 소재지 땅값의 6분의 1에도 미치지 못하는 상황 발생)

2) 국가적 이벤트 유치지역(동계올림픽, 아시안게임 등)에 부동산을 소유

3) 자산재평가한지 오래된 기업

4) 유가증권, 채권 등을 많이 보유한 기업 등 (→ 주가 하락기에서 상승기로 전환시 이러한 기업들의 주가가 급등하는 경우가 많음)

위의 1), 2), 3), 4)에 해당하는 기업들의 경우 보유한 자산가치가 어느 순간 주목을 받으며 짧은 기간에 수백퍼센트의 폭발적인 상승을 하는 경우가 많다. 해당 종목의 사업보고서의 주석에서 손쉽게 확인할 수 있다.

배당우수

가치투자는 일반적으로 다른 일반적인 투자에 비해 오랜 기간 종목을 보유하게 된다. 이러한 가치투자의 특성상 언제 급등할지 모르는 상황이 지속되는 상황에서 매년 지급되는 배당금은 단순한 경제적 이득뿐 아니라, 투자의 성패를 결정하는 심리적 안정을 위해서도 상당히 중요하다. 더불어, 다른

조건이 비슷할 경우 시가배당률이 높은 종목의 주가가 더 높이 상승하는 경우도 많기 때문에 투자수익률에도 큰 영향을 끼친다.

배당 우수 기업 확인시 다음의 2가지를 체크한다. ① 최근 4년간 꾸준히 배당을 했는지, ② 시가배당률(배당액을 주가로 나눈 금액)이 얼마인지 확인한다. 예를 들어 주가가 1만 원일 때 천 원의 배당금을 지불했다면 시가배당률은 10%가 된다. 특히, 배당이 은행실제예금금리(세후이자기준)보다 높은 기업들의 경우 결국 주가가 큰 폭으로 상승한다는 점을 고려할 때 배당이 우수한 기업은 투자가치가 매우 높은 편이다. HTS에서 제공하는 해당 종목의 시황정보화면을 통해 쉽게 확인이 가능하다.

재무추이 안정성

꾸준히 흑자를 유지하고(최소 4년 이상) 소폭이나마 상승하는 등 재무추이가 안정적인 기업들은 장기투자에 적합하다. 전 기간 흑자이면 좋겠지만 불가피하게(글로벌 금융위기나 단기적 업황 악화, 일시적인 악재 등) 짧은 기간 적자를 기록할 수 있으므로 이러한 기업은 흑자전환시(반드시 분기별로 관심을 가지고 지켜볼 것) 짧은 기간에 상당한 수익을 올릴 수 있다. HTS에서 제공하는 해당 종목의 기업정보화면에 있는 요약재무제표를 통해 쉽게 확인이 가능하다.

독점

해당 기업의 독점력이 강할수록 투자가치가 높다. 시장을 독점한 기업일수록 자기에게 유리한 방향으로 가격을 조정할 수 있기 때문이다. 가치투자에서 가장 매력도가 높은 종목의 특성 중 하나가 시장지배력(독점)이다. HTS에서 제공하는 해당 종목의 기업정보화면에서 시장점유율 순위를 통해 확인이 가능하다. (따라서 시장점유율 1, 2위 업체에 투자하는 것이 바람직함)

반복구매상품

기업이 판매하는 제품이 반복적인 구매를 요하는 제품일수록 유리하다. 예를 들어 면도기 판매업체보다는 면도기날 판매업체가 유리하다. 실전에서 보면 이런 기업들은 대부분 생활용품이나 식품, 화장품을 생산 판매하는 내수위주의 소비재기업인 경우가 많다. 이러한 기업들은 불황기에도 꾸준한 수익을 내는 경우가 많으므로 경기가 불황기일 때는 반복구매상품을 생산하는 기업에 투자하는 것이 효과적이다.

자사주 매입

　실전에서 다른 조건이 모두 비슷할 때 자사주를 매입하는 회사가 그렇지 않은 회사보다 주가 상승률이 높았다. 자사주를 지속적으로 매입하는 회사가 결국 주가 상승으로 이어지는 경우가 일반적이다. HTS에서 제공하는 해당 종목의 시황정보화면에 있는 검색창에 '자사주 매입' '자사주'를 입력하면 쉽게 확인이 가능하다.

경영자 평판 / 오너복귀

경영자 평판의 경우 인터넷에서 경영자이름을 키워드로 검색하면 대략적으로 확인이 가능하다. 해당 경영자가 이전에 분식회계를 했는지, 이전의 경영성과가 어땠는지 대충은 파악이 가능하다. 하지만, 현실적으로 실전에서는 경영자 평판과 주가는 관련성이 그리 높지 않은 편이다. 그 이유는 현실적으로 제대로 된 경영자 평판을 입수하기 어렵다는 점 때문이다.

실전팁 오너가 잠시 현역에서 물러나 전문경영인을 내세웠다가 실적악화 등을 이유로 오너가 재복귀하는 경우 투자수익을 낼 가능성 높음. 그 이유는 오너의 복귀와 함께 강력한 추진력과 함께 구조조정 등의 작업이 진행되면서 실적개선이 이루어지는 것이 일반적이기 때문임

3 성공가치투자 종목비교 투자분석툴

종목압축과 '성공가치투자 종목비교 투자분석툴'

종목검색 단계에서 얻어진 50개 내외의 종목들에 대해 앞에서 설명한 항목들을 중심으로 비교 분석하여, 이중 투자매력도가 높은(저평가되어 투자 기대 수익이 높은 종목) 상위 5개 종목으로 압축하는 작업이 필수적이다. 실전에서는 다음의 '성공가치투자 종목비교 투자분석툴'을 이용하면 보다 효과적으로 종목을 골라낼 수 있다. 특히, 이 툴을 이용한 분석작업의 경험이 쌓이게 되면, 불과 반나절 안에 50개 내외의 종목을 5개 종목으로 압축할 수 있게 된다. 본 책을 구입한 분들은 '주식투자베스트비법(www.jusiktuja.com)' 사이트에서 '성공가치투자 종목비교 투자분석툴'을 무료로 다운받을 수 있다.

종목명	핵심조건 (수치기록)							절대제외(-)항목 (항목 해당시 V 체크)						플러스(+) 항목 (항목 해당시 V 체크)									종합평가	종합순위
종목명	PBR	PSR	유보율 (%)	부채비율	ROE	PER	매출액 (억)	대주주지분 20% 미만	단일제품 의존	대규모 유증 BW CB	잦은 회계기준 변경	대규모 유증 BW CB	최근 2년 이내 대규모 투자	지분경쟁	자산가치 급증	내부자 매수	자산가치 급증	배당 우수	재무구조 안정	독점	반복구매 상품	자사주 매입	종합평가	순위
우량전자	0.3	0.5	500	90	12.5	3.8	8,000							V	V				V				·현재 재무격으로 과도한 저평가 상태 ·대주주간 지분경쟁 / 보유 부동산의 가격 상승 ·전반력으로 투자매력도 높은 상태	2

[그림] 성공가치투자 종목비교 투자분석툴 (전체모습)

성공가치투자 종목비교 투자분석툴 작성방법

① 종목명과 핵심조건값 입력

검색된 각 종목에 대해 종목명과 핵심조건값을 입력한다. 여기서 핵심조건이란 검색시 이용했던 조건으로 'PBR, PSR, 유보율, 부채비율, ROE, PER, 매출액'을 말한다.

종목명	핵심조건 (수치기록)						
종목명	PBR	PSR	유보율 (%)	부채비율	ROE	PER	매출액 (억)
우량전자	0.3	0.5	500	90	12.5	3.8	8,00

[그림] 성공가치투자 종목비교 투자분석툴 – 핵심조건값 입력 (각 종목의 해당 항목칸에 수치를 입력)

앞의 그림에서 보는 것처럼 주가 급등과 상관관계 높은 항목일수록 짙은 색(PBR, PSR)으로, 상대적으로 관련성이 낮은 항목일수록 옅은 색으로 표시하여 직관적인 비교와 분석에 용이하도록 했다. 특히, 핵심조건 항목 중 유보율의 단위는 '퍼센트'이고, 매출액의 단위는 '억'이라는 점에 주의하여 입력한다.

② 절대제외(-) 항목 여부 체크

각 종목이 절대제외 항목에 해당되는지 체크한다. 여기서 절대제외 항목이란 앞에서 배운 '마이너스(-) 항목'을 의미한다. 이 항목에 한 개라도 체크가 되는 종목은 더 이상의 분석을 중지하고 무조건 투자대상 후보군에서 제외한다. 체크 방법은 해당 되는 항목칸에 'V'자 표시한다.

절대제외(-)항목 (항목 해당시 V 체크)					
대주주 지분 20% 미만	단일 제품 의존	대규모 유증 BW CB	잦은 회계 기준 변경	대규모 유증 BW CB	최근 2년 이내 대규모 투자

[그림] 성공가치투자 종목비교 투자분석툴 - 절대제외(-) 항목 체크

③ 플러스(+) 항목 여부 체크

　앞의 마이너스(-) 항목과 달리 플러스(+) 항목은 많이 해당될수록 좋으므로, 각 플러스 항목의 해당 여부를 모두 체크하여 해당 항목칸에 'V'자로 체크한다. (직관적인 분석과 비교를 위해 배경색의 진하기는 주가 급등과 관련이 깊은 항목일수록-지분경쟁, 자산가치급증 등- 진하게 표시함)

플러스(+) 항목 (항목 해당시 V 체크)								
지분 경쟁	자산 가치 급증	내부자 매수	경영자 평판 등	배당 우수	재무 구조 안정	독점	반복 구매 상품	자사주 매입
V	V				V			

[그림] 성공가치투자 종목비교 투자분석툴 – 플러스(+)항목 체크

④ 종합평가 입력 / 순위 입력

　해당 종목의 핵심조건값, 절대제외(-)항목, 플러스(+)항목을 종합하여 해당 종목에 대한 종합평가 내용 및 해당 종목의 투자에 도움이 될 만한 추가 내용이 있을 경우 입력한다. 50개 종목의 '핵심조건값, 마이너스(-)항목, 플러스(+)항목, 종합평가'에서 해당 종목들의 값들과 항목 체크 여부를 비교 후 우선적으로 투자하고 싶은 종목 순서대로 순위를 매긴다.

종합평가	종합순위
종합평가	순위
현재 재무적으로 과도한 저평가 상태 대주주간 지분경쟁 / 보유 부동산의 가격 상승 전반적으로 투자매력도 높은 상태	2

[그림] 성공가치투자 종목비교 투자분석툴 – 종합평가/순위 입력

위와 같은 종목비교 분석작업을 처음할 경우 아무래도 종목들 간의 우선순위를 정하기 쉽지 않을 수 있다. (여러 번 반복을 통해 경험이 쌓이면 쉬워진다) 따라서 경험이 쌓여 능숙하게 순위를 매기기 전까지는 다음과 같은 두 가지 방법으로 접근하면 쉽다.

하나, 좋은 종목을 고른다는 생각으로 접근하기보다는 투자대상에서 제일 먼저 제외할 종목들을 고르는 방법으로 접근한다. 대체로, 먼저 투자할 종목을 선정하는 것보다는 투자하지 않을 종목을 제외하는 것이 쉽기 때문이다.

둘, 투자 매력도 높은 상위 종목군에서만 순위를 나눈다. 50개 내외의 전 종목에 대한 순위보다는 투자 매력도가 높은(많이 저평가되어 상대적으로 급등 가능성 높은) 종목들의 그룹을 먼저 선별해 그 그룹에 속한 종목안에서 순위를 매기면 쉽다. 즉, 50개 종목에 대해 1등부터 50등까지 순위를 매기기 어렵다면, 투자매력도가 높은 10개 종목을 대략적으로 선정한 후 그 10개 종

목 중에서 순위를 매기는 방법이다. 만약, 그래도 최종적으로 상위 5개 종목
에 대한 순위를 매기기 어렵다면 다음의 종목선정 3원칙을 적용한다.

가치투자 종목선정 3원칙 적용하기

제1원칙 : 보유하고 있어도 안심할 수 있는 종목을 선택

→ 변동성이 높은 종목보다는 안정적인 종목을 우선 선택한다. 어느 해는
수익이 급등했다가 다른 해는 수익이 급락하는 기업보다는 수익규모
는 작더라도 수익의 변동성이 적은 기업을 선택한다. 왜냐하면, 가치투
자는 시간과의 싸움인데 보유하고 있는 종목의 변동성이 크다면 심리
적 불안감 때문에 주가 급등이 오기 전에 미리 매도하게 될 가능성이
높다.

제2원칙 : 불확실한 고수익 종목보다 확실한 저수익 종목에 투자

→ 종목 선정을 잘못하면 본인의 인생과 가족이 완전히 망가진다는 생각
을 가지고 선정한다. (→ 그래야 몰빵같은 위험한 투자를 하지 않는다) 따라서
종목선정시 다소 수익이 적더라도 덜 위험한 종목을 먼저 선택한다.

제3원칙 : 종목 선정보다는 제외가 먼저

→ 어느 종목이 투자하기 좋은지 우선 순위를 결정하기 어렵다면, 어느 종
목이 안 좋은지(위험한지)를 생각하여 제외한다는 관점으로 접근하면 자연스
레 투자하기 좋은 종목이 걸러진다. 이 원칙은 성공가치투자 내내 적용된다.
최종적으로 실제 투자할 2종목을 선택할 때에도 더 좋은 종목을 선택하기보
다는 안 좋은 종목을 버리는 방법을 이용한다.

그래도, 순위를 매기기 어렵다면,

지금까지의 과정을(종목검색, 마이너스 체크, 플러스 체크, 3대원칙 적용 등) 통해서도 종목들 간의 수치나 항목이 비슷해서 최종적으로 투자 우선순위 상위 5개 종목을 선정하기 어려울 때는 과감히 PBR, PSR, PER의 수치가 작은 순서로 투자 우선순위를 정하면 크게 무리가 없다.

왜냐하면, 국내 주식시장 특성과 투자 경험을 고려해 볼 때 가치투자시 수익을 낼 가능성과 가장 관련성이 가장 높은 항목 3개는 바로 'PBR, PSR, PER' 이기 때문이다.

04

가치투자 발굴비법 3단계 심층분석

성공가치투자 심층투자분석툴

심층분석의 개요

압축된 5개 종목에 대한 최종 집중심화 투자분석법

심층분석의 필요성

지금까지 종목검색, 압축선정을 통해 주식시장에 상장된 2000개 내외의 종목에서 5개 종목을 선별하였다. 이제부터는 선정된 5개 종목에 대한 심층분석을 통해 5개 종목 전부에 대한 심층투자 분석보고서를 작성하고, 이를 통해 최종 매매할 2개 종목을 최종 확정한다. 물론, 압축선정을 통해 이들 5개 종목에 대한 순위를 매겼지만, 심층분석을 통해 이를 검증하고 최종 매매할 2개 종목뿐 아니라 나머지 3개 종목에 대해서도 심층투자 분석보고서를 작성해 투자대상 후보 종목군으로 확보해 둔다.

이 과정이 필요한 이유는 최종 선정된 5개 종목에 대한 깊고 다양한 정보를 확인함으로써 최종 투자전 종목에 대해 철저히 점검할 수 있기 때문이며, 분석을 통해 얻어진 투자분석 경험들은 추후 중요한 투자 경쟁력이 된다.

심층분석을 위한 2대 핵심 도구

실전 가치투자시 심층분석을 위해서는 다음의 2가지 핵심도구를 이용하는 것이 효과적이다.

첫 번째, 지금까지는 주로 증권사에서 제공하는 기업정보회사의(FN GUIDE, NICE신용정보, WISEFN 등) 가공정보를 주로 이용한 반면, 심층분석 단계에서는 다트(DART)의 사업보고서를 주된 자료로 활용한다. 특히, 사업보고서는 기업의 종합건강진단서로 불릴 만큼, 해당 기업에 대한 가장 정확하고 상세한 정보를 담고 있다. 따라서 심층분석을 위해서는 이보다 더 좋은 자료는 감히 없다고 말할 수 있다. 하지만 사업보고서의 양이 적지 않은 만큼, 투자수익에 영향을 주는 핵심 포인트가 어느 것인지, 어떤 부분에 주의해야 하는지 등의 사업보고서 분석 노하우를 확보하는 것이 매우 중요하다. 그렇지 않을 경우 시간만 버리고 제대로 된 투자정보를 얻기 어렵다.

두 번째, 심층분석 내용을 효과적으로 진행 정리하기 위한 투자분석툴을 이용하는 것이다. 이를 위해 본 책에서는 전문가들이 주로 사용하는 '성공가치투자 심층투자분석툴'의 작성방법에 대해 설명하고 있다. 이 심층투자분석툴은 효과적인 심층분석과 더불어 파일화해 보관함으로써 가치투자분석 경험을 문서화/체계화하여 중요한 투자자산으로 활용할 수 있다. (잠재 투자 후보종목군 확보와 투자분석 경험의 문서화를 통한 투자 경험과 노하우 축적)

지금부터, 다트와 사업보고서에 대한 심층투자 분석노하우와 효과적인 심층분석을 가능하게 해주는 '성공가치투자 심층투자분석툴'의 작성방법에 대해 배우게 된다.

심층분석 : 다트/사업보고서

기업의 종합건강진단서와 가치투자의 노다지

사업보고서 – 기업에 대한 종합건강진단서

투자할 기업을 심층분석 평가하기 위한 가장 중요한 자료이자 정보가 사업보고서다. 왜냐하면 법에 의해 기업이 스스로 작성 공개하는 보고서로 이 안에는 해당 기업의 개요, 사업의 내용, 재무정보, 기업이 벌어 들인 성과와 과실, 기업의 전망과 현황, 공인회계사의 감사의견 등 상세한 내용이 담겨 있기 때문이다. 그 만큼 가치투자자에 있어 사업보고서는 매우 중요하다.

일반적으로 분기보고서는 분기 결산일(3월말, 9월말)로부터 45일 이내, 반기보고서는 반기 결산일(6월말)로부터 60일 이내, 해당 사업연도 결산보고서(사업보고서)는 사업연도 결산일(12월말)로부터 90일 이내에 제출해야 하고, 제출된 보고서는 금감원의 전자공시시스템인 '다트(DART)'에서 공개된다. (사업보고서는 사업연도 결산보고서만을 지칭하지만 넓은 의미로는 분기와 반기보고서까지 포함함 – 본 책에서 분기와 반기보고서도 사업보고서에 모두 포함하는 의미로 사용)

또한, 다트(DART)에는 기업의 사업보고서뿐 아니라 공시(공신력을 갖는 증권 거래소가 주가에 영향을 줄 만한 기업 내용이 발생하면 신속하게 투자자가 알 수 있도록 하는 제도)정보도 제공하고 있다. 따라서 다트(DART)야 말로 '기업정보의 모든 것'이자 '가치투자의 노다지'라고 할 수 있다.

다트(DART) – 가치투자의 노다지

금감원의 전자공시사이트인 다트의 홈페이지(dart.fss.or.kr)에 접속하여 해당 종목명을 입력하면 다음의 그림처럼 해당 종목에 대한 다양한 사업보고서 및 공시내용을 확인할 수 있다. 증권사에서 제공되는 각종 기업정보 등도 바로 이 다트에 공개된 자료를 바탕으로 작성된다.

[그림] 다트(DART) 메인화면

다트에 없는 내용은 그 어떤 정보나 자료도 정확하지 않은 것이다. (→ 대부분
작전세력들이 자신들의 이익을 위해 퍼뜨리는 악성 정보들이므로)

사업보고서의 구조

기업별로 다소간의 차이는 있을 수 있으나, 사업보고서는 대체로 다음과
같은 형태로 구성되어 있다.

사업보고서의 내용

I. 회사의 개요

II. 사업의 내용

III. 재무에 관한 사항

IV. 감사인의 감사의견 등

V. 이사의 경영진단 및 분석의견

VI. 이사회등 회사의 기관 및 계열회사에 관한 사항

VII. 주주에 관한 사항

VIII. 임원 및 직원 등에 관한 사항

IX. 이해관계자와의 거래내용

X. 기타 투자자 보호를 위하여 필요한 사항 등

XI. 재무제표 등

XII 부속명세서

사업보고서의 내용은 매우 방대하다. 따라서 무작정 볼 경우 시간과 노력만 소비될 뿐 실제 투자수익에 도움이 되지 못한다.

지금부터 사업보고서에서 투자에 영향을 주는 핵심 부분과 주의 깊게 봐야할 분석 포인트에 대해 설명하고자 한다. 가치투자에서 성공하려면 매수하기 전에 반드시 그 종목의 최신 사업보고서만큼은 반드시 읽어야 한다.

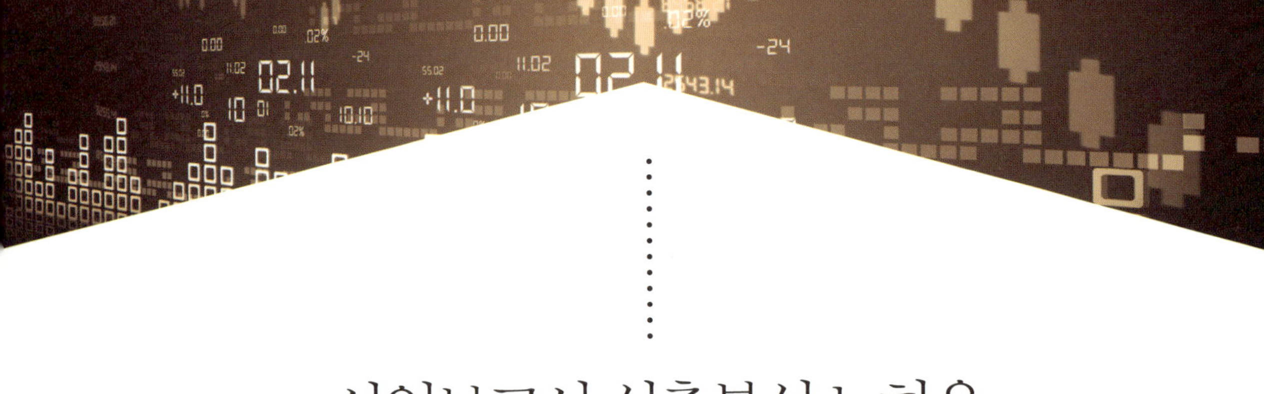

사업보고서 심층분석 노하우

기업의 건강 상태를 해독하는 진단 비법

'회사의 개요' 부분의 핵심 실전 분석 포인트

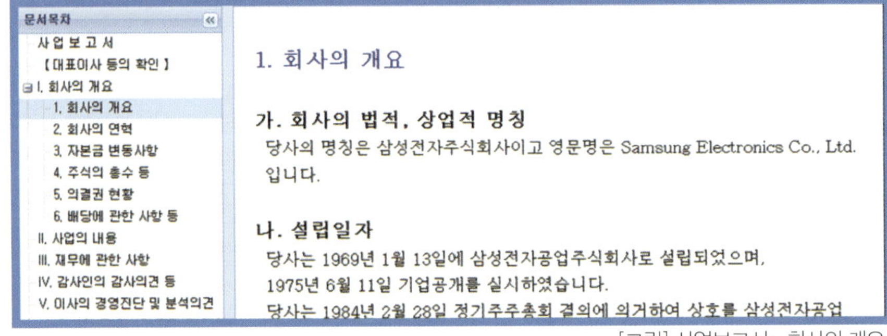

[그림] 사업보고서 – 회사의 개요

'회사의 개요' 부분은 회사에 대한 전반적인 상황을 알 수 있는 부분으로, '회사의 명칭, 설립일자, 본사주소/홈페이지 주소, 중소기업 해당여부, 주요 사업의 내용 요약정보, 계열회사에 관한사항 요약정보, 연결대상 종속회사

개략정보, 신용평가에 관한 사항 등'의 정보가 포함되어 있다.

본사주소를 확인하라

→ 본사의 경우는 도심지 등 지가가 비싼 곳에 위치하는 곳이 많으므로('한국석유' 종목의 경우 용산땅값 급등으로 본사의 부동산 가격이 급등해 본사 부동산 가격만으로도 주식전체 시가총액의 6배를 기록한 적이 있고, 실제로 이는 주가가 2천퍼센트 폭등하는 계기가 됨)

자본금 변동 상황을 확인하라

→ 잦은 '유상증자, 전환사채 발행, 신주인수권부사채 발행'은 주가의 하락을 가져오는 경우가 많으므로

배당금을 확인하라

→ 가치투자의 경우 비교적 장기간의 투자를 하게 되는 경우가 많은데, 매입한 주식이 급등하기 전까지의 기간 동안 버틸 수 있는 큰 힘이 되는 것이 바로 배당금이기 때문이다. 또한, 배당금은 은행이자 또는 그 이상의 수익을 주는 경우가 있어 주가가 기업가치를 반영해 상승할 때까지 기다릴 수 있게 해주는 가장 큰 자산이 되므로

자사주의 지속 매수 여부를 확인하라

→ 일반적으로 자사주를 꾸준히 매입하는 기업들의 주가가 장기적으로 상승하는 비율이 높으므로

'사업의 내용' 부분의 핵심 분석 포인트

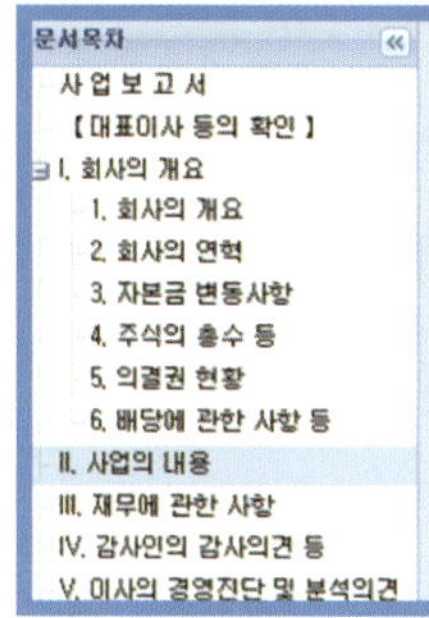

[그림] 사업보고서 – 사업의 내용

'사업의 내용' 부분은 생산부터 판매에 이르기까지 전 과정을 알려주는 역할을 하며 '사업부문별 현황, 사업부문별 요약 재무현황, 신규사업에 관한 내용, 주요제품 매출, 주요제품의 가격변동사항, 주요 원재료 관련 내용, 생산 및 설비에 관한 내용' 등을 확인할 수 있다.

시장점유율, 경쟁업체에 주목하라

→ 특히 시장점유율은 반드시 2위 이내인 것이 바람직하다. 시장점유율이 높아야 가격결정권을 가질 수 있기 때문이다. (시장점유율이 높을수록 불황에도 견디는 힘이 강하고, 호황기에는 더 큰 수익을 얻으므로)

'신규사업 등의 내용 및 전망' 부분에 주목하라

→ 시장에서 특정 테마 등이 이슈가 될 때, 신규사업분야에 발을 담그고 있다는 이유만으로도 오랜 기간 저평가 받아 왔던 가치주가 폭등하는 경우가 종종 발생하므로

캐쉬카우(돈을 벌어 들이는 핵심제품)를 확인하라

→ '캐쉬카우'가 무엇인지 파악하고, 과거 사업보고서를 확인해 캐쉬카우의 변화추이를 확인해 보는 것 또한 중요하다. (특히, 신제품이 새로운 캐쉬카우로 그 비중을 늘리는 기업일수록 바람직함)

주요 제품가격과 원재료 가격 추이를 확인하라

→ 해당 기업의 '가격결정권'을 확인할 수 있는 가장 핵심적인 방법이기 때문이다. 만약, 원재료 가격 상승만큼 제품가격이 상승하지 못한다면 대개의 경우 해당 기업이 가격결정권을 가지지 못했을 가능성이 크고, 이는 해당 기업의 실적 악화 가능성이 높다는 사실을 의미한다. (→ 해당 제품의 수출비중과 원재료 수입비중을 확인해야 함 – 환율 변동에 따른 해당 기업의 실적이 좌우될 수 있으므로)

설비투자의 규모에 주목하라

→ 설비투자의 경우 미래수익을 위해 꼭 필요하지만, 과할 경우나 반복적인 경우 속칭 '앞에서 남고 뒤에서 밑지는' 장사가 될 가능성이 높으므로(수익의 대부분을 미래 설비에 재투자해야 함) 가치투자에서는 대규모의 설비투자가 반복적으로 요구되는 기업(특히, IT기업)의 경우는 조심스러운 접근이 필요하다. 또한, 생산설비 현황에 나오는 건물이나 토지의 가격에도 주의해야 한다. 그 이유는 해당 부동산이 위치한 지역적 호재로 인해 장부에 기재된 금액보다 훨씬 높은 가치를 지닌 경우가 종종 발생하므로(좋은 영업실적과 능력만큼 가치있는 부동산을 보유한 기업을 발굴하여 투자하는 것또한 가치투자의 영역임을 잊지 말 것)

'재무에 관한 사항', '재무제표 등', '부속명세서' 부분의 핵심 분석 포인트

사업보고서			
【대표이사 등의 확인】	[유동자산]	87,269,017	71,502,063	61,402,589
□ I. 회사의 개요	· 현금및현금성자산	18,791,460	14,691,761	9,791,419
1. 회사의 개요	· 단기금융상품	17,397,937	11,529,905	11,529,392
2. 회사의 연혁	· 단기매도가능금융자산	1,258,874	655,969	1,159,152
3. 자본금 변동사항	· 매출채권	23,861,235	21,882,127	19,153,114
4. 주식의 총수 등	· 재고자산	17,747,413	15,716,715	13,364,524
5. 의결권 현황	· 기타	8,212,098	7,025,586	6,404,988
6. 배당에 관한 사항 등	[비유동자산]	93,802,553	84,298,200	72,906,214
II. 사업의 내용	· 장기매도가능금융자산	5,229,175	3,223,598	3,040,206
III. 재무에 관한 사항	· 관계회사 및 조인트벤처 투자	8,785,489	9,204,169	8,335,290
IV. 감사인의 감사의견 등				
V. 이사의 경영진단 및 분석의견				

[그림] 사업보고서 – 재무제표

XI. 재무제표 등			
XII. 부속명세서	장기미지급금	1,105,001	1,024,004	1,012,001
【전문가의 확인】	장기미지급비용	108,208	122,676	123,513
1. 전문가의 확인	확정급여부채	1,729,939	1,119,188	823,486
2. 전문가와의 이해관계	이연법인세부채	3,429,467	2,333,442	1,618,523
	장기충당부채	408,529	363,223	295,357

[그림] 사업보고서 – 부속명세서

재무에 관한 사항과 재무제표(및 부속명세서)야 말로 가치투자를 위한 기업 분석의 핵심으로 사업보고서 분석에 있어 가장 중요한 부분이며, 투자 수익을 가르는 핵심 포인트가 집중된 부분이다.

> '재무에 관한 사항' 및 '재무제표', '부속명세서' 등 재무와 관련하여 주의 깊게 분석해야 할 주요 내용 및 실전투자 노하우 부분은 본 책의 재무제표에서 집중적으로 상세히 설명하고 있으니 참고하도록 함

'감사인의 감사의견 등' 부분의 핵심 분석 포인트

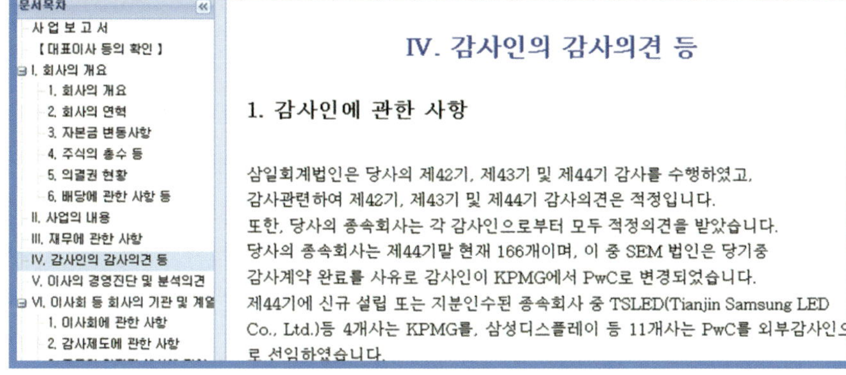

[그림] 사업보고서 – 감사인의 감사의견 등

'감사인의 감사의견 등' 부분에는 재무제표를 감사한 감사인의 의견 확인이 가능하다. 주요 내용으로는 '감사인에 관한 사항, 내부통제에 관한 사항 등에 관한 사항 등'이 나와 있다.

감사의견 변경여부를 확인하라

→ 감사인이 변경되었다면 대체로 부정적일 때가 많기 때문임 (회사의 부당한 요구에―회계조작 등에 대해 눈감아 줄 것을 요구하는 등― 대한 기존 감사인의 거부로 인한 변경일 가능성이 높으므로)

회계감사, 감사인

① 회계감사 : 회계담당자(회사)가 작성한 회계기록을 제3자(회계사)가
검사하는 것을 의미함 (즉, 회사의 장부가 제대로 작성되었는지를 회
계사나 회계법인 등이 검사하는 것을 의미함 – 회계조작 등을 방지하
기 위함)
② 감사인 : 회계감사를 하는 주체를 말하며, 회계사 또는 회계법인 등
이 감사인이 됨

주의 : 감사의견의 종류 및 감사의견에 따른 가치투자 대상

→ 공인회계사가 기업의 재무제표를 감사하여 그 내용이 회계정보로서
적절한 가치를 지니는지에 대한 의견으로 아래 4가지가 있음 ('① 적정의
견'을 받은 종목들만이 투자 후보가 될 수 있음)

① 적정의견 : 감사인이 감사범위에 제한을 받지 않고 회계감사 기준에
의거해 감사를 한 결과 해당 기업의 재무제표가 기업회계기준에 따라 적
정하게 작성되어 신뢰할 수 있음 → 실제 보고서에서는 감사보고서에 '~
중요성의 관점에서 적정하게 표시되어 있습니다' 라고 서술됨
② 한정의견 : 감사인이 수행할 수 있는 감사범위가 부분적으로 제한되거
나 또는 감사를 실시한 결과 기업회계준칙에 따르지 않은 몇 가지 사항이
있음 → 실제 보고서에서는 한정인 사유를 먼저 언급하고 '~위의 문단에
서 설명하고 있는 사항이 재무제표에 미치는 영향을 제외하고는… 중요
성의 관점에서 적정하게 표시하고 있습니다.' 라고 서술됨

③ 부적정의견 : 기업회계기준에 위배되는 사항이 재무제표에 중대한 영향을 미쳐 기업 경영상태가 전체적으로 왜곡되었음 → 실제 보고서에서는 위배사유를 먼저 언급하고, '~적정하게 표시하고 있지 아니합니다.'라고 서술됨

④ 의견거절 : 감사인이 감사보고서를 만드는데 필요한 증거를 얻지 못해 재무제표 전체에 대한 의견표명이 불가능한 경우나 기업의 존립에 의문을 제기할만한 객관적인 중대한 경우나 감사인이 독립적으로 감사업무를 수행할 수 없음 → 실제 보고서에서는 '~의견을 표명하지 아니합니다.'라고 서술됨

'이사의 경영진단 및 분석의견' 부분의 핵심 분석 포인트

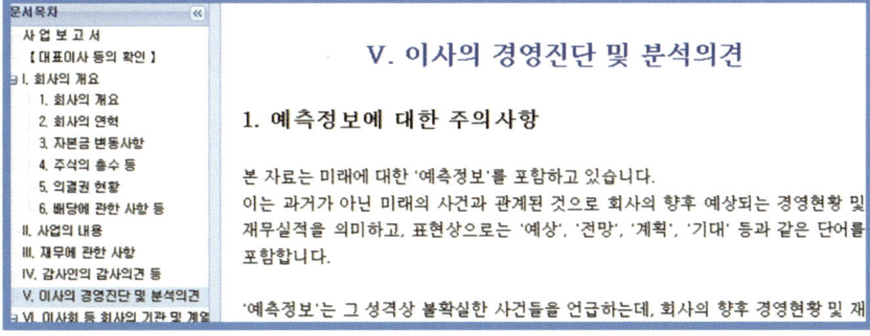

[그림] 사업보고서 – 이사의 경영진단 및 분석의견

'이사의 경영진단 및 분석의견' 부분에는 이사진의 경영진단 및 미래에 관한 예측정보 등이 포함, 중요한 회계정책 및 위험관리정책 등의 내용이 나와 있다.

객관성이 떨어진다는 사실을 기억하라

→ 왜냐하면 해당 기업의 관계자(이사진)가 작성한 것이기 때문이다. 객관성이 결여될 수 있고, 부정적 의견보다는 긍정적 의견이 많다는 점을 고려해 두어야 한다. 실전에서 이러한 문제점을 극복하기 위한 가장 효과적인 방법은 경쟁사 사업보고서의 해당 항목(이사의 경영진단 및 분석의견)을 읽는 것임 (실전에서 매우 유용)

'신규사업' 부분을 확인하라

→ 향후 시장 테마 변동시 단지 신사업 추진 내용에 대한 언급만으로도 그 동안 적정가치를 찾아가지 못했던 주가가 이를 기폭제로 하여 급등하는 경우가 종종 발생함

'이사회 등 회사의 기관 및 계열회사에 관한 사항' 부분의 핵심 분석 포인트

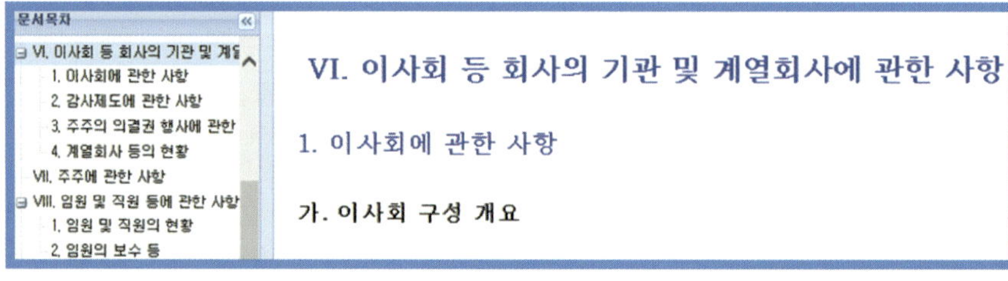

[그림] 사업보고서 – 이사회 등 회사의 기관 및 계열회사 사항

'이사회 등 회사의 기관 및 계열회사에 관한 사항' 부분에는 이사회의 구성, 중요의결사항, 이사회내의 위원회, 이사의 독립성, 감사제도에 관한 사항

(감사인의 인적사항 포함 등), 주주의 의결권 행사에 관한 사항, 계열회사 등의 현황의 내용이 기술되어 있다.

계열회사의 중요성이 커진 점에 주목하라

→ IFRS 회계 도입으로 계열회사의 중요성이 매우 커짐. 따라서 '관계회사 및 자회사의 지분현황' 정보를 이용하면 지분 정보를 확인할 수 있고, 특히 지분을 가지고 있는 '타법인 출자현황' 정보의 경우 지분의 증감 및 출자회사의 순이익 등에 관한 정보를 확인할 수 있으므로 특히 주목해야 함

투자 내역과 최근 순이익의 크기를 확인하라

→ 왜냐하면, 이 과정에서 해당 출자법인 중 자산대비 순익이 우수한 우량한 회사 정보를 찾아낼 수 있고, 이러한 정보를 이용해 해당 자회사에 대한 투자 기회를 포착할 수 있기 때문임

향후 자회사의 '상장' 여부를 체크하라

→ 특히, 자회사나 관계사의 기업공개(코스닥상장 등) 여부는 향후 주가에 매우 큰 영향을 미치게 됨 (실전에서 볼 때 자회사의 상장을 이용한 매매시 가장 높은 수익을 주는 매도시점은 상장 바로 직전일 경우가 많음)

'주주에 관한 사항' 부분의 핵심 분석 포인트

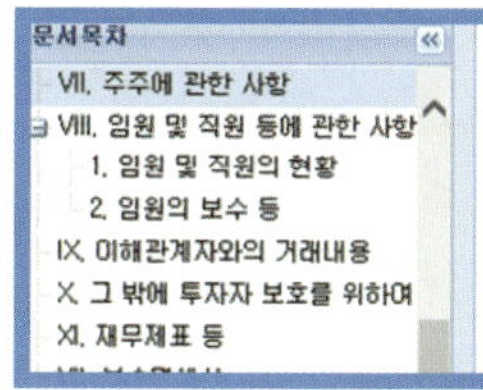

[그림8] 사업보고서 – 주주에 관한 사항

'주주에 관한 사항' 부분에는 최대 주주 및 그 특수관계인의 주식소유 현황, 주식의 분포현황, 소액주주현황, 주식사무, 주가 및 주식거래실적에 관한 정보 등이 있다.

최대주주와 지분율에 주목하라

→ 최대주주의 지분율은 30% 이상인 경우가 바람직하다. (일반적인 중소규모의 기업의 경우) 보통 대주주의 지분은 차명으로 분산되어 있는 경우도 있으므로 실제 지분율은 표시된 지분율보다 높다는 점에 주의해야 한다. 가치투자 대상으로는 반드시 대주주 지분율이 20% 이상이어야 함 (그 이유는 본 책의 '대주주 지분' 부분에서 자세히 설명하고 있으니 참고)

최대주주와 경영진의 관계를 확인하라

→ 최대주주와 경영진간의 이익이 서로 상충되는지 여부를 확인 것(이는 최대주주와 경영진의 소송여부나 시황창을 검색하면 가능) 또한 매우 중요하다. 이 경우 단기적으로 주가가 급등하는 경우도 있지만 회사에 부정적인 영향을 주는 경우가 일반적임

내부자의 주식거래 증감을 확인하라

→ 내부자(최대주주 등)의 주식거래 증감을 확인해야 한다. 내부자의 매수가 증가하는 경우 대부분 주가 상승으로 이루어지는 경우가 많기 때문임 → 다트(DART)에는 사업보고서외에 '임원 및 주요 주주 등의 소유현황 보고서' 등이 수시로 올라오므로 이를 확인하면 됨

'임원 및 직원 등에 관한 사항' 부분의 핵심 분석 포인트

[그림] 사업보고서 – 임원 및 직원 등에 관한 사항

'임원 및 직원 등에 관한 사항' 부분에는 임원 및 직원의 현황, 임원의 보수 등에 관련된 내용이 기술되어 있다.

실전투자 노하우

최고 경영자 및 주요 경영진의 평판을 확인할 것

→ 해당 경영진의 경영능력이 부족하거나 경영진이 도덕적으로 문제가 있는 경우는 투자 대상 기업에서 제외해야 한다. 실전에서 최고 경영자나 주요 경영진의 평판을 확인하는 가장 쉽고 현실적인 방법은 최근 기사검색이나 뉴스 검색을 이용하는 것임

스탁옵션을 확인할 것

→ 임직원들에게 부여된 스탁옵션 수량과 행사가격을 미리 확인해 두어야 한다. 왜냐하면 이들 물량이 나올 경우 주식수를 증가시켜 주가에 부정적으로 작용할 가능성이 높기 때문임

'이해관계자의 거래내용' 부분의 핵심 분석 포인트

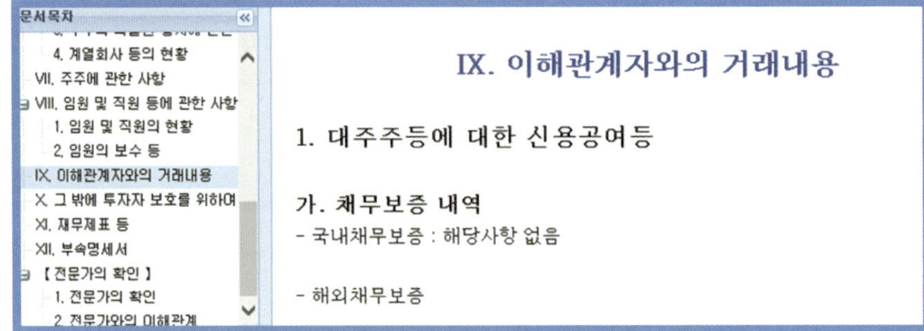

[그림] 사업보고서 – 이해관계자와의 거래내용

　'이해관계자의 거래내용' 부분에는 채무보증내역, 유가증권 매수 또는 매도 내역, 대주주와의 자산양수도 내용, 대주주와의 영업거래, 대주주 이외의 이해관계자와의 거래 내용 등이 기술되어 있다.

이해관계자와의 거래가 많으면 투자 대상에서 제외하라

→ 이해관계자와의 거래(특히, 대주주와 거래)가 많은 기업의 경우는 가급적 투자 우선 순위를 뒤에 두는 것이 바람직하다. 실전에서 이러한 회사의 경우 주요 이해관계자와의 거래를 통해 회사의 알짜 자산이 빼돌려질 가능성이 크기 때문임 (회사의 100억짜리 부동산을 50억에 헐값 매도하거나, 이해관계자의 100억짜리 건물을 200억에 매수하는 등의 부당한 거래를 통해 회사의 자산이 유출될 여지가 많음)

'그 밖에 투자자 보호를 위하여 필요한 사항' 부분의 핵심 분석 포인트

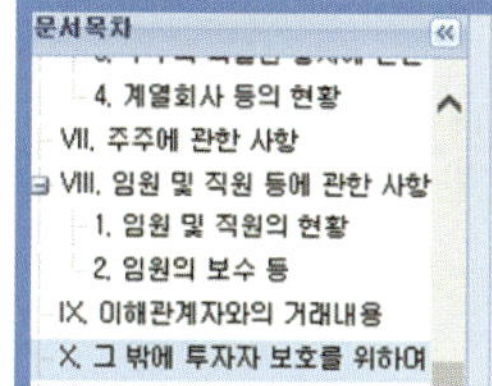

[그림] 사업보고서 – 그밖에 투자자 보호를 위하여 필요한 사항

'그 밖에 투자자 보호를 위하여 필요한 사항' 부분에는 공시사항의 진행변경상황, 주주총회 의사록 요약 내용, 중요한 소송사건, 공모자금 사용·내역, 제재 현황 등 기타사항 등이 기술되어 있다.

소송사건과 채무보증이 가장 중요

→ '기타 투자자 보호를 위하여 필요한 사항' 부분에서 가장 중요한 것은 '소송'과 '채무보증' 부분이다. (소송의 결과나 채무보증의 추이에 따라 갑작스럽게 부채가 증가하게 될 수 있으므로) 따라서 소송사건과 채무보증의 경우에는 회사의 자산(특히 유동자산) 대비 과도할 경우 투자대상에서 제외하는 것이 바람직함.

심층분석 : 투자분석툴

효율적 심층분석을 가능하게 하는 가치투자 심층분석 도구

성공가치투자 심층투자분석툴

앞에서 배운 사업보고서 심층 분석노하우를 이용해 '성공가치투자 심층투자분석툴'로 효율적인 심층분석 과정을 배우게 된다. '성공가치투자 심층투자분석툴'은 기업분석시 이용하는 전문 도구로 실전투자를 위한 분석과정에서 꼭 필요한 사항 등을 추출하고 기록하기 위한 핵심 분석도구이다.

이 툴에서 다루어지는 항목들은 성공가치투자를 위한 종목분석과 선정시 반드시 확인해야 할 것들로 당장의 투자뿐만 아니라 향후 투자시에도 중요한 근거 자료가 된다. 무엇보다도 분석과정의 체계를 잡아줌으로써 보다 효율적이고 효과적으로 분석이 이루어지도록 도와주는 역할을 한다.

'성공가치투자 심층투자분석툴'의 장점과 활용법

'성공가치투자 심층투자분석툴'은 실전 가치투자시에 수익 상관성이 높은 핵심적인 항목들을 다루고 있으며, 빠른 시간 안에 효과적인 분석/활용/피드백이 가능하다. 한 장으로 인쇄(모아찍기)시 한 눈에 일목요연하게 종목분석이 가능하다.

활용법

① 작성 : 선정 기업을 '성공가치투자 심층투자분석툴'을 이용해 분석함
 ('성공가치투자 심층투자분석툴' 작성방법은 해당 내용 참고)

② 문서화 : 한 눈에 보기 쉽게 모아찍기 기능을 이용해 한 쪽에 출력(2쪽
 모아찍기 : 2쪽을 종이 한 면에 출력가능-아래 참고)하여 문서화해 보관함

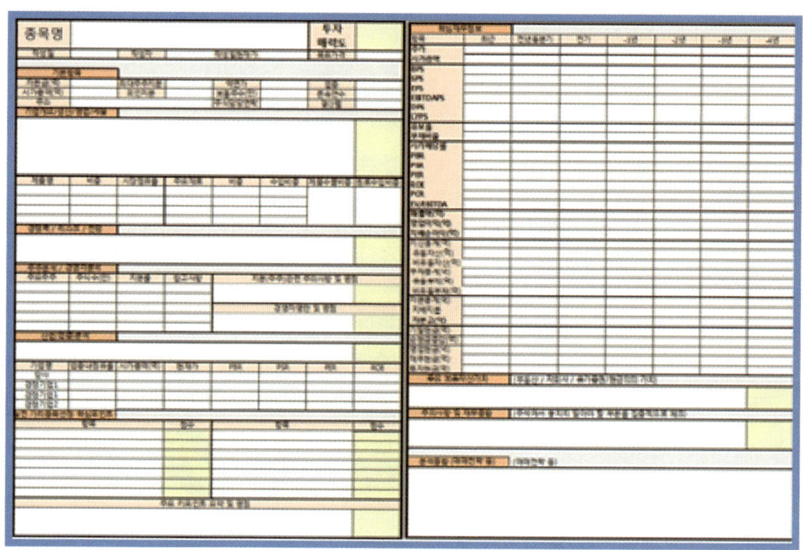

[그림] '성공가치투자 심층투자분석툴' 모아찍기 화면

③ 정기적으로(매주 또는 매달) 작성/보관된 내용 리뷰와 추가 등을 통해 종
목에 대한 투자 노하우를 축적함

심층투자분석툴은 경쟁력의 원천

심층투자분석툴을 이용하게 되면 투자분석 과정이 문서화되고 이를 통해
보다 객관적이고 차분한 투자결정이 가능해진다. 또한 기업분석 과정의
중요 정보 기록을 통해 기억력의 한계를 극복할 수 있고, 이는 중요한 투
자 노하우 및 가치투자 자산으로 남아 차후 기업분석 노하우를 향상시켜
주는 중요한 경쟁력으로 작용하게 된다.

'성공가치투자 심층 투자분석툴'의 작성

기본항목

종목명					투자 매력도	
작성일		작성자		작성일현재가	목표가격	
기본항목						
자본금(억)		최대주주지분		액면가		업종	
시가총액(억)		외인지분		보통주수(만)		존속연수	
주소				주식담당연락		결산월	

[그림] 성공가치투자 심층 투자분석툴 (필수 기본항목)

('성공가치투자 심층투자분석툴' 작성시, 하얀색 칸에는 해당 항목 값을 입력하고, 노란색칸은 점수
입력칸으로 1과 5사이의 숫자 입력)

해당 분석 종목의 필수 기본항목 입력

- 종목명 : 분석하는 대상 종목 종목명과 종목번호를 기록
- 작성일, 작성자, 현재가, 목표가격 : 작성일자, 작성자 이름, 작성일 현재 주가, 목표가격 기록(목표가격은 '실전매도 노하우'에서 자세히 설명)
- 종합매력도 : 해당 종목의 종합 매력도로(수익가능성이 높은 정도) 5점 만점을 기준으로 점수부과(맨 나중에 입력)

'성공가치투자 심층투자분석툴'의 점수 입력칸의 점수 부과 기준

점수 입력칸(노란색칸)에는 5점 만점 기준으로 1~5점을 입력. 점수부과 기준은 특별히 다른 언급이 없는 경우, 심층분석 대상 종목 중 상위 20% 이내일 경우 5점, 20~40% 해당시에는 4점, 40~60% 해당시에는 3점, 60~80% 해당시에는 4점, 80~100% 해당시에는 1점을 부과함

- 분석 대상 종목의 자본금, 최대주주 지분, 액면가, 업종, 시가총액, 외인 지분, 보통주수, 존속연수, 주소, 주식담당연락, 결산월 등 기록

→ 작성팁 : HTS 기업정보화면에서 제공하는 정보를 이용하여 작성

생산/판매/영업 관련 항목

기업개요/생산/영업/제품							
제품명	비중	시장점유율	주요재료	비중	수입비중	제품수출비중	원료수입비중

[그림] 성공가치투자 심층투자분석툴 (기업의 생산/판매/영업 항목)

해당 분석 종목의 생산/판매/영업 관련 주요 항목 입력

• 기업개요/생산/영업/제품 : 해당 종목의 기본개요/생산능력/영업능력/판매 및 제조 관련 내용에 대한 핵심 정리(분석툴의 효율적 이용을 위해 가급적 핵심 위주로 5줄 이내로 작성)

• 오른쪽 노란색칸 : 해당 종목의 기업의 생산/판매/영업 능력에 대한 점수 입력(5점 만점 기준 1~5점을 입력)

• 주요 판매제품의 제품명과 판매비중(판매액 중에서 차지하는 비율), 시장점유율을 입력과 주요 원재료의 비중(원재료에서 차지하는 비중), 해당 원재료의 해외 수입비중

• 제춤수출비중 : 전체 판매액 중에서 수출이 차지하는 비율

• 제품수입비중 : 전체 원재료비용 중에서 해외에서 수입해 오는 비율 (수출/수입비중은 환율에 따른 영향을 파악시 유용)

→ 작성TIP : 다트(DART)- 해당종목의 최신 사업보고서- 회사의 개요, 사업내용, 이사의 경영 진단 및 분석의견 등을 이용

경쟁력/전망/리스크/주주/경영자 관련 항목

경쟁력 / 리스크 / 전망					

주주분석 / 경영자분석					
주요주주	주식수(만)	지분률	참고사항	지분(주주)관련 주의사항 및 평점	
				경영자평판 및 평점	

[그림] 성공가치투자 심층투자분석툴 (경쟁력/전망/리스크/주주/경영자 항목)

해당 분석 종목의 경쟁력/전망/리스크/주주/경영자 관련 항목 입력

• 경쟁력/리스크/전망과 점수 : 해당 종목의 경쟁력/리스크/전망에 대해 3줄 이내로 요약 후(HTS 기업정보화면의 정리 부분을 참고) 평가점수 입력(5점 만점기준 1점~5점 부과)

• 주요주주/주식수/지분율/참고사항 : 지분율이 높은 순서대로 주요주주 명칭, 보유주식수(단위는 만주 단위로), 지분율, 참고사항(주주관련 참고사항 입력-대주주, 기관투자자, 외국인투자자 등)과 지분(주주)관련 주의사항(대주주 지분율이 낮음, 특정 펀드의 지분율이 너무 높음 등)과 주주관련 평가점수 입력(5점 만점기준)

주주 지분관련 점수 부과 방법

1점 : 최대주주 지분 20% 미만

2점 : 최대주주 지분 80% 이상 또는 30% 미만

3점 : 최대주주 지분 30~80% 특별한 이슈 없음

4점 : 최대주주 지분 30~50% & 가치펀드에서 지분보유

　　(주요 가치펀드 : 신영자산운용, 한국투자밸류 등)

5점 : 최대주주 지분 30~50% & 호재 있음(M&A 등)

• 경영자평판 및 평점 : 해당 기업의 경영자 평판 관련 주의사항(주주 중시 경영, 독단적 경영 등)과 경영자평판 점수 입력(5점 만점기준)

→ 작성팁 : 경영자 평판은 보통 시황창과 인터넷 검색창에 해당 경영자 이름을 입력하는 방법 등을 이용하고, 주주지분 등 관련 내용은 HTS 기업정보화면에서 확인

산업(업종)분석/경쟁기업분석 항목

산업(업종)분석							
기업명	업종내점유율	시가총액(억)	현재가	PBR	PSR	PER	ROE
당사							
경쟁기업1							
경쟁기업1							
경쟁기업2							

[그림] 성공가치투자 심층투자분석툴 (산업업종분석/경쟁기업분석 항목)

해당 분석 종목의 산업(업종)분석/경쟁기업분석 항목 입력

• 산업(업종)분석 : 해당 기업이 속한 산업 또는 업종에 대한 업황/전망 등의 핵심 내용과 점수부여(5점 만점기준)

• 당사/경쟁기업1/경쟁기업2/경쟁기업3 : 당사 및 같은 업종 및 산업에 속하는 상위 3개사의 업종내 점유율, 시가총액(단위는 억), 현재가, PBR, PSR, PER, ROE 값을 입력

실전 가치종목선정 핵심 포인트

실전 가치종목선정 핵심포인트			
항목	점수	항목	점수

[그림] 성공가치투자 심층투자분석툴 (종목선정 핵심 포인트 항목)

해당 분석 종목의 가치종목선정 핵심 포인트 항목 입력

• 각 개별 항목에 대한 간략 내용 및 점수 부여 : 종목압축 과정에서 설명
된 지분경쟁, 내부자 매수, 반복구매상품, 독점도 등의 항목 등을 포함해, 가
치투자시 참고할만한 가치가 있는 항목이 있을 경우 해당 항목에 대한 간략
한 내용과(예:대주주간 지분경쟁 격화, 해당 기업의 임원 자사주 매입 지속, 업종내 독점
력 견고 등) 각 항목들에 대한 점수부여 (5점 만점기준)

항목	최근	전년동분기	전기	-1년	-2년	-3년	-4년
주가							
시가총액							
BPS							
SPS							
EPS							
EBITDAPS							
DPS							
CFPS							
유보율							
부채비율							
시가배당률							
PBR							
PSR							
PER							
ROE							
PCR							
EV/EBITDA							

[그림] 성공가치투자 심층투자분석툴 (핵심 재무정보−지표/비율)

해당 분석 종목의 핵심 재무정보(지표 및 비율) 입력

• 해당 종목의 주요 핵심 재무지표 및 재무비율 등의 값 입력 : 주가, 시가총액, BPS, SPS, EPS, EBITDAPS, DPS, CFPS, 유보비율, 부채비율, 시가배당률, PBR, PSR, PER, ROE, PCR, EV/EBITDA의 최근값, 전년동분기값, 전분기값, 1년전 결산, 2년전 결산, 3년전 결산, 4년전 결산(최근 결산값이 발표되지 않은 경우는 가장 최근 결산값부터 차례로 입력)

→ 작성팁 : 다트(DART)의 사업보고서보다는 HTS 기업정보화면을 이용하는 것이 효과적(위의 재무관련 지표 및 비율 항목이 보기 좋게 가공되어 쉽게 입력 가능함)

매출액(억)							
영업이익(억)							
지배순이익(억)							
자산총계(억)							
유동자산(억)							
비유동자산(억)							
부채총계(억)							
유동부채(억)							
비유동부채(억)							
자본총계(억)							
지배지분							
자본금(억)							
기말현금(억)							
순현금증감(억)							
영업현금(억)							
재무현금(억)							
투자현금(억)							

[그림] 성공가치투자 심층투자분석툴 (핵심 재무정보–재무제표)

해당 분석 종목의 핵심 재무정보(재무제표) 입력

• 해당 종목의 재무제표 필수 핵심 항목인 영업이익, 지배순이익, 자산총계, 유동자산, 비유동자산, 부채총계, 유동부채, 비유동부채, 자본총계, 지배지분, 자본금, 기말현금, 순현금증감, 영업현금, 재무현금, 투자현금의 최근 발표값, 전년동분기값, 전분기값, 1년전 결산, 2년전 결산, 3년전 결산, 4년전 결산(최근 결산값이 발표되지 않은 경우는 가장 최근 결산값부터 차례로 입력)

→ 작성팁 : 다트(DART)의 사업보고서보다는 HTS 기업정보화면을 이용하는 것이 효과적(위의 재무관련 지표 및 비율 항목이 보기 좋게 가공되어 쉽게 입력 가능함)

주요 자산가치 및 재무종합

주요 보유자산가치	(부동산 / 자회사 / 유가증권/현금 등의 가치)	
주의사항 및 재무종합	(주석에서 놓치치 말아야 할 부분을 집중적으로 체크)	

[그림] 성공가치투자 심층투자분석툴 (보유자산가치/주의사항 및 재무종합)

해당 분석 종목의 주요 자산가치 및 재무종합 입력

• 해당 종목의 부동산/자회사/유가증권/보유현금 등의 주요 자산가치의 주요 내용과(예:보유 자회사의 가치가 시가총액보다 큼, 본사 건물의 시가가 시가총액의 2배 등) 점수 부여. 특히, 부동산/유가증권/자회사의 경우 장부가격과 실제 현재가격과 차이가 많이 날 수 있으므로 해당 자산의 시가를 파악

• 해당 종목의 주의사항과 재무종합 내용과 점수 부여 : IFRS 도입으로 인해 주석의 중요성이 매우 커졌으므로, 주석의 내용 중 특히 주의할만한 내용을 기록하고 지금까지 정리한 재무관련 내용을 종합한 내용 정리 및 점수 부여. 특히, 실적 및 안정성이 전반적으로 최근들어 좋아지는 정도에 따라서 5점 만점기준으로 점수 부과

→ 작성팁 : 다트(DART)의 사업보고서의 주석 내용을 이용

분석 종합 (매매전략 등)

분석종합 (매매전략 등)	(매매전략 등)

[그림] 성공가치투자 심층투자분석툴 (분석종합–매매전략 등)

해당 분석 종목의 분석종합(매매전략 등) 입력

• '성공가치투자 심층투자분석툴'을 통해 해당 종목을 분석한 내용을 종합하여 매매전략을 정리. 특히 목표가를 정하고, 매수방법(분할매수 전략 등) 및 매도전략(매도원칙 및 위험관리 등), 피드백 방안에 대해 정리

→ 작성팁 : 매수 및 매도 방법 등의 매매전략과 피드백 및 위험관리 방안 등은 다음 부분에서 설명이 이루어지므로 해당 부분을 참고

지금까지 '성공가치투자 심층투자분석툴'의 작성법을 이용한 심층분석에 대해서 설명했다. 특히, '성공가치투자 심층투자분석툴'로 분석한 내용들을 잘 모아두면, 시간이 지날수록 핵심 투자정보 창고로 강력한 경쟁력의 원천 역할을 하게 될 것이다. 결국 평생 성공적인 투자를 위한 가장 중요한 자산 될 것임을 확신한다.

05

가치투자 발굴비법 4단계 매매전략

매매전략법
최종 선택된 2개 종목의 매매비법 노하우

성공적 투자마인드를 위한 3대 숙지사항

지금까지 아래와 같은 3단계를 거쳐 왔다.

- 1단계 : 검색 – 약 2000개 종목에서 50개 종목 내외 선별
- 2단계 : 압축 – 약 50개 종목에서 5개 종목 선별
- 3단계 : 심층분석 – 선별된 5개 종목에 대한 집중 심화 분석

이제 네 번째 단계로, 최종적으로 선택된 2종목에 대한 매수/매도/피드백에 대해 설명하고자 한다.

실전 매매를 시작하기 전에 가장 중요한 것은 투자마인드를 확립하는 것이다. 이를 위해 다음의 3가지를 절대 잊어서는 안 된다.

가치투자를 비롯해 대부분의 주식투자 실패는 최저가에 사고 최고가에 팔겠다는 너무나 비상식적인 믿음과 욕심때문에 발생한다. 그것은 오로지 신만이 가능하다. 간혹 작전세력 등 일부 세력들의 경우 자신이 시세를 관리하는 종목에서는 가능하다. 하지만 일반투자자들의 경우 그것은 완벽한 욕심일 뿐이다. 이런 욕심에 집착할수록 악의적 세력(작전세력)의 농간에 휘둘릴 가능성만 높아진다.

따라서 가치투자에서 성공하고자 한다면 과감하게 불가능한 욕심을(최저가에 사겠다, 최고가에 팔겠다, 기업의 미래 실적을 예측하겠다 등) 버리는 것이 매우 중요하며, 욕심을 버릴 때 보다 객관적이고 합리적인 매매가 가능해 수익을 얻게 될 가능성이 오히려 높아진다.

주식투자의 가장 큰 장점은 너무 자주 기회를 준다는 점이다. 특히, 가치투자는 주식시장이 활황이나 횡보, 급락하는 장세에도 큰 수익을 얻을 기회를 준다. 왜냐하면 매우 우량하고 저평가된 종목도 시장이 급락하는 경우 어리석은 투자자들이 시장분위기에 휩쓸려 투매하는 물량으로 인해 함께 급락하는 경우가 많은데, 이때가 더 싼 가격으로 저평가 우량 종목을 매수할 수 있기 때문이다. (오죽하면, 가치투자자들은 이러한 주식시장 급락기를 '바겐세일' 기간이라고 하겠는가!)

만약, 검색이나 압축과정을 통해 2배 이상 수익을 줄 가능성이 있는 종목이 보이지 않는다면 안 사면 된다. 기다리면 더 좋은 종목이 더 좋은 조건으로 나오기 때문이다. (가치투자자들에게 보통 1년에 적어도 평균 열 번 이상에서 많게는 수십번까지 기회를 준다 → 책의 후반부 '실전가치투자 사례종목'을 보면 확인 가능함)

종목선정 후, 매매의 성패는 딱 한 가지 바로 '심리적 안정'이 결정한다

우리는 기업의 미래실적을 완벽하게 예측할 수도, 시세를 통제할 수도 없다. 하지만, 우리는 우리의 심리를 통제할 수 있다. 다행히 가치투자에서 가장 중요한 성공요소는 우리가 통제할 수 있는 '심리적 안정'이며, 이는 앞서 설명한 대로 불가능한 욕심(미래시세 예측, 최저가 매수, 최고가 매도, 미래실적 예측 등)을 버리고, 자신이 매수전에 미리 정한 매매원칙을 철저히 준수하면 확보할 수 있다.

실전 매수노하우

1 매수전 매매원칙의 작성과 준수

초보투자자들이 시세급등에도 불구하고, 매도타이밍을 놓쳐 이익을 챙기기는 커녕 오히려 커다란 손실까지 입는 대부분의 이유는 매매원칙을 제대로 지키지 않기 때문이다. (→ 상당수 초보투자자들은 매수전 매매원칙을 정하지 않는다) 따라서 매수전 반드시 매매원칙을 작성하고 칼같이 매매원칙을 준수해야 한다. 그렇지 않을 경우 현재의 이익은 미래의 더 큰 손실로 찾아오고, 현재의 조그만 손실은 돌이킬 수 없는 실패로 귀결되기 때문이다.

따라서 매수전 반드시 매매원칙을 작성해야 하는데, 작성시 가장 중요한 것은 다음의 2가지 내용이 반드시 들어가야 한다는 점이다.

① 매수전 왜 매수하는지를 적어야 한다. 초보투자자들의 경우, 시간이 흐름에 따라 해당 종목의 매수 근거가 사라졌음에도 불구하고 무작정 보유하는 경우가 발생한다. 예를 들어, 어느 종목의 경영자 경영능력이 매우 우수하여 매수하였음에도 불구하고, 그 경영자가 퇴직한 이후에도 그냥 아무 생각없이 보유하는 경우가 종종 있다. 이처럼 매수의 근거가 사라졌음에도 불구하고 보유하는 경우, 대부분 투자손실로 이어진다. 따라서 매수의 근거가 사라졌을 때는 반드시 해당 종목을 재분석하여 매매전략을 다시 수립해야 한다.

② 매도원칙에 반드시 들어가야 할 두 번째는 바로, 언제 매도할 것인가에 대해 기록하는 것이다. 가치투자에 있어 일반적인 매도 방법은 '매도'

부분에서 상세히 설명되어 있어 해당 부분을 참고하기 바란다. 여기서 중요한 것은, 일반적인 매도 방법 외에 종목별로 매도원칙을 추가해야 한다는 점이다. 예를 들어, 해당 기업이 보유한 부동산 가치가 아주 돋보여서 매수를 결정했다면 '부동산 가치 하락시에는 매도한다' 등의 종목특성에 맞는 매도원칙을 추가로 적어 기록한 후, 매수 후 해당 조건에 부합될 경우 반드시 매도해야 한다. 이러한 매도원칙을 미리 작성해두어야 충동 매매를 최대한 억제할 수 있기 때문이다.

2 목표가 산정

목표가 산정의 의의 및 필요성

목표가를 산정하는 방법은 매우 많다. 그 만큼 정확한 목표가 산정은 어렵다는 의미가 되며 어찌 보면 무의미하다고 할 수 있다. 하지만 다음의 목표가 추정치를 참고 자료로 활용한다면 실전에 적지 않은 도움이 된다. 다음에 나올 3가지 수치를 모두 이용하는 방법으로 목표가의 대략적인 기준치를 설정하여 매매한다. (→ 장밋빛 미래실적에 근거하지 않고 해당 기업이 지금까지 해왔던 이력을 바탕으로 앞으로도 과거와 비슷한 실적을 낼 것이라는 가능성 높은 가정에 근거하기 때문이다. 대개 학교 때 반등수를 보면 시험마다 크게 변동이 생기지 않는다는 점을 떠올리면 쉽다. 평소에 잘했던 애들이 앞으로도 잘 할 확률이 높기 때문이다)

단, 중요한 것은 목표가는 완벽하지 않을 수 있다는 점을 잊지 말아야 한다. 왜냐하면 목표가의 완벽한 산정은 어렵고, 또한 시간이 지남에 따라 해당 종목의 재무상태나 실적이 변해, 과거에 산정했던 목표가격이 달라질 수 있기 때문이다.

목표가 산정의 원칙

목표가는 어차피 예측치이므로 정확할 수 없다. 따라서 다음의 목표가 산정시 가급적 다음과 같은 3가지 원칙을 준수해야 한다.

① 단순한 게 정확하다 – 변수가 많고 복잡할수록 예측해야 하는 값들이 많아져 더 부정확해질 뿐이다.
② 성적은 유지된다 – 대체로 지금까지 시험을 잘 보아왔던 학생들이 다음 시험에도 잘 볼 가능성이 높다. 물론 경우에 따라서 바닥권에서 맴돌던 학생 중 일부가 갑자기 성적이 급상승하는 경우도 있지만, 그러한 것은 매우 예외적이다.
③ 최신 자료가 좋다 – 가능한 구할 수 있는 가장 최신의 자료를 이용하여 (물론 공식적인 자료여야 한다) 목표가를 갱신해야 한다.

위에서 ③번에 주의해야 한다. 목표가는 한번 정하면 끝나는 것이 아니다. 초보투자자들이 흔히 목표가를 한 번만 정하고 마는데, 그래서는 안 된다. 매분기 발표되는 자료를 이용해 목표가를 매번 다시 산정해야 한다. 그 자세한 이유는 다음의 목표가 산정 부분에서 자세히 설명한다.

목표가 산정의 3가지 방법

목표가를 구하는 방법은 아주 단순한 것에서부터 우주선의 항로를 구할 때 이용하는 산식을 활용하는 복잡한 방법까지 매우 다양하게 있다. 하지만, 실전에서 가장 효과적인 방법은 해당 기업의 핵심가치라고 할 수 있는 '순자산가치, 순이익가치, 순매출가치'를 이용하는 다음의 3가지 방법이다.

① 적정자산가치를 이용한 목표가격 산정

• 적정자산가치 = 현재주가×조정PBR

  → 조정PBR = MAX (4, 해당종목의 4년 평균 PBR). 해당 종목의 4년 평균

    PBR과 4중 큰 값으로 한다. (앞서 설명한 것처럼, 가치투자에 있어 PBR이 4

    를 넘는 종목의 대다수가 추가 상승보다는 하락을 하게 될 가능성이 많음)

  → 현재주가가 1만 원이고, 해당종목의 4년 평균 PBR이 5라면 조정PBR

    은 5가 된다.

    1) 조정PBR = 5.0(4년 평균 PBR 5.0과 4.0중 큰 값이므로)

    2) 적정자산가치 = 1만 원×5 = 5만 원

② 적정매출가치를 이용한 목표가격 산정

• 적정매출가치 = 현재주가×조정PSR

  → 조정PSR = MAX (2, 해당종목의 4년 평균 PSR). 해당 종목의 4년 평균 PSR

    과 2중 큰 값으로 한다. (앞서 설명한 것처럼, 가치투자에 있어 PSR이 2를 넘

    는 종목의 대다수가 추가 상승보다는 하락을 하게 될 가능성이 많음)

  → 현재주가가 1만 원이고, 해당종목의 4년 평균 PSR이 3이라면 조정

    PSR은 3이 된다.

    1) 조정PSR = 3 (4년 평균 PSR 3과 2중 큰 값이므로)

    2) 적정매출가치 = 1만 원×3 = 3만 원

③ 적정수익가치를 이용한 목표가격 산정

• 적정수익가치 = 현재주가×조정PER

  → 조정PER = MAX (8, 해당종목의 4년 평균 PER). 해당 종목의 4년 평균 PER

와 8중 큰 값으로 한다. (앞서 설명한 것처럼, 가치투자에 있어 PER가 8을 넘는 종목의 대다수가 추가 상승보다는 급락을 하게 될 가능성이 많음)

→ 현재주가가 1만 원이고, 해당종목의 4년 평균 PER이 12라면 조정PER은 12가 된다.

　1) 조정PER = 12 (4년 평균 PBR과 12중 큰 값이므로)

　2) 적정수익가치 = 1만 원×12 = 12만 원

**매도여부를 결정하기 위한 자료로 PBR, PSR, PER 등의
재무자료를 활용할 경우 반드시 최신 자료를 이용할 것**

특히, 주가가 상승하는 동안에는 반드시 최신 분기 발표가 나기 전까지 기다려 최신 분기값을 확인한 후 조건에 맞는지 판단해야 한다. 왜냐하면, 최근 회사의 실적이 급격하게 좋아져 주당순이익이나 주당순매출액, 주당순자산이 급격하게 증가하고 있는데도 불구하고, 이러한 실적상승분을 제대로 반영하지 못한 과거 자료만을 보고 조기에 매도해, 해당 종목의 추가 급등에 따른 수익을 놓치게 될 가능성이 크기 때문이다. 예를 들어, 매수시점의 주당매출액이 1,000원, 주가가 700원이었다면 이때의 PSR은 0.7이 된다. 만약, 주가가 2,000원으로 올랐다면 PSR은 2가 된다. 하지만 실제로는 주가가 2,000원으로 오르는 동안 실제 회사의 주당순매출액도 4,000원으로 증가했다면(아직 발표가 안 된 상황일 경우) 실제 이회사의 PSR은 0.5로 오히려 매수시보다 더 낮아지게 된다. 따라서 목표가 산정시 항상 최신 자료를 이용해 목표가를 갱신해야 한다.

최저가에 산다는 것은 불가능한 욕심이다
→ 분할매수가 가장 현실적인 대안이다

신이 아닌 이상, 또는 해당 종목의 시세를 좌지우지 할 수 있는 세력(작전세력등)이 아닌 이상 최저가에 산다는 것은 절대 불가능하다. 그런 욕심을 부리면 부릴수록 세력들의 농간에 놀아날 가능성만 커진다.

한 번에 매수를 하자마자 시세가 급락한다면 추가 급락할 것 같은 공포로 인해 재급등하기도 전에 쉽게 매도하거나 오히려 본전 생각에 매도할 시기를 놓쳐 큰 손해를 입게 된다. 이를 위해 가치투자자들이 대응할 수 있는 가장 좋은 방법이 바로 분할매수다. 한 종목을 사더라도 한번에 몰빵으로 사지 말고, 매수할 수량을 나누어서 여러 번에 걸쳐 산다면 이러한 시세 급변으로 인한 심리적 동요를 최대한 막을 수 있고, 이는 심리적 안정으로 이어져 보다 더 큰 투자수익으로 이어지기 때문이다. 분할 매수는 가격분할과 시기분할의 2가지 방법이 있다. 실전에서는 가격분할 매수를 원칙으로 하고, 시기분할 매수를 보충적인 방법으로 사용하는 것이 효과적이다.

가격분할 매수

가격분할 매수는 특정 종목 매수시 한번에 매수하는 것이 아니라, 가격대별로 물량을 나누어 분할 매수하는 것이다. 종목이나 주문수량의 크기에 따라 각 비율은 달라질 수 있지만, 일반적으로 가치투자자의 경우 아래 1)~4)의 4분할 방식으로 분할매수하면 크게 무리가 없다.

  1) 매수결정시 – 전체 매수 물량의 30% 매수

  2) 주가 매수시보다 10% 이상 상승시 – 전체 매수 물량의 30% 매수

  3) 주가 매수시보다 20% 이상 상승시 – 전체 매수 물량의 20% 매수

  4) 주가 매수시보다 30% 이상 상승시 – 전체 매수 물량의 20% 매수

예를 들어, '삼성전자' 매수 결정시 가격이 100만 원이었고, 100주를 매수하기로 하였다면, 매수결정시 100만 원에 30주, 삼성전자가 110만 원이 되면 추가로 30주, 120만 원이 되면 추가로 20주, 130만 원이 되면 추가로 20주를 매수한다.

> **실전투자 노하우**
>
> 가격분할 매수에서 중요한 점은 가격이 하락할 때가 아닌, 가격이 상승할 때를 기다려 매수한다는 점이다. 가격이 하락할 때는 가격이 상승할 때까지 기다렸다가 매수하면 된다.(→ 기관투자자들처럼 대규모 자금을 투입할 수 있는 경우라면, 속칭 물타기의 방법을 고려해 볼 수도 있으나 자금이 한정된 개인투자자의 경우는 물타기로 단가를 낮추어서 얻는 이익보다는 오히려 다른 종목에 대한 투자기회를 놓쳐 잃게 되는 경우가 많음)

시기분할 매수

시기분할 매수는 특정 종목 매수시 한번에 매수하는 것이 아니라, 일정 시기별로(매주 또는 매달 등) 나누어서 매수하는 것을 말한다. 시기분할 매수는 매수하려는 종목의 가격 움직임이 거의 없어 가격분할 매수를 사용하기 어

려운 경우 이용한다. 여기서 중요한 것은 시기분할 매수를 적용하는 동안에 가격이 상승할 수도 있으므로 가격분할 매수원칙을 먼저 정하고, 시기분할 매수를 해야 한다는 점이다

종목이나 주문수량의 크기에 따라 달라질 수 있지만, 대개 아래 1)~4)의 4분할 방식으로 분할매수하면 크게 무리가 없다.

1) 매수결정시 – 전체 매수 물량의 40% 매수

2) 1주 후 – 전체 매수 물량의 20% 매수

3) 2주 후 – 전체 매수 물량의 20% 매수

4) 3주 후 – 전체 매수 물량의 20% 매수

예를 들어, '삼성전자' 매수 결정시 가격이 100만 원이었고, 100주를 매수하기로 하였다면, 매수결정시 100만 원에 40주, 1주 후 추가로 20주, 2주 후 추가로 20주, 3주 후 추가로 20주를 매수하면 된다.

시기분할 매수에서 중요한 점은, 시기분할 매수 기간이라도 가격이 상승한다면, 미리 정한 가격분할 매수원칙에 따라 매수해야 한다는 점이다.(시기분할 매수는 가격분할 매수의 보충적인 방법이라는 점을 잊어서는 안 된다) 가격 움직임이 매우 적은 종목을 꼭 매수하고 싶은 경우(가격분할 매수로는 가격 변동 시까지 무작정 오랜 시간을 기다려야 하므로) 시기분할 매수원칙을 적용해 매수하면서 그 사이에 가격 상승이 있어 가격분할 매수원칙에 부합되면 가격분할 매수를 하는 것이 실전에서 효과적이다. 즉, 매주 30주씩 매수하기로 했다고 할지라도 한 주가 지나기도 전에 매수하고자 하는 종목의 가격이 상승하였다면 시기가 도래하지 않았어도 미리 정한 가격분할 매수원칙에 따라 추가 매수해야 한다.

실전매도 노하우 (이익실현과 위험관리)

초보투자자들의 대표적 2가지 실수

보통, 매수 후 주가가 하락할 때보다 상승할 때 매도하기가 더욱 어렵다. 왜냐하면, 초보투자자의 경우 주가가 상승하기 시작하면 다음의 2가지로 대응하기 때문이다.

① 주가가 급등하기 시작하면 더 급등할 것 같은 기대로 인해 쉽게 팔지 못하고, 주가 급등 후 하락이 시작되면 이전의 급등가격에 대한 미련으로 역시 쉽게 매도하지 못하다, 결국 하락할 때까지 매도하지 못하고 추가 급락이 이어질 때 매도하여 손해를 본다.

② 주가가 오랜 기간 횡보 또는 하락하다 상승하기 시작하면, 조그만 상승에도(30% 이내) 급한 마음에 이익을 실현하기 위해 매도한다. 이 경우, 팔고나면 더욱 급등해 몇 배로 상승하는 모습을 보며 후회하면서 이를 만회하기 위해 무리한 투자를 하다 결국 큰 손해를 보게 된다.

초보자들이 위와 같은 실수를 하는 가장 큰 이유는 바로, 가치투자종목 보유시의 위험관리 방법 및 적절한 보유전략과 효과적인 매도노하우를 알지 못하기 때문이다.

보유시 체크노하우

목표가격에 도달하기까지는 보유를 원칙으로 하되, 보유 기간 동안 아래

와 같은 체크 과정을 통해 수익을 극대화하고 혹시 발생할지도 모를 위험에
적극적으로 대처하여야 한다

주간체크 및 수시체크

• 종목시황, 수익률, 주가흐름 체크

적어도 매주 해당 종목의 시황창을 이용해 해당 종목의 뉴스 및 공시 등의
내용을 확인하고, 보유 종목의 수익률을 체크한다. 또한, 주봉차트를 확인해
시세의 대략적인 흐름(상승추세인지 하락추세인지 보합인지)을 확인한다.

월간체크

• 종목의 분석보고서 업데이트(뉴스, 주가, 수익률, 주가흐름 등의 특기사항 정리)

매월 1회 보유하고 있는 종목의 분석보고서에 '주요 뉴스, 주가, 수익률,
주가흐름 등'의 내용을 업데이트 한다.

분기체크

• 분기실적 발표 확인 목표가 재산정, 수익률, 주가흐름 체크

매분기(3개월 단위)마다 사업보고서가 발표되면 분기실적을 검토 확인하고
해당 내용과 매매전략 수정 등 분석보고서에 업데이트한다.

시나리오별 실전 매도노하우

종목보유시 만날 수 있는 상황을 4가지로 정리한 다음의 설명을 잘 숙지
하여 각 상황에 따라 대응하여 이익을 극대화하거나 손실을 최소화한다.

- 1)~5) 어느 하나라도 처음 발생하는 경우 매수한 물량의 30%를 매도

1) 최근에 발표된 PBR이 4이상이 될 경우

2) 최근에 발표된 PSR이 2이상이 될 경우

3) 최근에 발표된 PER가 8이상이 될 경우

4) 매수시 정한 목표가격에 도달시

5) 매수가격보다 2배 이상 상승시

나머지 보유하고 있는 70% 물량은 시장 상황과 다음 분기 사업보고서 발표를 지켜보면서 가급적 수익을 극대화하는 방향으로 대응한다.

실전투자 노하우

일부 매도를 하는 이유

PBR이 4보다 커지거나 PSR이 2보다 커지거나 PER가 8보다 커지면 지금까지의 투자분석과 경험을 고려해볼 때, 해당 종목이 추가 급등할 가능성보다는 하락할 가능성이 높았다. 따라서 전체 매수한 물량에서 70%를 제외한 나머지 물량을 매도하여 이익을 확보하는 것이 바람직하다.

실전투자 노하우

매도여부 결정시 PBR, PSR, PER 등 재무자료를 활용할 경우 반드시 최신 자료를 이용한다. 주가가 상승하는 동안에는 반드시 최신 분기 발표가 나기 전까지 기다려 최신 분기값을 확인한 후 조건에 맞는지 판단한다. 왜냐하면, 최근 회사의 실적이 급격하게 좋아지며 주당순이익이나 주당순매출액, 주당순자산이 급격하게 증가하고 있는데도 불구하고, 이러한 실적상승분을 제대로 반영하지 못한 과거 자료만을 보고 조기에 매도할 가능성이 높기 때문이다.

시나리오 2

• 1)~3) 어느 하나라도 처음 발생하는 경우에는 매수한 물량의 50%를 제외한 나머지 물량을 모두 매도한다. 만약, 이미 매수물량의 30%를 매도했다면 매수 물량의 20%를 추가 매도(본 목표가 기준에 의한 매도 중복적용은 하지 않는다)

  1) 적정자산가치에 의한 목표가에 도달한 경우

  2) 적정매출가치에 의한 목표가에 도달한 경우

  3) 적정수익가치에 의한 목표가에 도달한 경우

목표가 기준에 의한 일부 매도시 전체 매수수량의 50%를 먼저 매도하는 이유는 앞서 설명한 일부 매도의 이유와 같이, 급등시 일부를 매도하여 이익을 확보함으로써, 심리적 안정감을 얻을 수 있고 이로 인해 추가 급등이 이어질 경우 나머지 물량을 팔고 싶은 유혹을 이겨내며 추가 상승하는 부분에 대한 충분한 이익을 확보할 심리적 여유가 생기기 때문이다.

시나리오 3

• 1)~3)의 어느 하나라도 처음 발생하는 경우에는 보유하고 있는 물량 전부를 매도

  1) 최근에 발표된 PBR이 8이상이 될 경우

  2) 최근에 발표된 PSR이 4이상이 될 경우

  3) 최근에 발표된 PER가 16이상이 될 경우

위의 1)~3)의 경우 대부분이 상승보다는 급락하는 것이 일반적이기 때문이다.

시나리오 4

• 매수시 미리 정한 매도원칙에 해당할 경우

해당 종목을 매수시 미리 정한 매도원칙에 해당하는 경우 무조건 전량 매도한다. 만약 특정 종목 매수시 PBR이 2일 경우 전량 매도하기로 했다면 해당 종목의 최신 PBR이 2가 되면, 다른 조건이 아무리 좋아도 전량 매도한다. (자신이 미리 정한 매매원칙을 어기면, 오늘의 이익이 미래의 더 큰 손실이 되기 때문이다)

시나리오 5

• 실적 발표시 / 돌발상황 발생시

종목을 보유하고 있는 동안 돌발사태(실적 및 가격 큰 폭 하락 등) 및 이벤트 발생으로 주가에 영향을 주는 상황이 발생하면 다음의 방법으로 대응한다.

① 실적 발표 대응(분기실적/반기실적/결산실적 발표 등)

→ 실적이 악화되어 발표되는 경우(분기, 반기, 결산 등), 해당 종목 보유 수량의 절반 정도를 매도하여 위험관리를 한다. 만약, 해당 실적악화 사유가 일시적 요인이 아니라면 전부 매도한다. (해당 실적의 내용이 담

긴 최신 사업보고서를 통해 반드시 확인할 것)

② 돌발 주가급락

  → 실적이 공식적으로 발표되기 전, 갑자기 차트가 붕괴되며 주봉차트
에서 156일 이동평균선을(시세의 3년 추세를 나타내는 이동평균선임 – 156
주면 1년이 52주이므로 3년 평균값이 됨) 하회하는 경우는 일단 보유수량
의 30%를 매도 후 실적발표 및 시황창을 주시하며 대응한다. 이어지
는 가장 빠른 분기 실적 발표에서 실적이 괜찮게 나오면 재매수하고,
실적이 악화된 것으로 나오고 해당 실적이 1회성 요인으로 발생한
것이 아닐 때는 전량 매도를 해 위험관리를 하고, 1회성 요인으로 발
생한 경우는 다음 분기까지 지켜본다.

③ 돌발 악재발생

아래의 1)~3)으로 대응한다

1) 해당 악재가 일회성 악재가 아니라고 판단될 경우 : 전량 매도

2) 해당 악재가 일회성 악재라고 판단될 경우 : 계속 보유하며 사태의 추
이를 지켜보며 대응

3) 해당 악재가 1회성인지 여부 판단이 불분명 한 경우 : 일단 보유수량의
50% 매도 후 판단이 명확해질 때까지 기다린 후 대응한다. 1회성 악재
일 경우는 매도 물량 재매수, 1회성 악재가 아닐 경우는 나머지 보유물
량 모두를 매도

지금까지 2장과 3장을 통해 실전투자 노하우를 배웠다. 재무와 회계에 관련된 내용이 많고 지면관계상 상세한 설명보다는 핵심 포인트를 잡아 설명하다보니, 일부 초보투자자들의 경우 어렵다고 느껴지는 부분도 있을 것이다.

하지만, 어렵고 까다로운 부분의 내용이 나오더라도 본 책을 일단 끝까지 일회독후 다시 반복하여 읽으면 어느새 쉽게 이해할 수 있을 것이다. 또한 저자가 함께 하는 주식투자베스트비법(www.jusiktuja.com)에는 가치투자와 관련된 다양한 정보 및 초보가치투자자 질의응답코너 등을 두어 도움을 드리고 있으니 참고하기 바란다.

이어지는 '성공가치투자 실전사례'에서는 지금까지 배운 노하우를 바탕으로 실제 종목에 적용된 사례들을 통해 어떻게 실전에 적용하는지 배우게 된다.

성공가치투자
- 실전 사례

가치주
실전 사례

기본 가치주 실전 사례

가치투자 기본에 가장 충실한 사례

기본 가치주와 고급 가치주

지금부터 앞에서 배운 내용을 어떻게 실전에 적용해 활용하는지 '기본 가치주 실전 사례'와 '고급 가치주 실전 사례'로 나누어 설명하고자 한다. 본격적인 실전 사례 종목을 설명하기 전에 '기본 가치주'와 '고급 가치주'의 특징에 대해 설명하면 다음과 같다.

기본 가치주의 특징

- 개요 : 가치주의 기본에 충실한 종목으로, 가치주의 가장 기본인 해당 기업의 이익과 자산 대비 가격이 저평가된 가치주 (일명 '빌딩형 가치주'라고도 함)

- 특징 : 기업의 이익 및 자산 대비 절대 저평가 (기본적으로 PBR 1.0 이하, PER 4.0 이하, PSR 0.8 이하를 모두 만족)

- 핵심 : 회사가 발표한 주당순이익(EPS)과 주당순자산(BPS), 주당순매출액(SPS) 등의 적정성 분석/판단 노하우 확보가 핵심
- 실전 핵심 투자 노하우 : 본 책의 2장과 3장을 참고

고급 가치주의 특징
- 개요 : 기본 가치주의 특징과 함께 추가 플러스 요인을 가지고 있는 종목. 추가 플러스 요인 분석을 위해 더 많은 분석시간과 투자 노하우가 필요하지만 해당 종목의 상승확률과 급등률은 현격하게 높아짐
- 선별기준 : 기본 저평가 + 플러스 요인(부동산, 지분경쟁 등)
- 핵심 : 기본 저평가 항목의 적정성과 함께 플러스 항목 해당 여부에 대한 분석/판단 노하우 확보가 핵심
- 실전 핵심 투자 노하우 : 본 책의 2장과 3장을 참고

기본 가치주를 빌딩형 가치주라고 부르는 이유

기본 가치주는 가치투자의 기본인 기업의 순자산과 순이익 대비 절대 저평가된 종목을 말한다. '빌딩형 가치주'라고 불리는 이유는 기본 가치주에 대한 투자가 빌딩에 대한 투자(빌딩매수에 관련된 투자 판단)와 비슷하기 때문이다. 빌딩의 가격이 150억인데 이 빌딩에서 매년 50억씩 임대 수익이 발생하고, 당장 빌딩을 헐고 땅만 팔아도 300억을 받을 수 있다고 하면 정상적인 사람이라면 돈을 빌려서라도 살 것이다. 왜냐하면 3년만에 빌딩에서 받는 임대료만으로 빌딩을 사기 위해 투자한 돈을 모두 회수할 수 있고, 더구

나 빌딩을 헐고 빌딩이 위치한 땅만 팔아도 빌딩 구입시 들었던 150억의 2배인 300억을 벌 수 있기 때문이다.

이제, 주식을 빌딩이라고 생각하자. 만약 어느 기업의 한 주당 주가가 150만 원이고, 이 기업이 매년 한 주당 50만 원씩 이익을 내고(주당순이익 50만 원), 이 기업이 영업 활동을 중지하면 기업이 가진 자산을 주주에게 1주당 3백만 원씩 나누어 줄 수 있다고(주당 순자산가액 3백만 원) 하자. 앞의 빌딩과 마찬가지로 이 주식도 3년만에 이 기업이 내는 순이익만으로 주식을 사기 위해 투자한 만큼을 벌 수 있다. 그리고 당장 기업이 청산하다고 해도 투자한 돈의 2배를 벌 수 있게 된다. 정상인이라면 이러한 기업을 살 것이다. 이러한 형태의 가치주는 전문 가치투자들이 큰 수익을 내고 있는 가장 기본적이고 핵심적인 가치투자대상 종목들이다.

빌딩형 가치투자시 핵심

기본 가치주의 실전 매매 핵심은 회사가 발표한 주당순이익(EPS)과 주당순자산(BPS) 등이 정말로 적정한가에 대한 판단이다. 이를 위해서는 해당 종목의 다른 주요 재무정보 및 핵심 기업정보를 통해 검증하는 작업이 필요하다. 주요 항목의 적정성 및 저평가 여부 판단을 위한 분석 노하우와 매매방법은 본 책의 2장과 3장에서 상세히 설명하고 있으므로 반드시 해당 부분을 확실히 숙지한 후 실전에 임해야 함

수많은 개인투자자들이 자신들의 무지와 매스컴과 세력들이 흘린 거짓

정보에 이끌려 주당순이익의 수십배의 돈을 주고 주식을 사거나 심지어는 매년 손실을 보는 기업의 주식마저도 터무니없이 비싼 가격에 매수하여 결국 큰 손해를 입는 바로 그때, 가치투자자들은 조용히 시장 한편에서 매우 저렴하게 거래되는 저평가 우량주들을 매수한 후, 주식이 자신의 가치를 찾아 상승할 때까지 느긋하게 기다리면서 큰 위험없이 큰 수익을 올리고 있다. 믿지 못하는 분들을 위해 주요 빌딩형 가치주의 사례들을 보여주고자 한다. 빌딩형 가치주들은 장이 좋을 때도 나쁠 때도, 심지어 지루하게 횡보할 때도 매년 평균 수십 종목이 시장에 소리없이 등장하고 있다.

가치투자와 차트

① 기업의 가치에 비해 저평가된 종목을 사서 가치를 찾아갈 때 팔아 수익을 얻는 가치투자에서, 기술적 투자에서 주로 사용하는 차트를 본다는 것 자체가 넌센스라고 생각할 수 있다. 하지만 가치투자에서도 투자할 종목의 시세 흐름파악은 의미가 있다. 가치투자라도 동일한 조건이라면 시세가 상승추세에 있는 종목을 매수하는 것이 유리하며, 보유시에도 시세가 하락추세로 전환하는 경우 매도나 추가 매수 판단을 위한 중요한 타이밍의 기준으로 삼을 수 있기 때문이다.

② 가치투자는 주봉차트를 본다. 왜냐하면 차트를 보는 목적이 매매에 직접 사용하기 위한 것이 아니라 시세흐름을 파악하기 위해서다. 또한 가치투자는 수백에서 수천 퍼센트까지의 큰 수익을 목표로 하기 때문에 일봉차트를 보면 잔 등락에 휩쓸려 큰 상승폭을 놓치는 오판을 할 수 있고, 월봉차트는 시세에 대한 민감도가 너무 더뎌 시세흐름 파악이 늦기 때문이다.

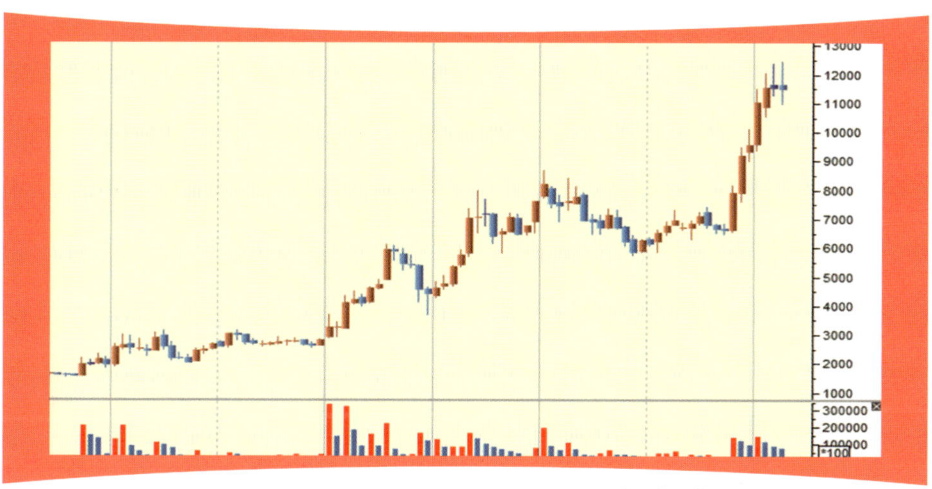

[그림] 리홈쿠첸 차트 (795% 수익률)

[상승전] 주가와 주요 재무상태 : 주가 1,560원, BPS 3,968원, EPS 543원, SPS 9,958원, 유보율 731% 등으로 심한 저평가 상태였음

설명 : 위의 리홈쿠첸은 급등전 1주당 주가는 1,560원이었고, 이때 시장에서 이미 발표되어 누구나 쉽게 확인할 수 있었던 정보인, 1주당 순자산가액(BPS)은 3,968원, 1주당 순이익(EPS)은 543원이었다. 즉, 이 주식 매수 후 당장 청산한다고 해도 매수금액 1,560원의 2.5배인 3,968원을 벌 수 있고, 1주당 순이익(EPS)은 543원에 달해 약 3년만에 회사가 내는 순이익만으로도 주식을 사기 위해 투자한 돈을 모두 회수할 수 있을 정도로 저평가 상태였다. 결국, 이런 사실을 분석하고 과감하게 매수한 전문 가치투자자들은 795%의 수익을 얻을 수 있었다. 이 전문 가치투자자들은 숨겨진 미공개정보를 이용한 것도 아니고, 아주 특별한 투자지표나 투자공식을 이용한 것도 아니었다. 단지, 이미 공개된 가장 기본적인 투자지표를 이용해 저평가 상태를 분석하고 먼저 매수한 것 뿐이었다.

주의 : 주당순이익/주당순자산 등의 적정성 판단과 관련한 가치투자 분석 노하우와 실전 매매 방법은 본 책의 2장과 3장을 참고

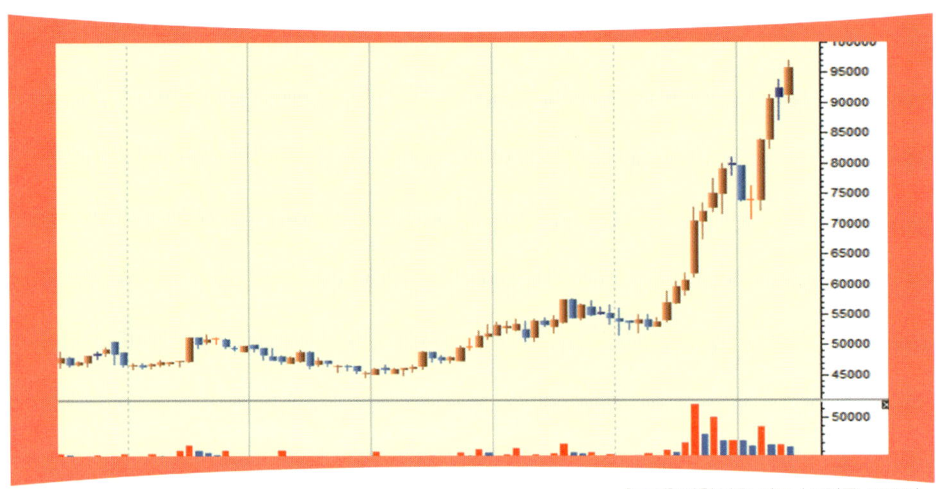

[그림] 미창석유 차트 (수익률 263%)

[상승전] 주가와 주요 재무상태 : 주가 45,100원, BPS 85,233원, EPS 12,134원, SPS 230.778원, 유보율 1607% 등으로 심한 저평가 상태였음

설명 : 위의 미창석유는 급등전 1주당 주가는 45,100원이었고, 이때 시장에서 이미 발표되어 누구나 쉽게 확인할 수 있었던 정보인, 1주당 순자산가액(BPS)은 85,233원, 1주당 순이익(EPS)은 12,134원이었다. 즉, 이 주식 매수 후 당장 청산한다고 해도 매수금액 45,100원의 약 1.9배인 85,233원을 벌 수 있고, 1주당 순이익(EPS)은 12,134원에 달해, 약 3.7년만에 회사가 내는 순이익만으로도 주식을 사기 위해 투자한 돈을 모두 회수할 수 있을 정도로 저평가 상태였다. 결국, 이런 사실을 분석하고 과감하게 매수한 전문 가치투자자들은 주가 상승으로 인해 213%의 수익을 얻을 수 있었다. 이 전문 가치투자자들은 숨겨진 미공개정보를 이용한 것도 아니고, 아주 특별한 투자지표나 투자공식을 이용한 것도 아니었다. 단지, 이미 공개된 가장 기본적인 투자지표를 이용해 저평가 상태를 확인하고 매수한 것 뿐이었다.

주의 : 주당순이익/주당순자산 등의 적정성 판단과 관련한 가치투자 분석 노하우와 실전 매매 방법은 본 책의 2장과 3장을 참고

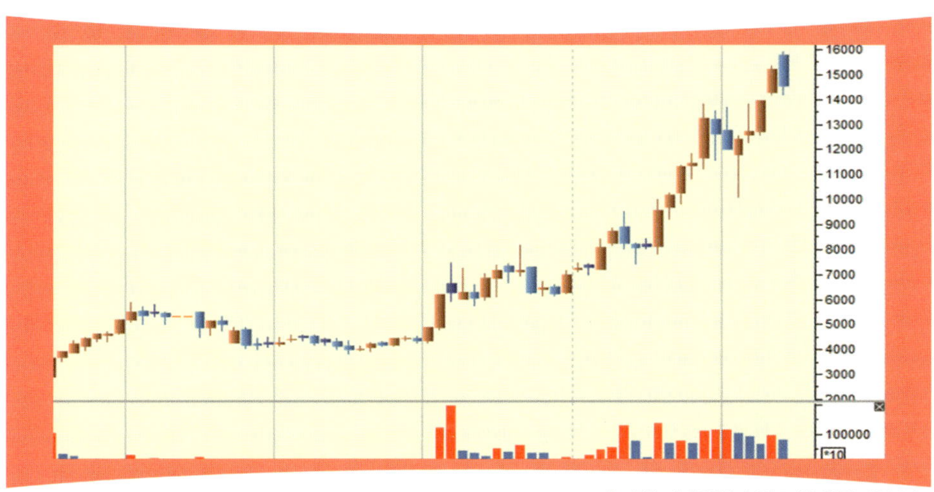

[그림] 피제이전자 차트 (수익률 403%)

[상승전] 주가와 주요 재무상태 : 주가 3,950원, BPS 7,440원, EPS 955원, SPS 17,886원, 유보율 1505% 등으로 심한 저평가 상태였음

설명 : 위의 피제이전자는 급등전 1주당 주가는 3,950원이었고, 이때 시장에서 이미 발표되어 누구나 쉽게 확인할 수 있었던 정보인, 1주당 순자산가액(BPS)은 7,440원, 1주당 순이익(EPS)은 955원이었다. 즉, 이 주식 매수후 당장 청산한다고 해도 매수금액 3,950원의 1.88배인 7,440원을 벌 수 있고, 1주당 순이익(EPS)은 955원에 달해, 불과 4년여 만에 회사가 내는 순이익만으로도 주식을 사기 위해 투자한 돈을 모두 회수할 수 있을 정도로 저평가 상태였다. 결국, 이런 사실을 분석하고 과감하게 매수한 전문 가치투자자들은, 이후 주가 상승으로 인해 403%의 수익을 얻을 수 있었다. 이 전문 가치투자자들은 숨겨진 미공개정보를 이용한 것도 아니고, 아주 특별한 투자지표나 투자공식을 이용한 것도 아니었다. 단지, 이미 공개된 가장 기본적인 투자지표를 이용해 저평가 상태를 확인하고 매수한 것 뿐이었다.

주의 : 주당순이익/주당순자산 등의 적정성 판단과 관련한 가치투자 분석 노하우와 실전 매매 방법은 본 책의 2장과 3장을 참고

[그림] 유니퀘스트 차트 (수익률 313%)

[상승전] 주가와 주요 재무상태 : 주가 3,900원, BPS 7,803원, EPS 1,059원, SPS 17,886원, 유보율 1505% 등으로 심한 저평가 상태였음

설명 : 위의 유니퀘스트는 급등전 1주당 주가는 3,900원이었고, 이때 시장에서 이미 발표되어 누구나 쉽게 확인할 수 있었던 정보인, 1주당 순자산가액(BPS)은 7,803원, 1주당 순이익(EPS)은 1,059원이었다. 즉, 이 주식 매수후 당장 청산한다고 해도 매수금액 3,900원의 약 2배인 7,803원을 벌 수 있고, 1주당 순이익(EPS)은 1,059원에 달해, 불과 3.7년만에 회사가 내는 순이익만으로도 주식을 사기 위해 투자한 돈을 모두 회수할 수 있을 정도로 저평가 상태였다. 결국, 이런 사실을 분석하고 과감하게 매수한 전문 가치투자자들은, 이후 주가 상승으로 인해 407%의 수익을 얻을 수 있었다. 이 전문 가치투자자들은 숨겨진 미공개정보를 이용한 것도 아니고, 아주 특별한 투자지표나 투자공식을 이용한 것도 아니었다. 단지, 이미 공개된 가장 기본적인 투자지표를 이용해 저평가 상태를 확인하고 매수한 것 뿐이었다.

주의 : 주당순이익/주당순자산 등의 적정성 판단과 관련한 가치투자 분석노하우와 실전 매매방법은 본 책의 2장과 3장을 참고

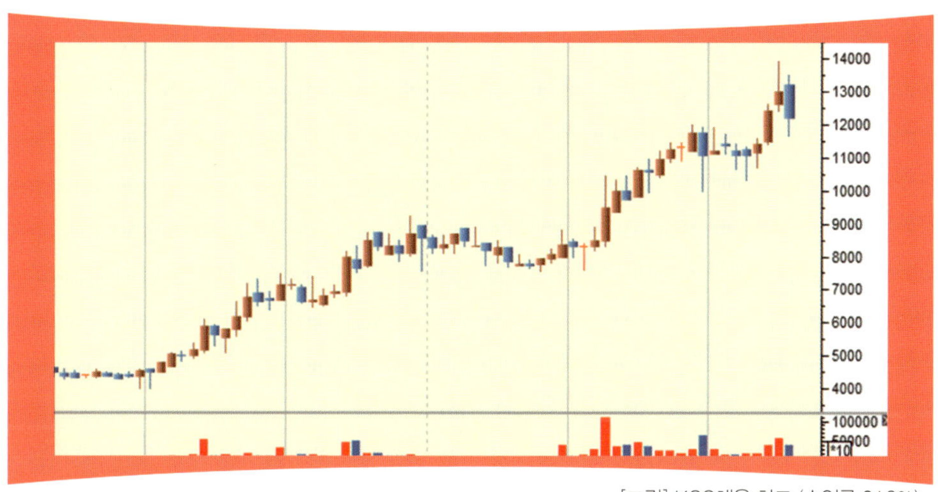

[그림] KSS해운 차트 (수익률 313%)

설명 : 위의 KSS해운은 급등전 1주당 주가는 4,050원이었고, 이때 시장에서 이미 발표되어 누구나 쉽게 확인할 수 있었던 정보인, 1주당 순자산가액(BPS)은 11,498원, 1주당 순이익(EPS)은 2,169원이었다. 즉, 이 주식 매수후 당장 청산한다고 해도 매수금액 3,900원의 약 2.8배인 11,498원을 벌 수 있고, 1주당 순이익(EPS)은 2,169원에 달해, 불과 1.9년만에 회사가 내는 순이익만으로도 주식을 사기 위해 투자한 돈을 모두 회수할 수 있을 정도로 저평가 상태였다. 결국, 이런 사실을 분석하고 과감하게 매수한 전문 가치투자자들은, 이후 주가 상승으로 인해 313%의 수익을 얻을 수 있었다. 이 전문 가치투자자들은 숨겨진 미공개정보를 이용한 것도 아니고, 아주 특별한 투자지표나 투자공식을 이용한 것도 아니었다. 단지, 이미 공개된 가장 기본적인 투자지표를 이용해 저평가 상태를 확인하고 매수한 것 뿐이었다.

주의 : 주당순이익/주당순자산 등의 적정성 판단과 관련한 가치투자 분석 노하우와 실전 매매 방법은 본 책의 2장과 3장을 참고

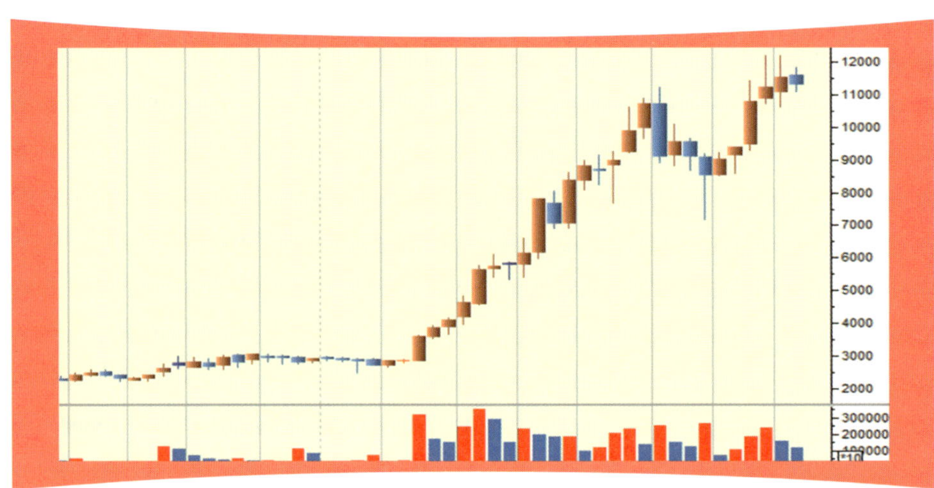

[그림] KC그린홀딩스 차트 (수익률 381%)

[상승전] 주가와 주요 재무상태 : 주가 3,200원, BPS 5,875원, EPS 1,057원, SPS 22,404원. 유보율 1109% 등으로 심한 저평가 상태였음

설명 : 위의 KC그린홀딩스는 급등전 1주당 주가는 3,200원이었고, 이때 시장에서 이미 발표되어 누구나 쉽게 확인할 수 있었던 정보인, 1주당 순자산가액(BPS)은 5,875원, 1주당 순이익(EPS)은 1,057원이었다. 즉, 이 주식 매수후 당장 청산한다고 해도 매수금액 3,200원의 약 1.8배인 5,875원을 벌 수 있고, 1주당 순이익(EPS)은 1,057원에 달해, 불과 3년만에 회사가 내는 순이익만으로도 주식을 사기 위해 투자한 돈을 모두 회수할 수 있을 정도로 저평가 상태였다. 결국, 이런 사실을 분석하고 과감하게 매수한 전문 가치투자자들은, 이후 주가 상승으로 인해 381%의 수익을 얻을 수 있었다. 이 전문 가치투자자들은 숨겨진 미공개정보를 이용한 것도 아니고, 아주 특별한 투자지표나 투자공식을 이용한 것도 아니었다. 단지, 이미 공개된 가장 기본적인 투자지표를 이용해 저평가 상태를 확인하고 매수한 것 뿐이었다.

주의 : 주당순이익/주당순자산 등의 적정성 판단과 관련한 가치투자 분석 노하우와 실전 매매 방법은 본 책의 2장과 3장을 참고

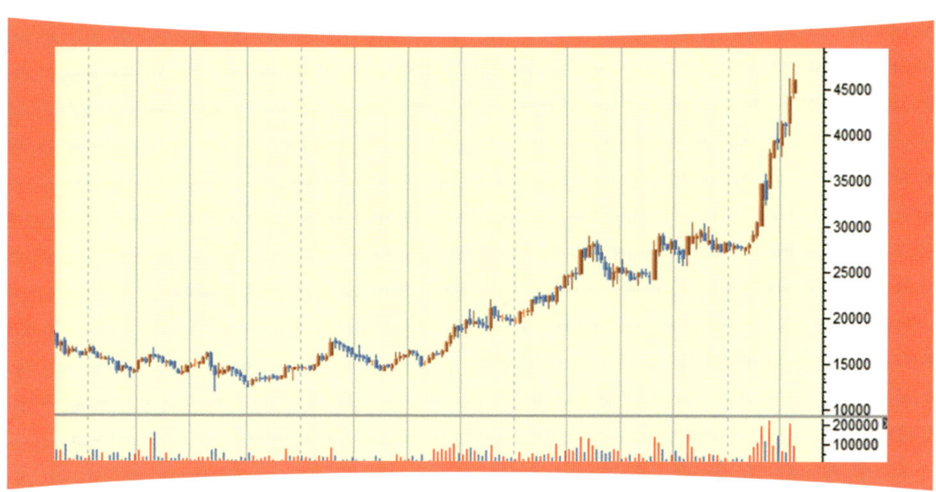

[그림] 건설화학 차트 (수익률 325%)

설명 : 위의 건설화학은 급등전 1주당 주가는 14,700원이었고, 이때 시장에서 이미 발표되어 누구나 쉽게 확인할 수 있었던 정보인, 1주당 순자산가액(BPS)은 46,709원, 1주당 순이익(EPS)은 3,811원이었다. 즉, 이 주식 매수후 당장 청산한다고 해도 매수금액 14,700원의 약 3.8배인 46,709원을 벌 수 있고, 1주당 순이익(EPS)은 3,811원에 달해, 약 3.8년만에 회사가 내는 순이익만으로도 주식을 사기 위해 투자한 돈을 모두 회수할 수 있을 정도로 저평가 상태였다. 결국, 이런 사실을 분석하고 과감하게 매수한 전문 가치투자자들은, 이후 주가 상승으로 인해 325%의 수익을 얻을 수 있었다. 이 전문 가치투자자들은 숨겨진 미공개정보를 이용한 것도 아니고, 아주 특별한 투자지표나 투자공식을 이용한 것도 아니었다. 단지, 이미 공개된 가장 기본적인 투자지표를 이용해 저평가 상태를 확인하고 매수한 것 뿐이었다.

주의 : 주당순이익/주당순자산 등의 적정성 판단과 관련한 가치투자 분석 노하우와 실전 매매 방법은 본 책의 2장과 3장을 참고

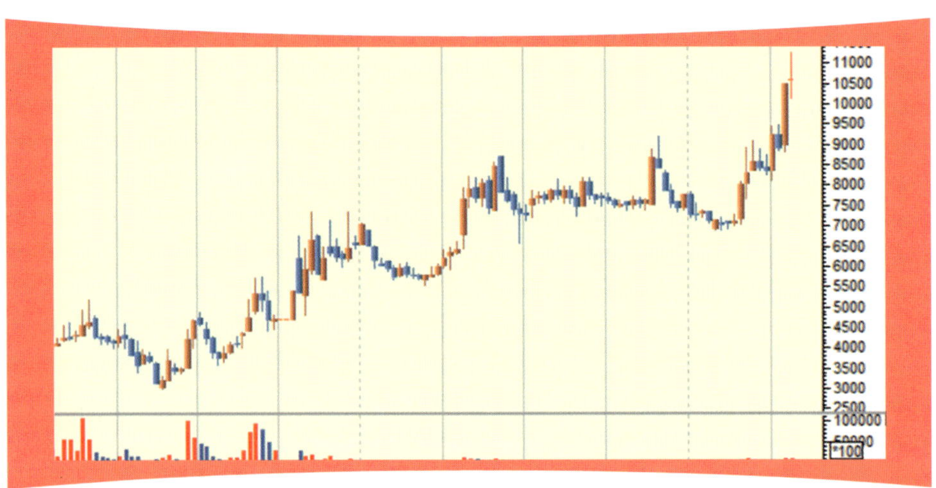

[그림] DBR동일 차트 (수익률 363%)

설명 : 위의 DBR동일은 급등전 1주당 주가는 3,100원이었고, 이때 시장에서 이미 발표되어 누구나 쉽게 확인할 수 있었던 정보인, 1주당 순자산가액(BPS)은 10,368원, 1주당 순이익(EPS)은 1,297원이었다. 즉, 이 주식 매수후 당장 청산한다고 해도 매수금액 3,100원의 약 3.3배인 10,368원을 벌 수 있고, 1주당 순이익(EPS)은 1,297원에 달해, 약 2.5년만에 회사가 내는 순이익만으로도 주식을 사기 위해 투자한 돈을 모두 회수할 수 있을 정도로 저평가 상태였다. 결국, 이런 사실을 분석하고 과감하게 매수한 전문 가치투자자들은, 이후 주가 상승으로 인해 363%의 수익을 얻을 수 있었다. 이 전문 가치투자자들은 숨겨진 미공개정보를 이용한 것도 아니고, 아주 특별한 투자지표나 투자공식을 이용한 것도 아니었다. 단지, 이미 공개된 가장 기본적인 투자지표를 이용해 저평가 상태를 확인하고 매수한 것 뿐이었다.

주의 : 주당순이익/주당순자산 등의 적정성 판단과 관련한 가치투자 분석 노하우와 실전 매매 방법은 본 책의 2장과 3장을 참고

[그림] AK홀딩스 차트 (수익률 368%)

설명 : 위의 AK홀딩스는 급등전 1주당 주가는 16,000원이었고, 이때 시장에서 이미 발표되어 누구나 쉽게 확인할 수 있었던 정보인, 1주당 순자산가액(BPS)은 23,397원, 1주당 순이익(EPS)은 6,711원이었다. 즉, 이 주식 매수후 당장 청산한다고 해도 매수금액 16,000원의 약1.5배인 23,397원을 벌 수 있고, 1주당 순이익(EPS)은 6,711원에 달해, 약 2.4년만에 회사가 내는 순이익만으로도 주식을 사기 위해 투자한 돈을 모두 회수할 수 있을 정도로 저평가 상태였다. 결국, 이런 사실을 분석하고 과감하게 매수한 전문 가치투자자들은, 이후 주가 상승으로 인해 368%의 수익을 얻을 수 있었다. 이 전문 가치투자자들은 숨겨진 미공개정보를 이용한 것도 아니고, 아주 특별한 투자지표나 투자공식을 이용한 것도 아니었다. 단지, 이미 공개된 가장 기본적인 투자지표를 이용해 저평가 상태를 확인하고 매수한 것 뿐이었다.

주의 : 주당순이익/주당순자산 등의 적정성 판단과 관련한 가치투자 분석 노하우와 실전 매매 방법은 본 책의 2장과 3장을 참고

[그림] 대원산업 차트 (수익률 230%)

설명 : 위의 대원산업은 급등전 1주당 주가는 4,100원이었고, 이때 시장에서 이미 발표되어 누구나 쉽게 확인할 수 있었던 정보인, 1주당 순자산가액(BPS)은 9,935원, 1주당 순이익(EPS)은 1,503원이었다. 즉, 이 주식 매수후 당장 청산한다고 해도 매수금액 4,100원의 약2.4배인 9,935원을 벌 수 있고, 1주당 순이익(EPS)은 1,503원에 달해, 약 2.7년만에 회사가 내는 순이익만으로도 주식을 사기 위해 투자한 돈을 모두 회수할 수 있을 정도로 저평가 상태였다. 결국, 이런 사실을 분석하고 과감하게 매수한 전문 가치투자자들은, 이후 주가 상승으로 인해 230%의 수익을 얻을 수 있었다. 이 전문 가치투자자들은 숨겨진 미공개정보를 이용한 것도 아니고, 아주 특별한 투자지표나 투자공식을 이용한 것도 아니었다. 단지, 이미 공개된 가장 기본적인 투자지표를 이용해 저평가 상태를 확인하고 매수한 것 뿐이었다.

주의 : 주당순이익/주당순자산 등의 적정성 판단과 관련한 가치투자 분석 노하우와 실전 매매 방법은 본 책의 2장과 3장을 참고

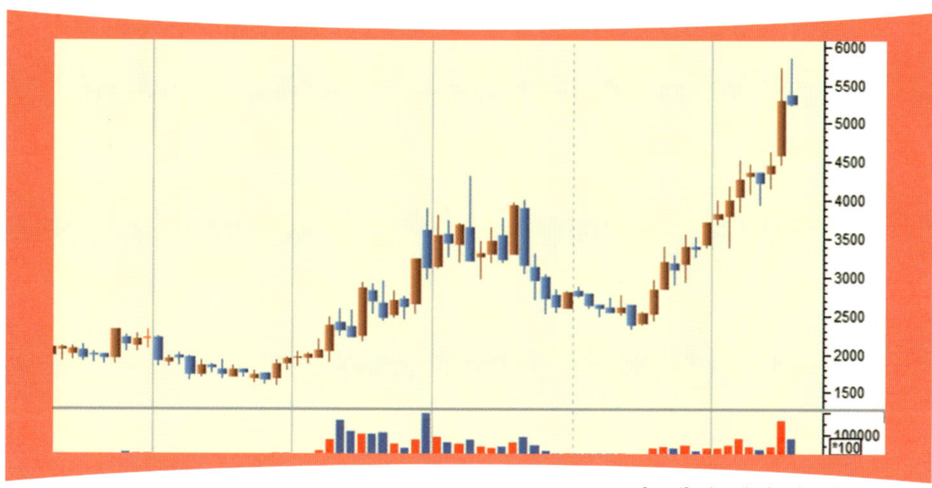

[그림] 에스넷 차트 (수익률 358%)

[상승전] 주가와 주요 재무상태 : 주가 1,980원, BPS 4,867원, EPS 418원, SPS 29,556원, 유보율 907% 등으로 심한 저평가 상태였음

설명 : 위의 에스넷은 급등전 1주당 주가는 1,980원이었고, 이때 시장에서 이미 발표되어 누구나 쉽게 확인할 수 있었던 정보인, 1주당 순자산가액(BPS)은 4,867원, 1주당 순이익(EPS)은 418원이었다. 즉, 이 주식 매수후 당장 청산한다고 해도 매수금액 1,620원의 약 3배인 4,867원을 벌 수 있고, 1주당 순이익(EPS)은 418원에 달해, 약 3.9년만에 회사가 내는 순이익만으로도 주식을 사기 위해 투자한 돈을 모두 회수할 수 있을 정도로 저평가 상태였다. 결국, 이런 사실을 분석하고 과감하게 매수한 전문 가치투자자들은, 이후 주가 상승으로 인해 328%의 수익을 얻을 수 있었다. 이 전문 가치투자자들은 숨겨진 미공개정보를 이용한 것도 아니고, 아주 특별한 투자지표나 투자공식을 이용한 것도 아니었다. 단지, 이미 공개된 가장 기본적인 투자지표를 이용해 저평가 상태를 확인하고 매수한 것 뿐이었다.

주의 : 주당순이익/주당순자산 등의 적정성 판단과 관련한 가치투자 분석 노하우와 실전 매매 방법은 본 책의 2장과 3장을 참고

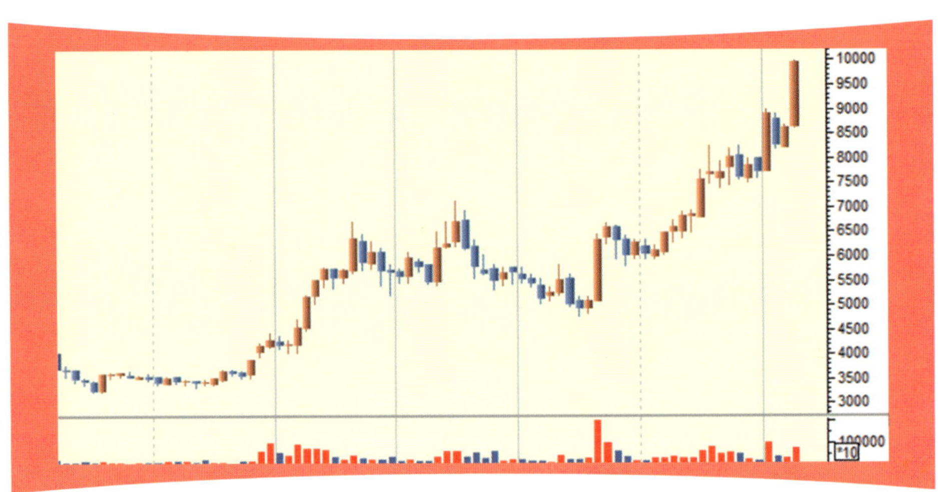

[그림] 인팩 차트 (수익률 291%)

설명 : 위의 인팩은 급등전 1주당 주가는 3,400원이었고, 이때 시장에서 이미 발표되어 누구나 쉽게 확인할 수 있었던 정보인, 1주당 순자산가액(BPS)은 6,404원, 1주당 순이익(EPS)은 903원이었다. 즉, 이 주식 매수 후 당장 청산한다고 해도 매수금액 3,400원의 약 1.9배인 6,404원을 벌 수 있고, 1주당 순이익(EPS)은 903원에 달해, 약 3.7년만에 회사가 내는 순이익만으로도 주식을 사기 위해 투자한 돈을 모두 회수할 수 있을 정도로 저평가 상태였다. 결국, 이런 사실을 분석하고 과감하게 매수한 전문 가치투자자들은, 이후 주가 상승으로 인해 291%의 수익을 얻을 수 있었다. 이 전문 가치투자자들은 숨겨진 미공개정보를 이용한 것도 아니고, 아주 특별한 투자지표나 투자공식을 이용한 것도 아니었다. 단지, 이미 공개된 가장 기본적인 투자지표를 이용해 저평가 상태를 확인하고 매수한 것 뿐이었다.

주의 : 주당순이익/주당순자산 등의 적정성 판단과 관련한 가치투자 분석 노하우와 실전 매매 방법은 본 책의 2장과 3장을 참고

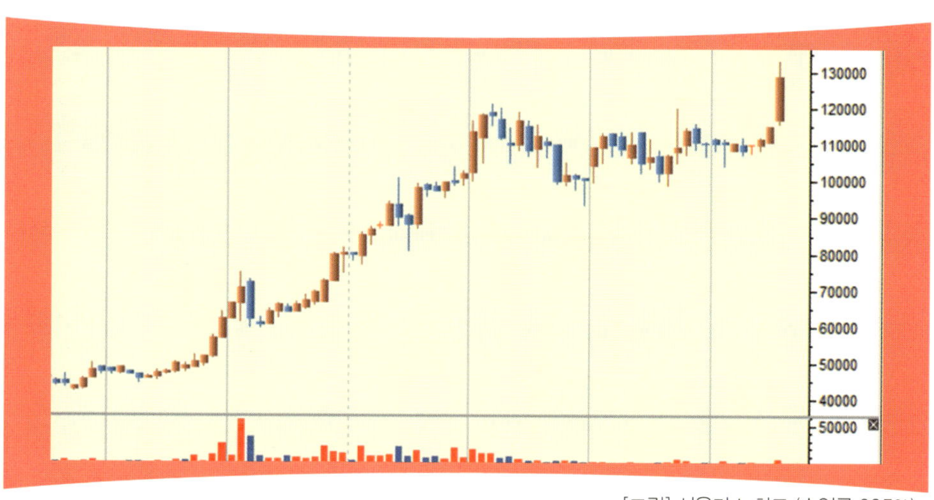

[그림] 서울가스 차트 (수익률 295%)

[상승전] 주가와 주요 재무상태 : 주가 44,000원, BPS 133,221원, EPS 14,195원, SPS 437,073원, 유보율 1929% 등으로 심한 저평가 상태였음

설명 : 위의 서울가스는 급등전 1주당 주가는 44,000원이었고, 이때 시장에서 이미 발표되어 누구나 쉽게 확인할 수 있었던 정보인, 1주당 순자산가액(BPS)은 133,221원, 1주당 순이익(EPS)은 14,195원이었다. 즉, 이 주식 매수 후 당장 청산한다고 해도 매수금액 44,000원의 약 3배인 133,221원을 벌 수 있고, 1주당 순이익(EPS)은 14,195원에 달해, 약 3.1년만에 회사가 내는 순이익만으로도 주식을 사기 위해 투자한 돈을 모두 회수할 수 있을 정도로 저평가 상태였다. 결국, 이런 사실을 분석하고 과감하게 매수한 전문 가치투자자들은, 이후 주가 상승으로 인해 295%의 수익을 얻었다. 이 전문 가치투자자들은 숨겨진 미공개정보를 이용한 것도 아니고, 아주 특별한 투자지표나 투자공식을 이용한 것도 아니었다. 단지, 이미 공개된 가장 기본적인 투자지표를 이용해 저평가 상태를 확인하고 매수한 것 뿐이었다.

주의 : 주당순이익/주당순자산 등의 적정성 판단과 관련한 가치투자 분석 노하우와 실전 매매 방법은 본 책의 2장과 3장을 참고

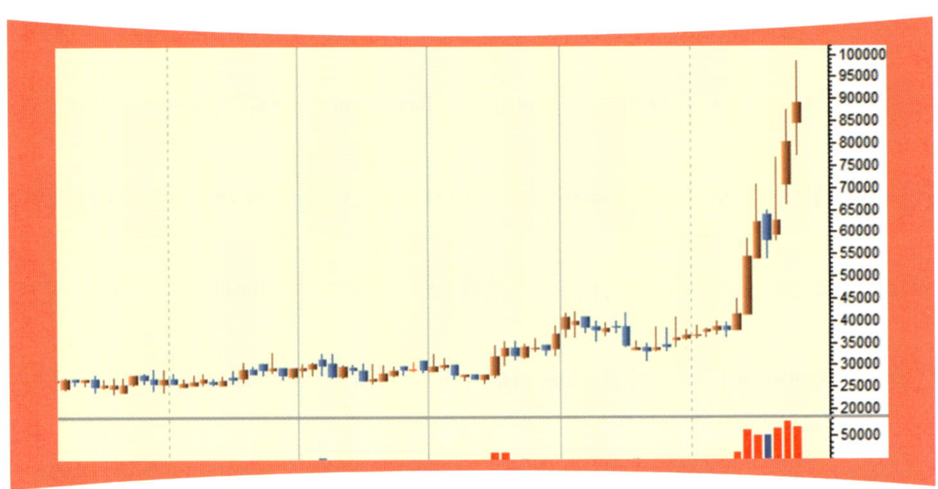

[그림] 서산 차트 (수익률 350%)

설명 : 위의 서산은 급등전 1주당 주가는 28,000원이었고, 이때 시장에서 이미 발표되어 누구나 쉽게 확인할 수 있었던 정보인, 1주당 순자산가액(BPS)은 83,151원, 1주당 순이익(EPS)은 10,080원이었다. 즉, 이 주식 매수 후 당장 청산한다고 해도 매수금액 28,000원의 약 2.9배인 83,151원을 벌 수 있고, 1주당 순이익(EPS)은 10,080원에 달해, 약 2.8년만에 회사가 내는 순이익만으로도 주식을 사기 위해 투자한 돈을 모두 회수할 수 있을 정도로 저평가 상태였다. 결국, 이런 사실을 분석하고 과감하게 매수한 전문 가치투자자들은, 이후 주가 상승으로 인해 350%의 수익을 얻을 수 있었다. 이 전문 가치투자자들은 숨겨진 미공개정보를 이용한 것도 아니고, 아주 특별한 투자지표나 투자공식을 이용한 것도 아니었다. 단지, 이미 공개된 가장 기본적인 투자지표를 이용해 저평가 상태를 확인하고 매수한 것 뿐이었다.

주의 : 주당순이익/주당순자산 등의 적정성 판단과 관련한 가치투자 분석 노하우와 실전 매매 방법은 본 책의 2장과 3장을 참고

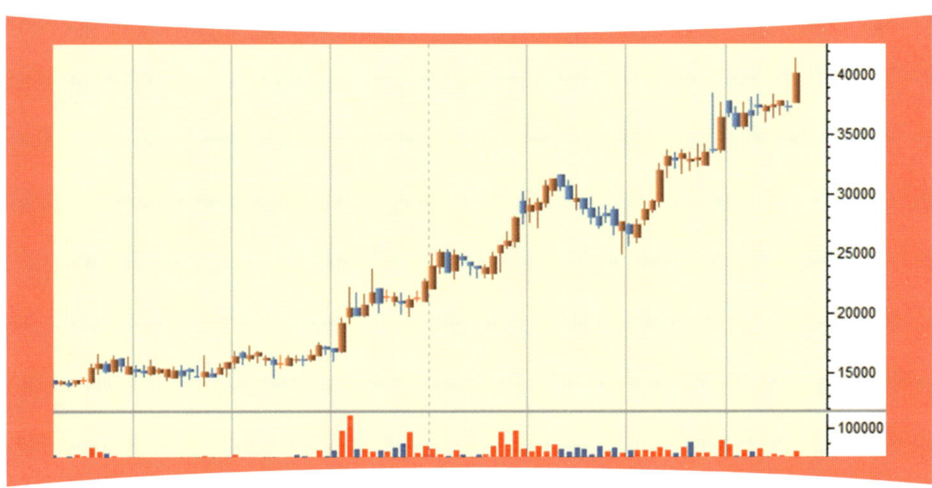

[그림] 대웅 차트 (수익률 273%)

설명 : 위의 대웅은 급등전 1주당 주가는 15,000원이었고, 이때 시장에서 이미 발표되어 누구나 쉽게 확인할 수 있었던 정보인, 1주당 순자산가액(BPS)은 28,462원, 1주당 순이익(EPS)은 5,136원이었다. 즉, 이 주식 매수 후 당장 청산한다고 해도 매수금액 15,000원의 약 1.9배인 28,462원을 벌 수 있고, 1주당 순이익(EPS)은 5,136원에 달해, 약 2.9년만에 회사가 내는 순이익만으로도 주식을 사기 위해 투자한 돈을 모두 회수할 수 있을 정도로 저평가 상태였다. 결국, 이런 사실을 분석하고 과감하게 매수한 전문 가치투자자들은, 이후 주가 상승으로 인해 273%의 수익을 얻을 수 있었다. 이 전문 가치투자자들은 숨겨진 미공개정보를 이용한 것도 아니고, 아주 특별한 투자지표나 투자공식을 이용한 것도 아니었다. 단지, 이미 공개된 가장 기본적인 투자지표를 이용해 저평가 상태를 확인하고 매수한 것 뿐이었다.

주의 : 주당순이익/주당순자산 등의 적정성 판단과 관련한 가치투자 분석 노하우와 실전 매매 방법은 본 책의 2장과 3장을 참고

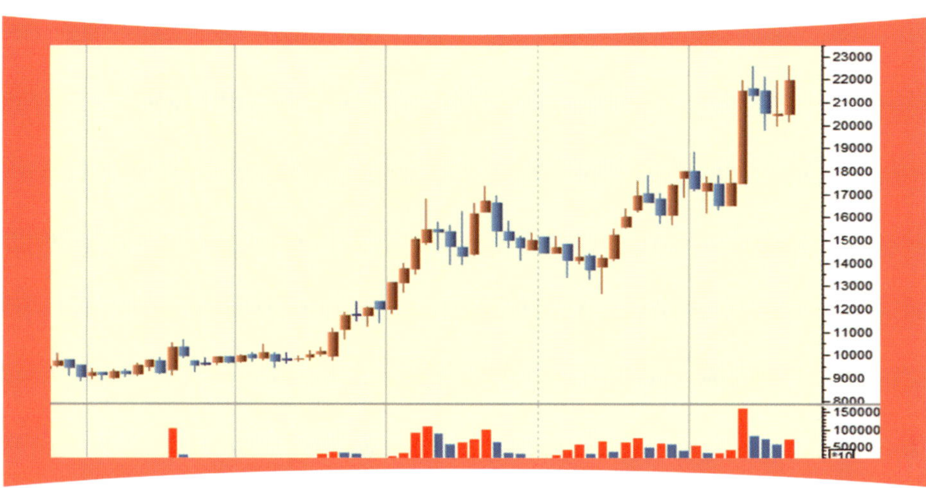

[그림] 동양이엔피 차트 (수익률 201%)

설명 : 위의 동양이엔피는 급등전 1주당 주가는 10,900원이었고, 이때 시장에서
이미 발표되어 누구나 쉽게 확인할 수 있었던 정보인, 1주당 순자산가액(BPS)은
14,335원, 1주당 순이익(EPS)은 3,024원이었다. 즉, 이 주식 매수 후 당장 청
산한다고 해도 매수금액 10,900원의 약 1.3배인 14,335원을 벌 수 있고, 1주당
순이익(EPS)은 3,024원에 달해, 약 3.6년만에 회사가 내는 순이익만으로도 주
식을 사기 위해 투자한 돈을 회수할 수 있을 정도로 저평가 상태였다. 결국, 이런
사실을 분석하고 과감하게 매수한 전문 가치투자자들은, 이후 주가 상승으로 인해
201%의 수익을 얻을 수 있었다. 이 전문 가치투자자들은 숨겨진 미공개정보를 이
용한 것도 아니고, 아주 특별한 투자지표나 투자공식을 이용한 것도 아니었다. 단
지, 이미 공개된 가장 기본적인 투자지표를 이용해 저평가 상태를 확인하고 매수
한 것 뿐이었다.

주의 : 주당순이익/주당순자산 등의 적정성 판단과 관련한 가치투자 분석 노하우와 실전 매매
방법은 본 책의 2장과 3장을 참고

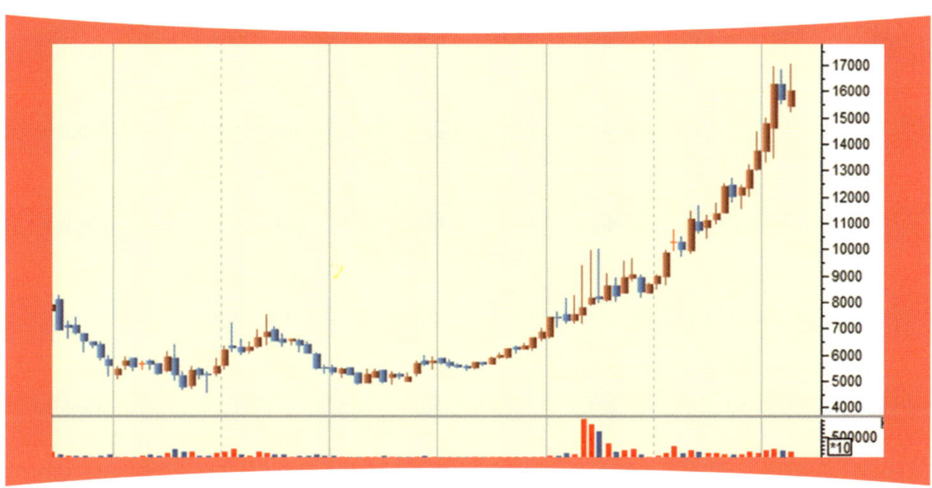

[그림] 유나이티드제약 차트 (수익률 340%)

[상승전] 주가와 주요 재무상태 : 주가 5,000원, BPS 7,299원, EPS 1,426원, SPS 10,264원, 유보율 1418% 등으로 심한 저평가 상태였음

설명 : 위의 유나이티드제약의 급등전 1주당 주가는 5,000원이었고, 이때 시장에서 이미 발표되어 누구나 쉽게 확인할 수 있었던 정보인, 1주당 순자산가액(BPS)은 7,299원, 1주당 순이익(EPS)은 1,426원이었다. 즉, 이 주식 매수 후 당장 청산한다고 해도 매수금액 5,000원의 약 1.4배인 7,299원을 벌 수 있고, 1주당 순이익(EPS)은 5,000원에 달해, 불과 3.4년만에 회사가 내는 순이익만으로도 주식을 사기 위해 투자한 돈을 모두 회수할 수 있을 정도로 저평가 상태였다. 결국, 이런 사실을 분석하고 과감하게 매수한 전문 가치투자자들은, 이후 주가 상승으로 인해 340%의 수익을 얻었다. 이 전문 가치투자자들은 숨겨진 미공개정보를 이용한 것도 아니고, 아주 특별한 투자지표나 투자공식을 이용한 것도 아니었다. 단지, 이미 공개된 가장 기본적인 투자지표를 이용해 저평가 상태를 확인하고 매수한 것 뿐이었다.

주의 : 주당순이익/주당순자산 등의 적정성 판단과 관련한 가치투자 분석 노하우와 실전 매매방법은 본 책의 2장과 3장을 참고

[그림] KCW 차트 (수익률 259%)

[상승전] 주가와 주요 재무상태 : 주가 2,700원, BPS 5,968원, EPS 806원, SPS 19,891원, 유보율 1098% 등으로 심한 저평가 상태였음

설명 : 위의 KCW는 급등전 1주당 주가는 2,700원이었고, 이때 시장에서 이미 발표되어 누구나 쉽게 확인할 수 있었던 정보인, 1주당 순자산가액(BPS)은 5,968원, 1주당 순이익(EPS)은 806원이었다. 즉, 이 주식 매수 후 당장 청산한다고 해도 매수금액 2,700원의 약 2배인 5,968원을 벌 수 있고, 1주당 순이익(EPS)은 806원에 달해, 3.3년만에 회사가 내는 순이익만으로도 주식을 사기 위해 투자한 돈을 모두 회수할 수 있을 정도로 저평가 상태였다. 결국, 이런 사실을 분석하고 과감하게 매수한 전문 가치투자자들은, 이후 주가 상승으로 인해 259%의 수익을 얻을 수 있었다. 이 전문 가치투자자들은 숨겨진 미공개정보를 이용한 것도 아니고, 아주 특별한 투자지표나 투자공식을 이용한 것도 아니었다. 단지, 이미 공개된 가장 기본적인 투자지표를 이용해 저평가 상태를 확인하고 매수한 것 뿐이었다.

주의 : 주당순이익/주당순자산 등의 적정성 판단과 관련한 가치투자 분석 노하우와 실전 매매 방법은 본 책의 2장과 3장을 참고

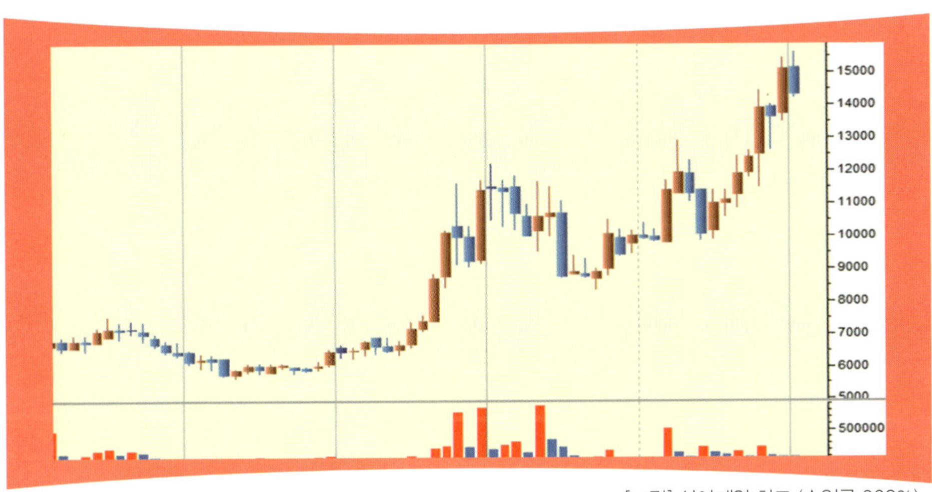

[그림] 삼아제약 차트 (수익률 263%)

[상승전] 주가와 주요 재무상태 : 주가 5,900원, BPS 16,504원, EPS 1,609원, SPS 9,316원, 유보율 1660% 등으로 심한 저평가 상태였음

설명 : 위의 삼아제약은 급등전 1주당 주가는 5,900원이었고, 이때 시장에서 이미 발표되어 누구나 쉽게 확인할 수 있었던 정보인, 1주당 순자산가액(BPS)은 16,504원, 1주당 순이익(EPS)은 1,609원이었다. 즉, 이 주식 매수 후 당장 청산한다고 해도 매수금액 5,900원의 약 2.8인 16,504원을 벌 수 있고, 1주당 순이익(EPS)은 1,609원에 달해, 3.8년만에 회사가 내는 순이익만으로도 주식을 사기 위해 투자한 돈을 모두 회수할 수 있을 정도로 저평가 상태였다. 결국, 이런 사실을 분석하고 과감하게 매수한 전문 가치투자자들은, 이후 주가 상승으로 인해 263%의 수익을 얻을 수 있었다. 이 전문 가치투자자들은 숨겨진 미공개정보를 이용한 것도 아니고, 아주 특별한 투자지표나 투자공식을 이용한 것도 아니었다. 단지, 이미 공개된 가장 기본적인 투자지표를 이용해 저평가 상태를 확인하고 매수한 것 뿐이었다.

주의 : 주당순이익/주당순자산 등의 적정성 판단과 관련한 가치투자 분석 노하우와 실전 매매 방법은 본 책의 2장과 3장을 참고

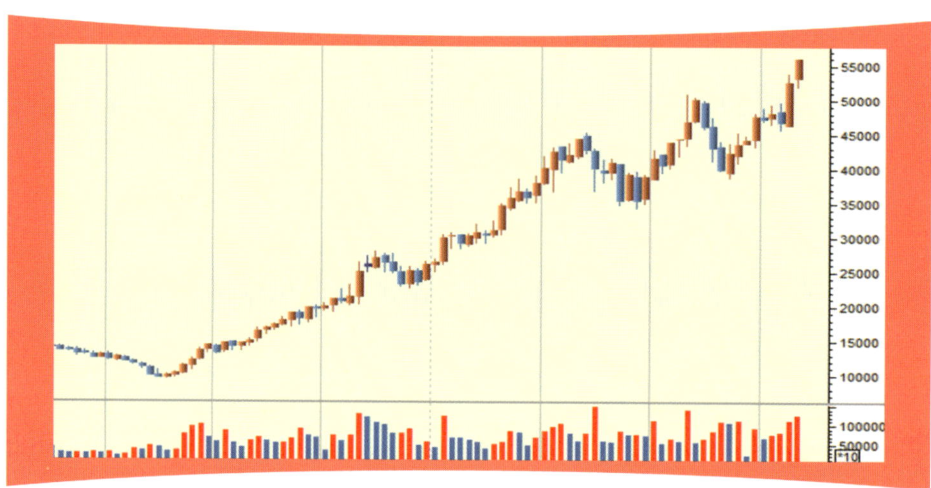

[그림] 종근당홀딩스 차트 (582% 수익률)

[상승전] 주가와 주요 재무상태 : 주가 9,600원, BPS 27,456원, EPS 2,627원, SPS 47,680원, 유보율 1042% 등으로 심한 저평가 상태

설명 : 위의 종근당홀딩스는 급등전 1주당 주가는 9,600원이었고, 이때 시장에서 이미 발표되어 누구나 쉽게 확인할 수 있었던 정보인, 1주당 순자산가액(BPS)은 27,456원, 1주당 순이익(EPS)은 2,627원이었다. 즉, 이 주식 매수후 당장 청산한다고 해도 매수금액 9,600원의 2.9배인 27,456원을 벌 수 있고, 1주당 순이익(EPS)은 2,627원에 달해 불과 3.6년만에 회사가 내는 순이익만으로도 주식을 사기 위해 투자한 돈을 모두 회수할 수 있을 정도로 저평가 상태였다. 결국, 이런 사실을 분석하고 과감하게 매수한 전문 가치투자자들은, 이후 주가 상승으로 인해 582%의 수익을 얻을 수 있었다. 이 전문 가치투자자들은 숨겨진 미공개정보를 이용한 것도 아니고, 아주 특별한 투자지표나 투자공식을 이용한 것도 아니었다. 단지, 이미 공개된 가장 기본적인 투자지표를 이용해 저평가 상태를 확인하고 매수한 것 뿐이었다

주의 : 주당순이익/주당순자산 등의 적정성 판단과 관련한 가치투자 분석 노하우와 실전 매매방법은 본 책의 2장과 3장을 참고

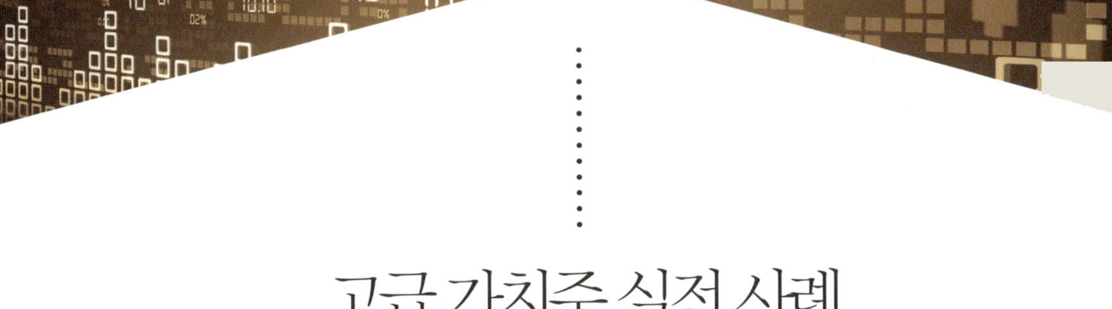

고급 가치주 실전 사례

가치투자의 노하우와 경험이 쌓인 고급 투자의 사례

고급 가치주의 특징

지금까지 가치주의 기본에 충실한 기본 가치주 사례에 대해 살펴보았다. 가치투자의 경험과 노하우가 쌓인 전문 가치투자자는 기본 가치주뿐 아니라 다음과 같은 고급 가치주에 대한 투자를 통해 투자완성도를 높여 투자수익률을 끌어올린다. 고급 가치주의 특징을 다시 한번 설명하면 다음과 같다.

고급 가치주의 특징
- 개요 : 기본 가치주의 특징과 함께 추가 플러스 요인을 가지고 있는 종목. 추가 플러스 요인 분석을 위해 더 많은 분석시간과 투자 노하우가 필요하지만 해당 종목의 상승확률과 급등률은 매우 높아짐
- 선별기준 : 기본 저평가 + 플러스 요인(부동산, 지분경쟁 등)

- 핵심 : 기본 저평가 항목의 적정성과 함께 플러스 항목 해당 여부에 대
  한 분석/판단 노하우 확보가 핵심
- 실전 핵심 투자 노하우 : 본 책의 2장과 3장을 참고

고급 가치주의 플러스 요인은(부동산, 지분경쟁, 독점력 등) 본 책의 2장과 3장에서 설명하고 있어 해당 부분을 반드시 숙지하기 바란다.

지금부터 기본적인 가치와 함께 특정한 플러스 요인(부동산, 현금성자산, 지분경쟁, 독점력 등)을 추가로 지닌 가치투자 대표 종목들의 실전 사례를 알아보고자 한다. 즉, 다음의 '고급 가치주' 종목 사례들을 통해 본 책의 2장과 3장에서 배운 가치투자 성공노하우를 어떻게 실전 가치투자 분석과 매매에 적용하는지 배워보자 한다.

[부동산] 가치주 대표 사례 – 한국석유, 대한화섬

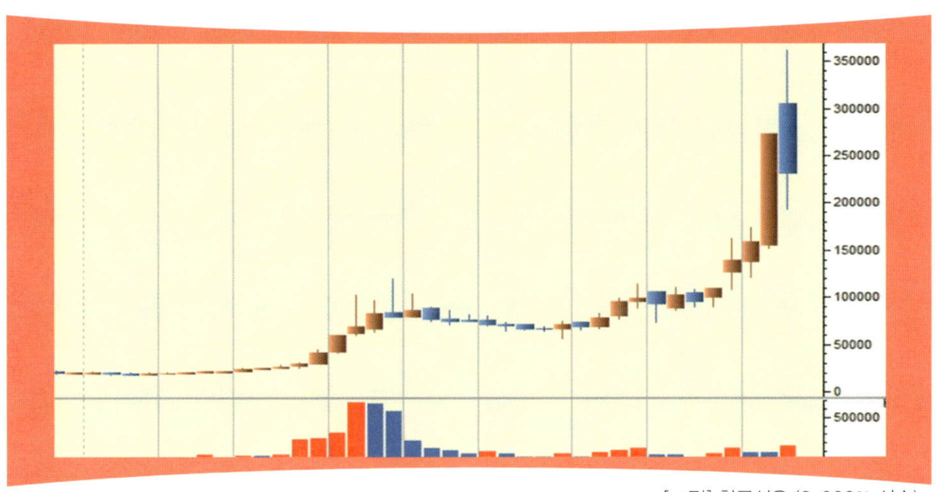

[그림] 한국석유 (2,000% 상승)

당시 급등전 한국석유는 자신의 시가총액보다 6배 넘는 가치를 지닌 부동산을 보유중이었음. 이후
이를 간파한 가치투자자들의 매수후 20배 넘게 상승

    부동산 가치주의 경우, 한국석유와 대한화섬이 대표적이다. 한국석유는
부동산 가치주의 대표적 사례 종목으로, 용산개발이 한참 이슈화되던 시기
2만 원이 채 안되던 주가가 불과 6개월만에 36만 원대로 20배 가까이 상승
하였다. 급등하기 전 한국석유의 주가는 2만 원 내외, 주당순이익은 2460원,
주당순자산은 4만원으로 그 자체만으로 저평가 상태였다.

    놀라운 것은 한국석유의 본사 건물이 바로 용산에 위치하고 있었다는 점
이다. 당시 용산개발이 이슈화되고 용산지역 땅값이 급등하며 평당 1억이
넘어가면서, 용산에 위치한 한국석유 본사가 보유한 땅 800평의 가격이 800

억을 넘게 되었는데, 당시 한국석유 시가총액의 6배가 넘었다. 즉, 한국석유를 1억에 산다고 하면, 6억짜리 땅이 부록으로 딸려 오는 말도 안되는 상황이었다.

전국에 토지를 많이 보유했던 대한화섬의 경우도 급등전 보유 부동산의 가치가 당시 대한화섬 시가총액의 14배가 넘었다. 배꼽이 배보다 14배가 큰 상황이었다. 다음 그림처럼 보유 부동산의 가치를 먼저 주목한 전문 가치투자자들의 매수후 11배 넘게 상승하며 이들에게 큰 수익을 안겨 주었다.

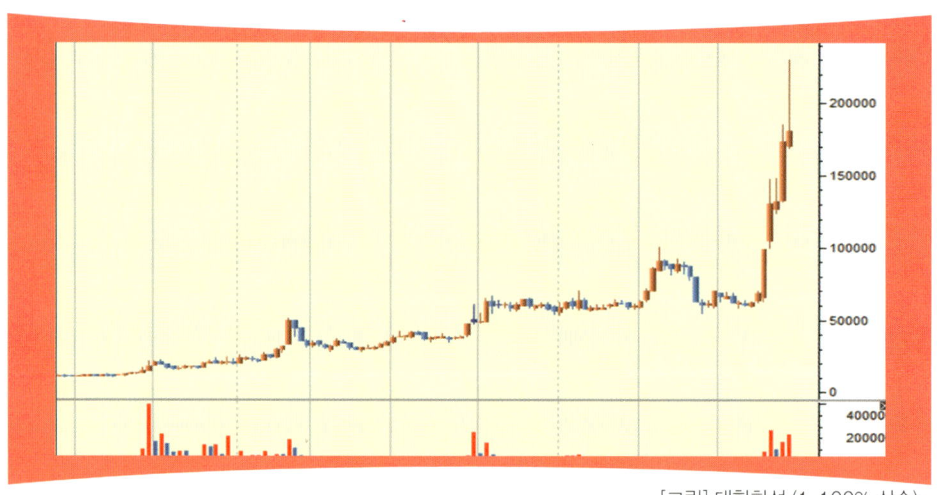

[그림] 대한화섬 (1,100% 상승)

당시 급등전 대한화섬은 자신의 시가총액의 14배가 넘는 부동산을 보유중이었음. 이후 이를 간파한 가치투자자들의 매수후 11배 넘게 상승

시장의 일반투자자들이 세력들에 속아 뺑튀기된 작전주나 오를대로 오른 당시의 인기주에 몰려 들어 손해를 보고 있을 때, 가치투자자들은 이러한 숨겨진 보물같은 주식을 매수후 느긋하게 기다린 후 큰 수익을 올리고 있다.

[순현금성 자산] 가치주 대표 사례 - 동아타이어, 일성신약

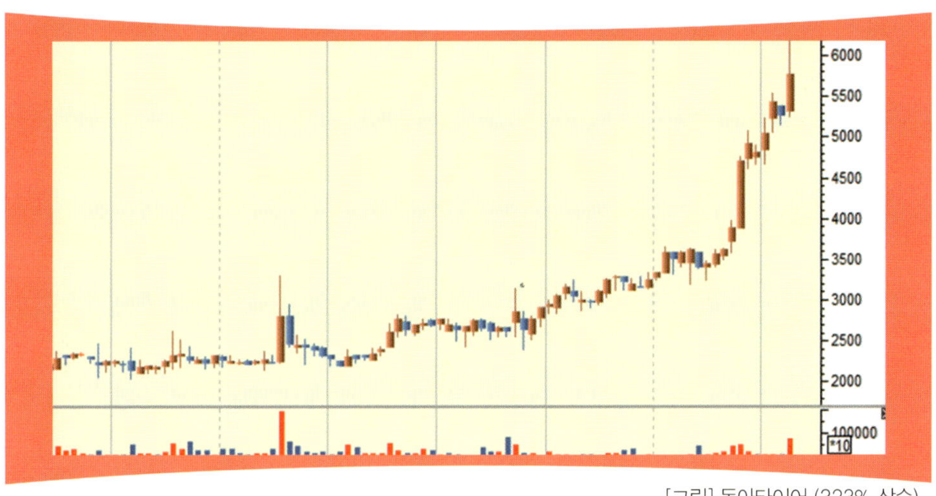

[그림] 동아타이어 (323% 상승)

당시 급등전 동아티이어는 주가가 20,000원이었는데, 당시 한 주당 순현금성 자산만 약 38,000원. 이를 간파한 가치투자자들의 매수후 323% 상승하며 이들에게 큰 수익을 안겨줌

동아타이어는 순현금성 자산 가치주의 대표적 사례 종목으로, 당시 주가가 2만원 가량이었는데, 당시 동아타이어가 보유한 순현금성 자산은(회사가 금고에 보관하고 있는 현금 및 예금 등) 한 주당 3만 8천 원에 달해, 3만 8천 원의 현금을 2만 원에 살 수 있는 말도 안 될 정도의 저평가 상태였다. 이 당시 동아타이어는 영업으로 매년 수익을 내고 있었고, 전국에 보유한 부동산도 많았지만, 이러한 것들을 다 무시하고 오로지 보유한 현금성 자산만 당시 주가의 1.9배에 달했던 것이다.

가치투자자의 창시자라고 불리는 그레이엄의 경우, 판매나 평가과정을 거쳐야 하는 기계나 집기류 등의 고정자산의 가치를 거의 '0'으로 보고, 오로지 빠르게 현금화할 수 있는 유동자산만으로 기업의 가치를 평가하고 투자를 하여 큰 수익을 올렸는데, 동아타이어가 바로 그 대표적인 사례 종목인 것이다.

[그림] 일성신약 (369% 상승)

위의 일성신약 역시 이와 비슷한 경우로, 당시 일성신약의 주가는 7천 원 정도였는데, 이때 한 주당 일성신약의 순유동 자산의 규모는 15,000원으로 주가의 2배가 넘는 규모였다. 결국 일성신약도 이러한 저평가 상태를 파악한 전문 가치투자자들의 매수후 3배 넘게 상승하며 큰 수익을 안겨주었다.

[배당] 가치주 대표 사례 – 한국쉘석유, SK가스

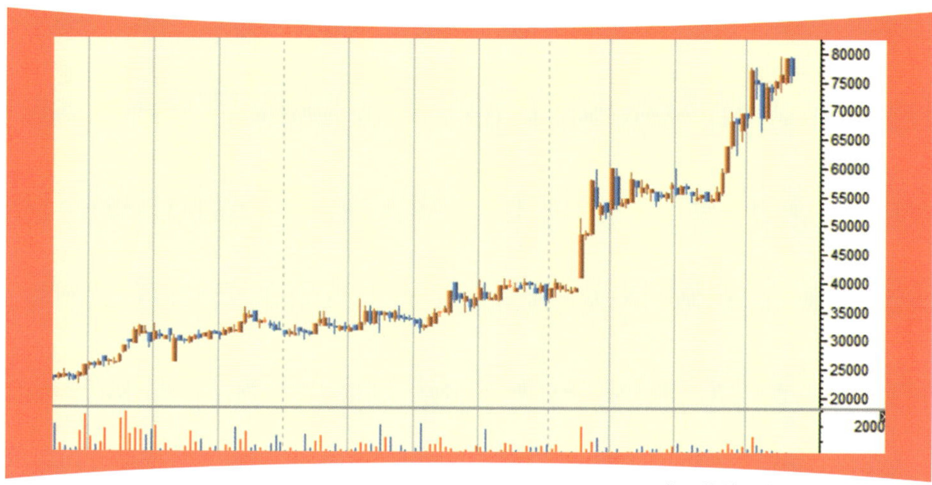

[그림] 한국쉘석유 (209% 상승)

당시 급등전 한국쉘석유의 주가는 35,000원이었는데 당시 1주당 배당액은 5,000원, 그 다음해는 15,000원의 배당을 실시하였음

　한국쉘석유는 배당 가치투자의 대표적 사례 종목으로, 급등전 당시 주가가 35,000원 가량이었고 당시 한국쉘석유의 보유로 인해 받을 수 있는 배당액은 주당 5,000원으로 매입가 대비 14%에 달했다. 또한, 그 다음해는 주당 15,000원을 배당했다. 35,000원을 주고 구입한 한국쉘석유 주식 1주는 2년만에 배당으로 20,000원을 챙길 수 있을 정도의 고배당주였다. 또한 주가도 이러한 고배당이 부각되면서 급등해 209% 넘게 상승했다.

　은행금리가 물가상승률을 따라가지 못해 실질금리가 마이너스(은행에 예금할수록 오히려 손해)에 육박하는 저금리 시대에 이러한 배당액은 다른 모든

것을 무시하더라도 엄청난 투자 메리트가 있다. 은행에 맡겨 받는 이자보다
기업에 투자해 받는 배당액이 더 높기 때문이다.

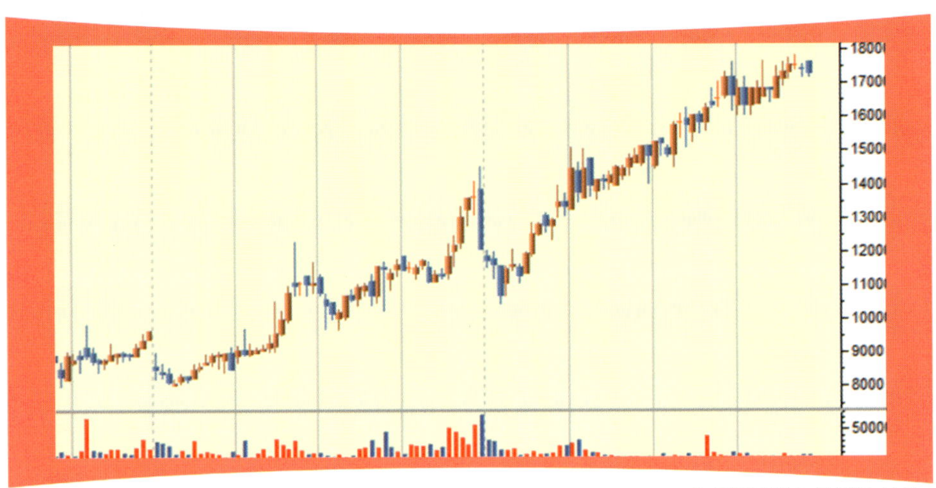

[그림] SK가스 (219% 상승)

SK가스 등을 비롯한 가스주 등은 꾸준히 높은 배당을 지급한 대표적인 배당가치주임

위 SK가스를 비롯한 도시가스주들은 경기의 변동에 큰 영향없이 꾸준히
안정된 실적을 보여줌과 동시에 대체로 은행금리를 상회하는 고배당을 매
년 실시하는 대표적인 배당 가치주들이었다. 최근에는 고령화, 저성장화, 기
업의 유보현금 증가 등의 영향에 따라 배당을 요구하는 사회적 요구가 커졌
고 이에 따라 상당수의 기업들이 예전과는 다르게 고배당을 실시하고 있다.
그리고 이런 기업들은 더 높은 주가 상승을 보인다.

앞선 선진국의 예처럼 저성장, 저물가, 저금리 기조가 깊어질수록 이러한
배당 가치주에 대한 투자는 더욱 각광받을 가능성이 높다.

[채권] 가치주 대표 사례 – 유화증권

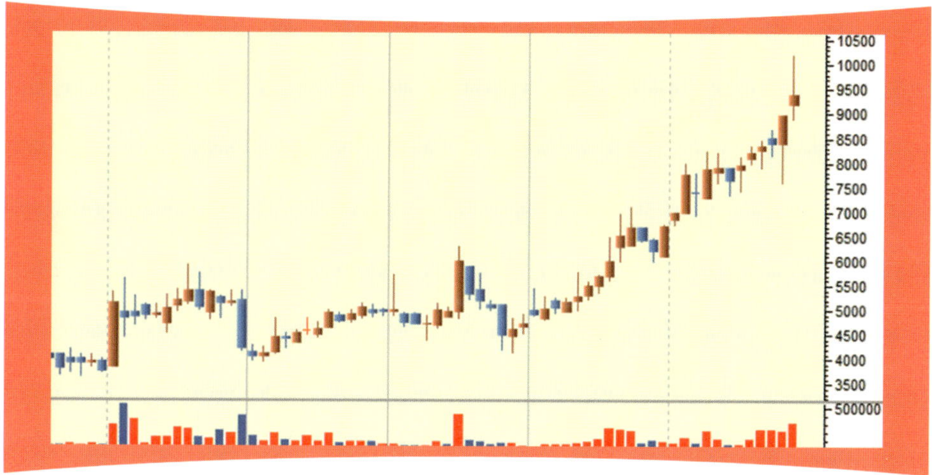

[그림] 유화증권 (218% 상승)

유화증권은 채권 가치주의 대표적 사례 종목으로, 급등전 당시 주가가 4,100원 가량이었는데, 다른 모든 것을 무시하더라도 유화증권이 보유한 채권의 가치만으로 1주당 15,000원에 육박했다. 따라서 유화증권 1주를 매수하면 채권 15,000원어치가 추가로 딸려 올 정도로 저평가 상태였다.

즉 채권을 4,100원어치 구입하느니, 유화증권을 구입하면 유화증권이 보유한 부동산이나 영업으로 얻는 모든 다른 수익과 더불어 채권 15,000원어치를 추가로 얻을 수 있었다. 이러한 가치를 간파한 전문 가치투자자들의 매수후 유화증권은 상승하기 시작해 218%의 상승률을 기록하며 이들 전문 가치투자자들에게 큰 수익을 안겨주었다.

[자사주 매입] 가치주 대표 사례 – 동화기업, 삼천리

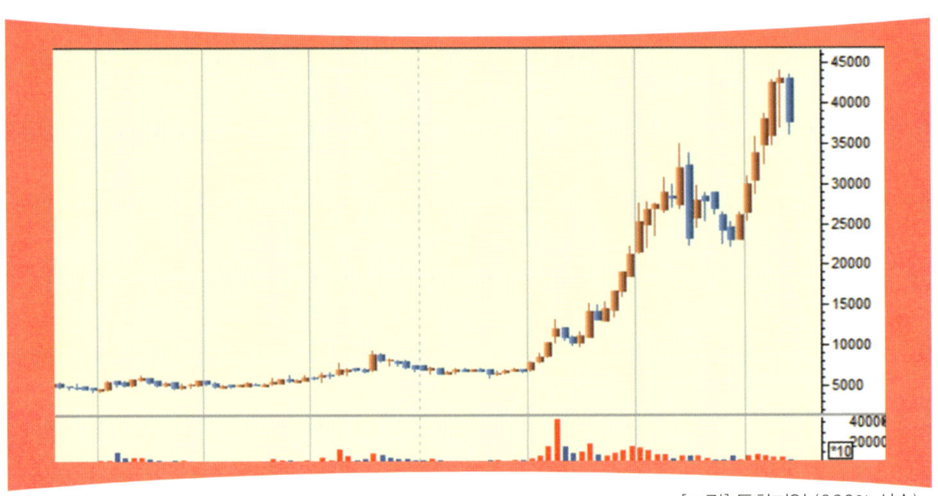

[그림] 동화기업 (660% 상승)

당시 급등전 6,000원대에서 집중적으로 자사주를 매입하던 동화기업은 이후 660% 넘는 상승을 기록

동화기업은 자사주매입 가치주의 대표적 사례 종목으로, 급등전 6,000원대에서 집중적으로 자사주 매입이 이루어졌는데, 이러한 자사주 매입을 눈여겨 보던 가치투자자들의 매수후 상승하기 시작해 660% 넘는 상승률을 기록하며 이들에게 큰 수익을 안겨 주었다.

기업의 사정을 가장 잘 아는 사람은 바로 회사 내부자(경영자, 오너 등)들이다. 자사주 매입이 지속적으로 이루어진다는 것은, 자신의 회사의 실적에 비해 주가가 너무 저렴하다는 것을 잘 알고 있는 경영자가 자사주 매수를 결정한 것을 의미한다. 따라서 자사주 매입은 다른 어떤 정보보다도 현재 기업의 주가가 저평가 되었을 가능성이 높음을 보여주는 증거가 된다. 또한, 자사주를 매입하게 되면 시중에 해당 기업의 주식수가 줄어들고, 주식의 물량이 줄어들면서 그 자체로도 주가가 상승하게 된다. (모든 재화와 상품의 가격은 수요와 공급이 결정한다. 주식도 마찬가지다. 시중에 물량이 많아지면 가격은 내려가고, 물량이 적어지면 가격은 올라가게 되어 있다)

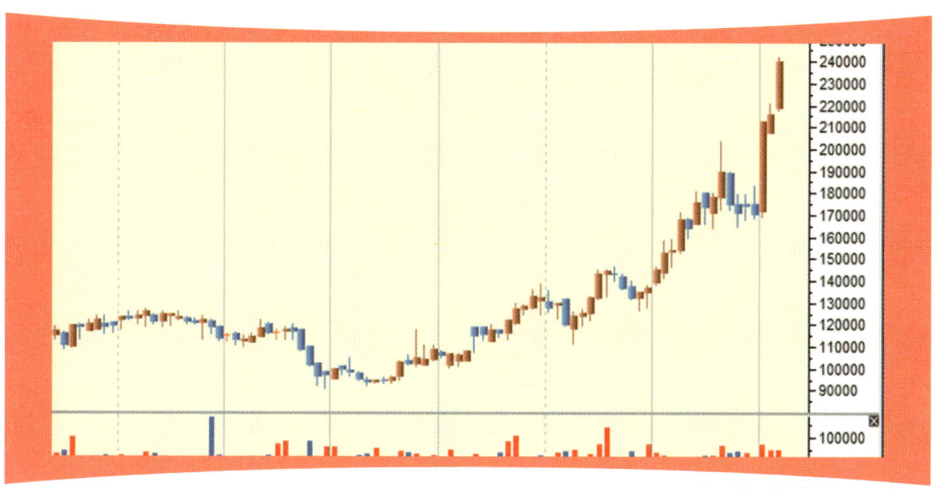

[그림] 삼천리 (242% 상승)

당시 급등전 10만 원 아래에서 집중적으로 이루어진 자사주 매입 이후, 주가가 급등한 삼천리는 242%의 상승률을 기록

앞의 삼천리의 경우도 10만 원대 밑에서 지속적으로 자사주 매입이 이루어진 후, 이를 눈여겨 보던 가치투자자들의 매수후 주가가 급등하기 시작하여 240%는 넘는 수익을 안겨주었다. 따라서 재무적으로 우량한 종목 중 자사주 매입을 지속적으로 하는 종목은 눈여겨 지켜보아야 한다.

[독점] 가치주 대표 사례 – 한국공항, 롯데제과

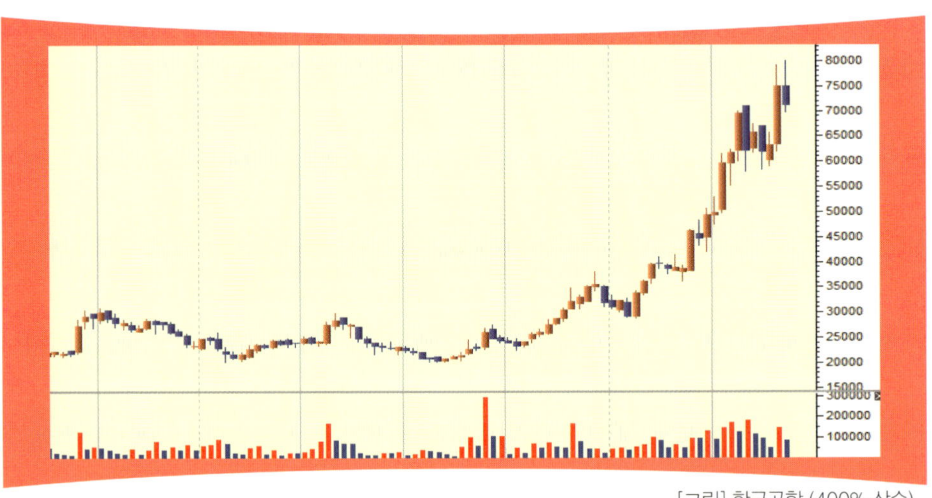

[그림] 한국공항 (400% 상승)

한국공항은 당시 급등전 공항물류를 독점하고 있었음에도 주가는 2만 원 이하, 주당순이익은 13,000원, 주당순자산은 6만 원대로 절대 저평가 상태였음

한국공항은 독점 가치주의 대표적 사례 종목으로, 급등전 당시 주가 2만 원 이하, 주당순이익 약 13,000원, 주당순자산 약 6만 원대로 절대 저평가 상태였다. 그리고 무엇보다도 당시 항국공항의 경우 공항내 운수관련 업무를

거의 독점적으로 영위하는 대표적인 독점 기업이었다. 이러한 점을 간파하고 매수했던 가치투자자들에게 한국공항은 400% 넘는 수익을 안겨주었다.

가치투자에 있어 독점이야말로 가장 중요한 요소 중 하나다. 시장을 독점하고 있는 기업은 안정적으로 수익을 낼 수 있기 때문이다. 독점은 특허 등 우월한 기술력 등에 의해 생기기도 하고, 방대한 투입자본(가스회사 등)에 의해 생기기도 하고, 제도나 법령의 규제에(철도사업 등) 의해 생기기도 하며, 경쟁회사의 몰락에 의해 생기기도 한다.

특히, 경쟁격화에 따른 경쟁회사의 몰락은 살아남은 업체의 독점력을 높여주는데 대표적인 회사가 바로 롯데제과와 현대차이다.

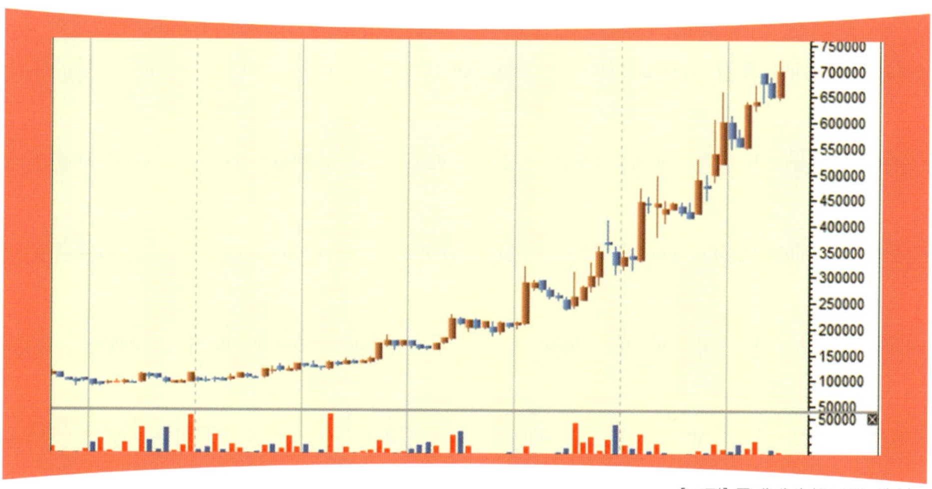

[그림] 롯데제과 (810% 상승)

당시 롯데제과는 강력한 라이벌인 해태제과의 몰락이후 독점력이 크게 향상되며 실적이 호전되었고, 당시 침체된 증시에서도 8배 넘게 상승

강력한 라이벌이었던 해태제과가 무리한 타 영역확장으로 무너지면서

롯데제과의 독점력이 크게 향상되었고, 이로 인해 실적이 대폭 개선되었고 8배 넘는 주가 상승의 원동력으로 작용했다. 현대차의 경우도 강력한 경쟁 회사인 기아차를 인수하며, 한국자동차 시장에서 한때 80% 넘는 점유율을 기록할 정도로 강력한 독점력을 가지게 되었으며, 이는 강력한 실적개선과 주가급등으로 이어져 왔다. 이처럼 독점력은 놓치지 말아야 할 중요한 가치 투자 포인트인 것이다.

[자회사] 가치주 대표 사례 – 다우기술

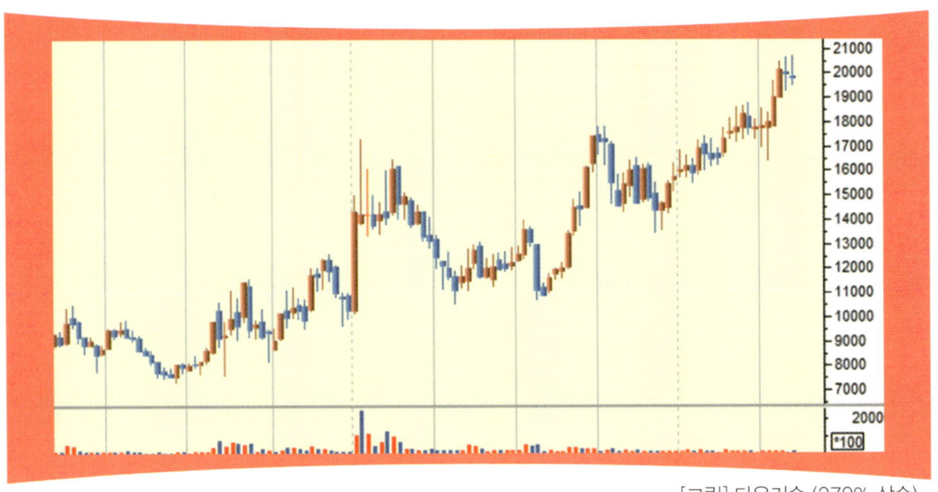

[그림] 다우기술 (279% 상승)

당시 급등전 다우기술이 보유한 키움증권 지분의 가치가 다우기술의 시가총액의 약 70%에 육박함. 이를 간파한 가치투자자들의 매수후 279% 상승하며 이들에게 큰 수익을 안겨줌

다우기술은 우수한 자회사를 보유한 가치주의 대표적 사례 종목으로, 당

시 급등전 다우기술이 보유한 키움증권의 지분가치가 다우기술의 시가총액의 70%에 달하였다. 당시 다우기술은 죽전에도 대규모 부동산을 보유하고 있었고, '사람인' 등 다른 우수한 자회사들을 보유하고 있었다.

하지만 이러한 다른 자산들과 다우기술의 영업으로 인한 수익을 다 무시하고, 단지 다우기술이 보유한 키움증권의 지분가치만 해도 다우기술의 시가총액 70%에 이를 정도로 저평가 상태였다. 이러한 자회사의 가치를 인식한 전문 가치투자자들의 매수후 상승하기 시작한 다우기술은 279%의 상승률을 기록했다. 특히 IFRS 회계 도입으로 우수한 자회사를 보유한 기업들의 가치가 더욱 부각되고 있다.

평생 직장이 붕괴되고 자영업의 몰락이 일상화된 지금, 자본주의 최고의 사업이라고 해도 손색이 없는 가치투자야말로, 여러분의 퇴직 및 노후를 대비하는 최선책이자 진정한 거부가 되는 지름길이 될 것입니다. 또한, 100세 시대에 대비해 남은 인생을 보람있게 보낼 수 있는 평생영위 가능한 최고의 잡(JOB-일)을 제공할 것입니다.

가치투자에서 성공하고자 한다면, 본 책에 나와 있는 내용을 반드시 숙지하길 바랍니다. 본 책에는 뜬 구름 잡는 막연한 이야기가 아닌, '가치투자'에서 성공하기 위해 반드시 알아야 하는 기업분석 핵심 노하우와 실전상세 매매비법 등이 담겨 있기 때문입니다.

이 책을 읽는 독자 여러분의 성공을 진심으로 확신하며 글을 마칩니다.
감사합니다.

본 책 구입한 분들께 드리는 3대 무료 특전 안내

본 책을 구입한 분들은 아래 3개의 파일을 저자가 함께 하는 '주식투자베스트비법(www.jusiktuja.com)'에서 무료로 제공(다운)받을 수 있습니다.

1 가치투자 성공을 위한 [성공가치투자 종목비교 투자분석툴]
– 주식시장에 상장된 2,000개 내외의 종목을 5개로 압축하는 작업을
  효과적으로 할 수 있게 도와 주는 전문 가치투자 분석툴

2 가치투자 성공을 위한 [성공가치투자 심층투자분석툴]
– 최종 선정된 핵심 종목에 대한 심층분석을 효과적으로 할 수 있게
  도와 주는 전문 가치투자 분석툴

3 가치투자 성공을 위한 [가치투자 성공창업 사업계획서와 작성가이드]
– 가치투자라는 고부가가치 사업을 창업하고 성공하기 위해 꼭 필요
  한 가치투자 전용 사업계획서와 작성 가이드